발달장애인을 위한
심리학적 접근의 연극치료

발달장애인을 위한

심리학적 접근의 연극치료

김영미

연극과인간

머리말

이 책은 발달장애인을 위한 심리학적 접근의 연극치료에 대한 연구서다. 그동안의 발달장애인을 위한 치료는 발달적 측면이 강조되어왔다. 그러나 비장애인과 마찬가지로 발달장애인들 역시 발달적 측면 외에도 정서적, 심리적 문제에 대한 적극적인 치료가 필요하다. 본고에서는 필자가 치료자로 진행한 심리학적 접근에 의한 연극치료가 내담자들에게 적절한 치료적 효과를 발생시키고 있는지에 대한 치료적 개입의 적합성을 연구한다. 이를 위해 연극치료의 배경과 치료적 개입의 기반이 되는 선행연구, 발달장애의 원인과 특성에 대한 연구, 연극치료 방법론들에 대해 연구하였다. 그리고 심리학적 접근 이론 연구와 접근사례에 대한 연구를 통해 내담자들에게 가장 적합하고 필요한 치료가 될 수 있도록 그 방안을 연구하였다. 또한 발달장애인들이 당면해있는 상황적, 환경적 요소에 기인한 문제의 대안을 찾기 위해 부모상담과 교육에 대해 연구하였다.

연극치료자는 다양한 연극치료 방법론에 숙련되어 있어야 하고, 내담자 그룹의 특성에 따라 내담자들이 드라마 작업에 참여할 수 있도록 독려하는 가이드가 되어야 한다. 본고에서는 다양한 연극치료 방법론들 중 본 연구 사례의 내담자그룹 특성에 적합한 사회극, 심리극, 수제닝스의 이론을 연구하였다.

심리학 이론에 대한 연구는 연극치료에서 전반적으로 적용되는 인지발달이론과 행동주의적 접근, 인본주의 심리학에 대해 연구하였다. 피아제의 인지적 발달단계에 대한 연구는 드라마 발단단계와 연결되는데, 연극적 행위를 발달단계의 개념으로 사용하는 것은 인간의 성장과정을 놀이 드라마의 발달 개념으로 바라보는 것이고 이를 통해 발달단계를 이해할 수 있기 때문이다. 행동주의적 접근은 강화와 처벌, 주장훈련과 사회기술훈련, 현실생활의 수행에 기초한 방법을 연구하였다. 인본주의 심리학은 매슬로우와 칼 로저스의 이론을 통해 연극치료에서 내담자를 존중하는 치료환경을 설명한다.

사례 연구는 발달장애 청소년 대상의 정신역동적 접근사례, 아동대상의 사회심리학적 접근 사례, 애착이론 접근의 성인여성 사례, 그리고 정서지능 이론 접근의 중증성인 그룹사례와 공격행동 성향의 아동그룹의 사례에 대한 연구이다.

심리학적 접근의 연극치료에서 무엇보다 중요한 것은 내담자들의 결핍과 갈등을 발견하고 그것에 유용한 접근을 하는 것이다. 본 연구에서는 연극치료의 기반이 되는 심리학 이론들과 특정한 내담자에게 가장 잘 적용되는 이론적인 틀을 통해 치료적 효용성을 연구하였다. 그러나 분석적인 임상자료의 흐름을 다루다 보면 내담자들은 언제나 심리학적 접근의 다양한 측면에 기반을 두고 있다. 이것은 내담자들의 치료원리에 중복결정과 다중기능이라는 기본적인 원칙이 있어야 하며 내담자의 특성에 따라 다층적인 접근이 필요하다. 치료자는 다양한 심리학 이론에 친숙해짐으로써 내담자에게 가장 적합한 이론적 틀을 발견하게 되고 적절한 치료적 방법을 찾게 된다.

많은 심리치료 이론에서 강조하고 있듯이 치료자의 치료적 개입에 있어 가장 우선시되는 것은 치료자의 역할이다. 내담자의 충족되지 않은 욕구와 의존욕구를 관리하고 무엇보다 먼저 내담자가 정신적 고통을 덜 느끼도록 돕고 위로를 주어야 한다. 그 이후에 이론적 체계 안에서 치료를 계획하고 수행하여야 한다. 치료자가 내담자에게 제공해야 하는 것의 핵심은 치료자 자신이며 이론과 기법 등은 그 다음인 것이다.

이 책은 필자의 박사학위 논문(2015년)을 정리한 것으로 다양한 심리학 이론을 발달장애인들을 위한 연극치료에 적용하고 내담자들의 상황에 따라 적절한 치료적 효과가 발생할 수 있도록 치료적 개입의 적합성을 연구하였다. 발달장애인을 위한 심리학적 접근의 연극치료 연구가 미흡한 현재의 실정에서, 심리학 접근 이론에 대한 연구와 구체적인 실행방안을 필자가 치료자로서 진행한 치료 사례를 통해 제안하였다는 점에서 이 연구는 의의가 있다. 이러한 연구 결과를 토대로 앞으로 발달장애인들에 대한 심리학적 접근의 더 많은 다양한 후속 연극치료 연구가 실행되어야 할 것이다.

2017년 8월 김영미

▌차례

▌표 · 그림

1. 연극치료의 배경

연극치료는 발달장애, 심리적 상처의 회복, 그리고 개인의 성장을 바라는 이들이 치유의 의도를 가지고 드라마 과정에 참여하는 것이다. 연극치료는 내담자들의 신경학적 발달을 돕고 학습 능력과 의사소통 과정을 강화하며, 정서적 건강을 촉진하게 한다. 연극치료에서 내담자가 극에 참여하는 능력은 정서적, 사회적, 인지적 발달과 연관되어 있다. 연극치료(dramatherapy)의 관점에 대해 영국 드라마테라피스트 협회(Badth)에서는 '치료적 과정 안에서 드라마(drama)와 연극(theatre)의 치료적인 면의 의도적인 사용에 그 주된 목적이 있다. 드라마테라피스트는 예술가이자 임상가(clinician)이며 작업은 심리학적 · 정서적 · 사회적 변화들에 관여하기 위한 방법 등을 창조하기 위해서 드라마와 치료 사이에서 작업되고 신체와 정신 모두에 동등한 효력을 부여한다'고 정의하였다. 또한 전미 드라마테라피협회(NADT)에서는 '드라마테라피(drama therapy)는 증상의 완화, 정서적 신체적 통합, 개인 성장의 치료적 목표를 얻기 위해 드라마와 연극의 과정과 결과물을 시스템화하여 의도적으로 사용하는 것'이라고 정의하였다.

연극치료는 학교, 병원, 복지관, 청소년시설, 교정시설, 지역사회센터 등 치료적 개입이 필요한 집단과 개인을 위해 변화의 매체로서 활용된다. 이들 내담자들마다의 특성에 따라 치료적 개입은 달라진다. 무의식을 다루는 정신역동적 접근, 삶의 각 단계별 특정한 주제에 개입하는 발달적 접근, 집단의 이슈와 관련된 사회극적 접근, 드라마의 창조적 과정을 통한 치료적 접근

등이다.

연극치료는 억압되어 있던 자아의 욕구를 치료적인 작업을 통해 표현할 수 있는 기회를 갖게 하고 이를 수용하는 과정에서 치료적 효과를 갖는다.

연극치료와 연극의 차이점은 연극치료는 치료적인 목적을 위해 연극을 의도적으로 사용한다는 데에 있다. 연극과 연극치료는 치유과정과 직간접적으로 연관되어 오랜 전통을 갖고 있다. 모라(mora)가 지적하였듯이 치유와 연극 그리고 드라마의 역사는 매우 장구한 것이다. 그는 그 본보기로 5세기경 「만성질환과 급성질환에 대하여」 라는 논문에서 광기로 고통 받는 환자는 반드시 공연을 보아야 한다고 주장한 캘리우스 아우렐리우스를 인용한다. 그는 질병의 종류에 따라 적합한 연극형식을 구분하고 있다. 환자의 광기가 우울과 관련된다면 마임이 적당하고, 환자의 상태가 장난기 어린 유치함에 가깝다면 슬픔을 표현한 작품이나 비극을 보게 하는 것이 좋다고 말한다. 정신적 혼란은 반드시 그 대립되는 작품의 미학과 짝지음으로써 균형 잡힌 건강을 얻을 수 있게 한다는 것이다.[1]

이는 로버트 랜디[2]의 역할 접근법에서 대비역할의 통합을 통한 역할병존이 역할의 짝패를 찾아 통합의 길을 찾는 것과의 연관성을 찾을 수 있다. 환자가 우울하다면 마임, 환자의 상태가 장난기 어린 유치함에 가깝다면 비극을 보게 하는 것은 현실도 사고도 정(正)-반(反)-합(合)의 과정, 즉 균형을 추구하는 것이다. 이러한 대립자와의 통합이라는 모순의 과정은 랜디의 역할이론에서 자신의 한정된 역할을 불러내고 그와 대비되는 역할을 찾아 두 역할들이 병존할 수 있도록 탐색하는 과정과 유사하다 할 수 있다. 이러하듯 연극치료가 갖는 치료적인 기능은 오랜 전통의 방식과 현대의 방식에서 그 유사성을 발견할 수 있다. 그러나 현대의 연극치료는 시스템과 체계적 개입

---

1 Phil Jones, 『Drama as Therapy: Theatre as Living』(London: Routledge, 1996), 이효원 역, 『드라마와 치료』(서울: 도서출판 울력, 2005), 86쪽 참조.

2 Robert J. Landy는 뉴욕대학의 연극치료프로그램을 만들고 지금까지 이끌어 오고 있으며, 역할 분류체계를 진단과 평가 및 실제 작업과정에서 활용할 수 있도록 발전시키고 있다.

과정이 구축되고 있다는 점에서 그 차이점을 갖는다.

현대 연극치료에 초기 영향을 미친 대표적 인물로는 니콜라이 예브레이노프, 일리이네, 모레노, 피터 슬레이드, 수 제닝스를 말할 수 있다. 우선 연극치료에 영향 준 것은 연극이며, 연극의 역사에서 많은 영향을 준 인물들은 스타니슬랍스키, 아르토, 베케트, 이오네스코, 그로토프스키, 보알, 브룩이 있으며 그중 가장 큰 영향을 준 것이 스타니슬랍스키이다. 스타니슬랍스키의 시스템은 심리학과 연관이 있다. 그 예로 역할구축과 즉흥기술을 만들어 내는 데 있어 스타니슬랍스키는 인간내면의 정신적인 것에 집중하였으며, 즉흥을 만들어내는 힘은 잠재의식에 있다고 하였다. 배우는 역할을 창조할 때에 역할이 갖고 있는 감정을 자신의 경험 안에서 찾으려 노력하게 되는데, 배우가 살아온 인생에서의 경험과 잠재의식, 그리고 무대에서의 창조는 의미 있는 연결점을 가지게 된다. 때문에 배우는 자신에 대해 내·외적 탐구를 하는 자신에 대한 배우의 작업을 하게 된다. 예술미학의 원리가 배우예술에 해당하는 이유는 배우는 누구나 자신만의 프리즘을 하나씩 가지고 있기 때문이다. '자신만의 프리즘을 갈고 닦는 일' 이것이 자신에 대한 배우의 작업이다. 이 프리즘은 한번 만들어지면 계속 고정되는 것이 아니라 끊임없는 탐구와 관찰에 따라 자신에 대한 새로움을 발견하기도 하고 혹은 개발하기도 한다. 또한 배우의 삶의 환경적 조건, 삶의 패턴, 인생에 대한 관점에 따라 퇴보하고 사라지기도 한다.[3] 배우 자신이 변화되기 때문에 자신에 대한 배우의 작업은 지속적으로 이루어져야 한다. 관객은 무대 위에서 배우가 자신만의 프리즘으로 표현하는 배우의 감정을 대면하며 극에 몰입하게 되고 감동을 받게 된다.

스타니슬랍스키의 심리적 접근의 핵심은 '만약에'라는 마법이다. 배우는 '만약에'라는 가상의 설정을 통해 가상의 세계에 대한 구체성과 현실성을 확보하게 된다. 이와 마찬가지로 연극치료는 내담자에게 적합한 치료 환경을 구성하여 자신의 무의식에 기초한 허구적 현실을 창조할 수 있도록 하고 그

3 김태훈, 『스따니슬랍스끼의 연기학 전문 용어』 (서울: 예니, 2013), 43쪽.

상황을 마치 실제인 것처럼 경험하게 한다. 내담자가 경험하는 이 과정은 배우가 연극적 상황에서 갖게 되는 체험과 유사하다. 즉, 배우와 내담자가 가상의 극적 상황 속에서 느끼는 감정은 허구가 아닌 실제로서 경험된다는 것이다.

연극치료에서 내담자는 가상의 극적 상황에서 실제처럼 경험한 삶의 파편들을 바라보게 된다. 이것은 아무도 살지 않는 진실의 영역으로 들어가는 것과 마찬가지이다. 세익스피어는 그의 희곡 <뜻대로 하세요>의 한 대사를 통해 "온 세상은 무대이고 모든 여자와 남자는 배우일 뿐이다. 그들은 등장했다가 퇴장한다."고 하였다. 극장에서 배우가 역할을 연기하듯이, 우리도 배우들처럼 삶속에서 연기를 한다는 것이다.

어빙 고프먼[4]은 (1922~1982)은 인간의 행동을 연극적인 관점에서 조명했기 때문에 연극치료에서 자주 인용된다. 그는 개인의 존재를 '일상생활에서 일어나는 자기 재현'이라는 의미에서 하나의 공연으로 간주했다. 그는 주어진 사회 환경과 관련하여 개인이 수행하는 역할에 따라 자아가 결정된다고 생각했다. 고프먼의 역할 분석의 기본 전제는 개인이 여러 개의 자아를 가진다는 것이다.

조지 허버트 미드[5]는 상징적 상호작용론에서 자아가 가진 두 가지 측면, 즉 충동적 행동의 주체인 'I'와 객관화된 주체인 'me' 간의 상호작용을 통해 행위가 이루어진다고 본다. 이를테면, 자신이 마음대로 한 행동을 타인의 입장에서 바라보고 그 행동에 대한 수정을 거쳐 다시 행동하게 되는 과정을 이론적으로 설명한다. 상징적 상호작용론에서는 'I'가 'me'가 되고, 다시 'I'가 되는 과정을 제시함으로써 자아와 행위에 대해 설명하고 있으며, 개인은 다른 사람들과의 상호작용을 통해 사회적 자아가 발달된다고 하였다.

간혹 우리는 자신에게 분리되어 배우처럼 역할을 하는 자신을 바라볼 때

---

4 어빙 고프먼(1922~1982)은 캐나다 출신으로 시카고대학에서 공부한 사회학자이다.

5 조지 허버트 미드(1863~1931)는 철학자, 사회학자, 사회 심리학자이며 미시간대학과 시카고대학에서 철학과 심리학을 강의하였다.

가 있다. 우리 안에는 외부 세계와 관계를 맺고 특정한 역할을 수행하는 외적 자아와 그것을 바라보는 내적 자아가 있다. 연극치료는 내담자가 극적 역할 안에서의 '나와' 그 역할을 수행하고 있는 나를 바라보는 '또 다른 나'를 통해 스스로를 성찰하도록 돕는다.

연극치료에서 역할은 역할의 차원을 끌어올려서 내담자가 다양한 감정을 표현하고, 다양한 생각을 하고, 그리고 다양한 행동을 수행할 수 있게 한다. 그리고 자신이 수행한 역할을 바라보는 '거리 두기'라는 개념은 주관적인 감정을 객관적인 이해와 통합하고, 그 결과 궁극적으로 더 건강한 기능을 갖게 한다. 현실과 허구, 그리고 인지와 정서 경험을 통해 내담자의 변화를 가능하게 하는 것이다.

역할 맡기는 사회적이고 심리적인 특정한 발달 과정을 특징짓는 능력으로 볼 수 있고, 그것은 다른 사람과의 관계를 발달시킬 수 있는 능력 그리고 다른 사람들과 그 정서적 입장에 동일시할 수 있는 능력을 포함하며 사회적 기술, 인지적 관점 선택, 도덕적 합리화의 발달을 가져온다.[6] 치유과정에 있는 내담자는 역할연기를 통해 배역의 감정을 경험함으로써 타인의 감정에 대한 이해와 자신의 감정에 대해서도 보다 깊은 이해를 하게 되는 것이다. 르네 이무나는 "우리의 실생활의 역할, 반응, 타인과의 상호작용에서의 심리역학은 제한된다. 우리는 우리 자신의 패턴과 우리가 어떤 식으로 행동해야 한다는 다른 사람들의 기대로 스스로를 가둔다. 그러나 드라마에서는 가능성이 무궁무진하다. 우리는 확장된 레퍼토리로 폭넓은 삶의 환경을 다루고 새롭고 창의적인 방법으로 낡은 과제에 반응한다"[7]고 하였다. 내담자들은 현실에서는 경험해보지 못한 역할, 때로는 자신과는 상반된 역할을 드라마에서 경험해보게 된다. 내담자는 평소 일상생활에서 경험해보지 못했던 새로운 역

---

6 Phil Jones, 『Drama as Therapy: Theatre as Living』(London: Routledge, 1996), 이효원 역, 『드라마와 치료』(서울: 도서출판 울력, 2005), 323쪽.

7 David Read Johnson, Renee Emunah (Eds.), 『Current Approaches in Drama Therapy (2nd ed)』, NY: Thomas Publisher, LTD, (2009), 김세준, 이상훈 역, 『현대 드라마치료의 세계 -제2판』(서울: 시그마프레스, 2011), 449쪽 참조.

할연습을 통해 역할을 습득하게 되고, 이것은 현실의 삶에도 영향을 주어 평소의 행동양식과는 다른 새롭고 폭넓은 방식으로 타인과 교류할 수 있는 가능성을 찾게 한다.

필 존스는 연극치료에 대해 치유의 의도를 가지고 드라마에 참여하는 것이라고 하였다. 내담자는 드라마의 활용 내용, 연행을 창조하는 과정, 치료적 틀거리 안에서 작업에 참여하는 사람들 사이에 형성된 관계를 활용하게 된다. 이때에 연극치료 세션에서 하는 활동과 내담자의 내면세계 그리고 문제가 되는 상황이나 경험 사이에는 하나의 연관이 형성된다. 내담자는 치료과정에서 다루는 문제나 경험과 새로운 관계를 맺고자 하는데, 연극치료는 이 새로운 관계 안에서 해결책이나 위로 또는 새로운 이해나 변화된 행동방식을 찾아내는 것을 목표로 한다.[8] 치유의 의도를 가지고 드라마에 참여하는 치료적 과정은 내담자들이 자신의 삶과 자신과 관계 맺고 있는 타인과의 상호작용을 투사하는 복합적인 과정이 된다.

내담자가 자신을 투사[9]하고 그 투사를 탐험하며 변화를 모색하는 은유적 드라마 공간은 치료자가 간접적으로 내담자에 대한 정보를 모을 수 있게 하는 연극치료의 중심이 된다. 투사 기법을 통해 내담자는 자신의 감정과 개인적인 경험에 대해 더욱 명확하게 이해하고 효과적인 균형을 찾을 수 있게 된다.[10] 연극치료에서 드라마 내용의 변화는 일상에서의 변화와 연결된다. 그러나 특정한 내담자의 경우에는 드라마와 일상어서의 삶과의 연관을 갖지 못할 수도 있다. 그것은 무의식에 머무르며 훨씬 더 나중에 나타나게 될 수

8 Phil Jones, 앞의 책, 25쪽.

9 연극치료에서의 '투사'는 내담자의 내적 감정의 특성과 영향력을 취하여 드라마를 가능케 하는 방식으로 기능한다. 극적 형식과 연결됨으로써 내담자가 내면의 갈등을 외적으로 재현하여 창조하고 발견하게 하는 것이다. 즉 투사는 '치료적 극화'이며 역할, 가면, 인형, 사물놀이 등의 극적 형식을 통해 투사의 정체를 탐험할 수 있다.

10 Lee R. Chasen, 「Spectacle and Ensemble in Group Drama Therapy Treatment for Children with ADHD and Related Neurological Syndromes」, Anna Marie Weber & Craig Haen (Ed.), 『Clinical Applications Of Drama Therapy In Child And Adolescent Treatment』, London and New York: Brunner-Routledge(2005), 153~170쪽 참조.

있다. 무의식은 우뇌의 신경생물학적 기질로 감정 및 신체를 기반으로 하며 주로 감정과 감각을 통해서 표현된다. 연극치료에서 의식적인 인지가 아닌 마음-몸-감정의 상태에서의 작업은 깊은 감정과 몸의 기억에 의한 드라마로 무의식 영역에서의 작업이다.

1-1. 연극치료, 드라마(drama)와 연극(theatre)

연극치료에서 드라마(drama)와 연극(theatre)은 각기 다른 개념으로 사용되는데, theatre가 상연의 의미를 갖는다면 drama는 과정을 중시하는 극적 활동이라 할 수 있다. drama는 치료과정 안에서 행위 되는 모든 것을 의미하며 배우와 관객의 구분이 명확하게 나뉘어 있지 않고, theatre에서처럼 관객에게 상연을 하기 위한 제반의 연습과정을 갖지 않는다. 이는 내담자들의 치료적 변화를 위한 drama의 체험과정인 것이다. 연극치료는 theatre를 포함하는 개념이고, 상연되는 theatre보다는 과정 중심의 drama에 더 중점을 둔다.

연극 매체는 교육과 치료에 광범위하게 사용되고 있다. 연극을 매개로 하는 교육은 연극교육과 교육연극으로 구분된다. 연극교육이 연극의 공연화를 목적으로 하는 순수예술로서의 전문예술교육이라면, 교육연극은 교육적 목표의 달성을 위해 연극을 하나의 도구로 활용하는 '교육을 위한 연극'(Drama/Theater for Education) 혹은 '연극을 통한 교육'(Learning through Drama/Theater)이라 할 수 있다. 교육연극은 교육의 목표에 따라 교육현장에서 다양한 방법으로 활용되고 있는데, 교육연극의 목표는 창의성과 미적발달, 자기표현력 증진, 비판적 사고력의 증진, 사회적 성장과 협동력, 의사소통 기술의 증진, 도덕적 정신적 가치의 발달, 자아인식, 학습적 효과 등이 있다. 즉 교육연극은 교육현장의 다양한 목표를 위한 학습과정으로 효율적인 교육효과를 지향한다. 교육적 목표를 달성하기 위한 'drama'와 'theatre'의 활용을 통해 참여자들은 창작활동을 통한 즐거움을 갖게 되고, 연극과 드라마에 참여하는 과정만으로도 의사소통과 친밀감은 증대된다. 이를 통해 대인 관계가 개선됨은 물론 감정이나 스트레스를 해소하는 데에도 효과적이다.

이와 다르게 연극치료가 연극을 통한 교육적 목표로의 접근과 구별되는 점은 'drama'와 'theatre'를 통해 내담자가 자신과 대상세계를 구분하는 방식에 초점을 맞추고, 내담자 성격의 모든 측면을 탐험하여 재통합할 수 있도록 돕는 데에 있다. 또한 내담자의 상처에 초점을 맞추며 그들의 이슈에 훈습(薰習) 하는 것이다.

연극치료에 대해 영국 드라마테라피스트 협회에서는 'drama'와 'theatre'를 치료적 측면에서 의도적으로 사용하며 더 나아가 창의력, 상상력, 학습, 통찰 그리고 성장을 촉진하는 실행방법을 사용하는 작업이자 놀이의 한 방법이라고 설명하고 있다. 많은 사람들은 연극을 매개로 한 교육과 연극치료의 차이가 무엇인지를 궁금해 한다. 왜냐하면 훌륭한 연극 교사 아래에서도 자존감, 자신감, 그리고 자율성이 길러진다는 면에서 치료는 어쨌든 발생하기 때문이다. 그 차이점은 연극치료가 치료적인 목적을 위해 연극을 의도적으로 사용한다고 할 때 말하는 '의도적인'이라는 단어에 초점이 맞추어져있다는 데에 차이가 있다.[11]

연극치료의 다양한 기법들인 즉흥, 역할극, 이야기 만들기, 스토리텔링, 조각상, 거울놀이 또는 역할 바꾸기 등은 다른 이유와 목적으로 사용되기도 한다. 이러한 기법들은 연극에서 배우훈련을 목적으로 사용되기도 하고, 교육연극에서는 이러한 기법들을 교육적 목표의 달성을 위해 활용한다. 그러나 연극치료에서는 이러한 기법들이 치료적 목적을 위해 의도적으로 사용된다. 각 분야마다 연극치료의 기법들이 공통적으로 사용되기도 하지만 그 사용목적에 따라 의도된 결말 혹은 결과는 다른 것이다.

---

11 Penny McFarlane, 『Dramatherapy: Developing Emotional Stability』, London: David Fulton Publishers(2005), 2쪽.

1-2. 치료적 공연

연극치료에서의 공연은 내담자들이 연극을 창작하고 상연하는 행위가 연극치료의 접근법이며, 이 접근법이 제공하는 많은 기회를 통해서 개인이 성장하고 다양한 치료 문제를 조사하며 사회생활에 필요한 기술을 개발하기 위한 것이다.[12] 공연을 위한 준비과정은 구성원 전체의 협력을 요하는 작업이다. 내담자들은 공연이라는 공동의 목표를 성취하기 위해 공조할 필요를 갖는다. 그리고 이 공연 연습과정 안에서 생기는 여러 가지 상황에 대해 각자 맡은 역할로 개인의 의견을 피력하여야 하고 의견이 대립할 때에는 이에 대한 합의를 위해 타협과 절충의 과정을 갖게 된다. 이러한 합의의 과정을 통해서 내담자들은 서로에 대한 이해와 대인관계의 기술을 발전시키게 된다.

치료적 공연의 양식은 기존에 창작되었던 작품을 공연하기도 하고 즉흥극을 통해 공연대본을 창작해 나가기도 한다. 창작방법으로는 내담자그룹이 공유한 주제를 즉흥극으로 전개하여 공연대본을 창작해나가는 방식, 자신들이 경험한 특정한 이야기를 다루는 기록연극(documentary theatre), 노년층의 치료목적으로는 자신들의 삶을 되돌아보고 스스로의 삶에 대한 의미와 확신을 갖게 하는 회상연극 등이 있다.

내담자들이 경험하는 공연의 방식은 허구적인 상황의 역할을 연습하고 상연하는 양식과 내담자 자신의 개인적인 이야기를 탐험하는 자전적 공연양식으로도 나뉠 수 있다. 자전적 공연에서 내담자들은 자신들이 현재의 시점에서 바라보는 과거와 미래를 관객들 앞에서 체현하게 된다. 이때에 내담자들은 자기 자신의 내면이 여과되지 않고 관객들에게 노출되는 것에 대해 부담을 갖게 되기도 한다. 때문에 자전공연을 통해 역할연기를 하는 내담자들은 자신이 체현하는 역할에 대해 스스로의 통찰과 안정성을 가질 수 있는 거리

---

12 David Read Johnson, Renee Emunah (Eds.), 『Current Approaches in Drama Therapy (2nd ed)』, NY: Thomas Publisher, LTD, (2009), 김세준, 이상훈 역, 『현대 드라마치료의 세계 -제2판』(서울: 시그마프레스, 2011), 445쪽.

를 확보하고 있어야 한다. 또한 자전공연을 관람하는 관객들에게도 공연에 대한 안정적 거리는 필히 고려되어야 하는 사항이다. 치유과정에 있는 내담자들 외에도 연극치료자 과정을 수련하는 치료자들도 자전공연을 하게 된다. 수련과정 내에서 치료자들의 성찰을 위한 자전공연은 자신들의 삶을 고백하는 형식이 된다. 본 연구자가 치료자 수련과정의 자전공연을 통해 성찰과정을 기록한 내용은 다음과 같다.

자전 공연 준비를 시작하며 공연에서 어떤 내용을 다루어야 할지에 대한 고민이 컸다. 현재 나의 삶에 영향을 주고 있는 과거의 많은 기억들 중 어떤 부분을 다루어야 할지, 그리고 같이 공연에 참여한 사람들과 공연을 보러 온 관객들을 신뢰하고 스스로 문제시하고 있는 나의 내면의 조각들을 다룰 수 있을지에 대해 고심하게 되었다. 이러한 고민을 공연준비 모임에서 토로하였는데 공연 내용을 상징적인 장면으로 구성하여도 좋겠다는 피드백을 듣게 되었다.

직접적이기보다는 간접적으로 나를 노출하는 공연양식을 선택한 후 나는 스스로 문제시하고 있는 이슈들을 타인에게 노출하는 것에 부담을 느끼고 있는 나에 대해 질문을 갖게 되었다. 나는 왜 나의 문제가 노출되는 것에 대해

> 부담을 느끼는 것일까? 이 문제는 한동안 화두처럼 내 머릿속을 떠나지 않는 물음이 되었다. (…) 공연 준비를 하는 과정에서 느꼈던 대부분의 생각들이 자전공연에 녹아들었다. 그리고 준비과정 속에서 느껴지는 생각뿐 아니라 함께 참여한 모든 사람들의 의식적인 혹은 무의식적인 자극이 자전공연을 완성하게 하였다. 고맙다. (…)[13]

연극치료에서의 공연은 기존의 공연대본의 활용, 또는 창작과정을 통해 새로운 대본의 완성, 자전적 공연 등의 다양한 방식을 취하고 있지만 어떠한 형태의 공연이 되었든 연극제작과정에서 치료자의 치료적 개입이 이루어졌을 때에 내담자들은 공연치료 과정을 통해 새로운 통찰을 갖게 된다.

드라마와 연극의 의도적 사용이라는 현대적 연극치료의 개념에 앞서 연극치료는 서구문화에서 훨씬 오래된 역사를 가지고 있다. 아리스토텔레스는 비극의 기능이 정서적이고 영적인 카타르시스를 이끌어내는 데 있다고 말했다. 관객은 연극이 현실이 아님을 알지만 공연이 지속되는 동안 극적 세계를 실제로 받아들이고 배우에게 감정이입을 하게 된다. 관객으로서 관심을 가지고 어떤 광경이나 연극을 지켜본다는 것은 놀이를 통해 어린아이들이 어른이 하는 일을 자기들도 할 수 있지 않을까 하는 서투른 희망을 충족시키는 것과 같은 효과를 성인들에게 가져다주는 것이다.[14] 이것은 연극과 치료로서의 드라마의 관계에서 중요한 의미를 갖는다. 관객들은 무대 위에서 벌어지고 있는 현실을 통해 자신의 삶을 바라보게 된다. 그리고 감정이입을 통해 감정과 직접적인 관계를 가지며 삶의 '변화'를 창출할 수 있는 드라마로 관계를 맺게 된다. 루 퍼먼은 "연극은 처음 등장한 이후로 치료제로 받아들여지고 있다."고 하였다. 『시학』에서 아리스토텔레스는 연극을 부정적인 감정을 정화하는 정화대행자라고 밝혔다. 아리스토텔레스는 배우의 감정 정화가

---

13 드라마테라피스트 수련과정 중 본 연구자의 자전공연 사례이다.

14 Sigmund Freud, 『Sigmund Freud Gesammelte Werke』(Frankfurt: S. Fischer Verlag, 1948), 정장진 역, 『예술, 문학, 정신분석』(서울: 열린책들, 2003), 131쪽.

아닌 연극을 지켜보는 관객들의 감정 정화를 언급한 것이다.[15]

연출가이자 작가인 니콜라이 예브레이노프[16]는 당시 대다수의 연극인들과는 달리 연극적 결과물보다는 연기와 관련된 심리적 과정에 초점을 맞추었는데, 이것은 현재 연극치료의 기본전제와도 유사하다. 그의 작업의 특징은 배우와 관객을 위한 치료로서의 연극, 본능으로서의 연극, 지능발달의 필수요소로서 서로 연결되어 있는 연극과 놀이, 삶의 연극을 들 수 있다.

연극은 상상하고 달라지고자 하는 욕망이며 본능이다. 연극은 현실 세계의 자기를 떠나 또 다른 자아를 찾아 새롭게 창조된 세계로 나아가는 것이다. 그 과정은 모방을 통해 현실을 정복하고 삶을 변화할 수 있게 한다.

예브레이노프는 "연극은 배우를 치료한다. 그리고 관객 또한 치료한다"[17]고 하였다. 그는 배우가 역할을 새롭게 창조하는 과정이 배우의 현실의 삶에도 영향을 주고 자신의 삶에 새롭게 접근할 수 있게 한다고 보았다. 즉, 역할연기를 통해 사고의 변화, 행동의 연습과정을 갖게 되고 이것은 자신이 원하는 삶의 방식으로의 변화에 긍정적인 영향을 주게 된다는 것이다. 이때에 드라마의 기술 활용이 필요한데 연기력의 성장은 자기 변형을 가능하게 하고 문제 상황을 극복할 수 있는 잠재력을 키워나갈 수 있도록 한다. 고착되어 있는 자신의 삶의 태도에서 벗어나 자기를 변형할 수 있는 가능성을 찾게 되고, 삶을 바라보는 자신의 틀거리에서 벗어나 변형된 사고로 다른 관점에서 삶을 바라볼 수 있게 되는 것이다. 이것은 삶의 현실 안에서 사고하는 것으로부터 벗어나 자신의 삶을 좀 더 관조적인 태도로 바라볼 수 있게 한다.

예브레이노프는 '연극/공연치료'라는 말을 처음 사용하여 연극의 치료적 요소를 최초로 명명화하였고, 공연치료의 연극적 작업 참여가 치료에 어떤

---

15 David Read Johnson, Renee Emunah (Eds.), 『Current Approaches in Drama Therapy (2nd ed)』, NY: Thomas Publisher, LTD, (2009), 김세준, 이상훈 역, 『현대 드라마치료의 세계 -제2판』(서울: 시그마프레스, 2011), 445쪽.

16 Nikolai Nikolaevich Evreinov(1879~1953), 스타니슬랍스키의 제자 중 한 명으로 현대에 들어 처음으로 연극과 치료의 연계를 공식화하였다.

17 Phil Jones, 『Drama as Therapy: Theatre as Living』(London: Routledge, 1996), 이효원 역, 『드라마와 치료』(서울: 도서출판 울력, 2005), 100~101쪽 재인용.

영향을 주게 되는지에 관심을 가졌지만 그 과정을 발전시키지 못하였다. 그는 삶을 변형시키고자 하는 본능으로서의 연극을 지향하였고, 연극적 활동에 참여하는 것이 치유와 삶의 변화에 어떻게 작용하는지에 관심을 가졌지만 이에 대한 특정한 방법론을 제시하지는 않았다.

이와 달리 일리이네(Iljine)는 방법론을 완벽하게 구조화 하였으며, 일리이네와 그의 '치료적 연극'은 연극적 유래에서 대표적인 예라 할 수 있다. 그의 접근은 헝가리의 프렌치(ferenczi)를 만나고 정신분석의 '적극적인 기술'을 만나며 발전하였다. 그중의 하나가 역할극이다. 일리이네의 작업에는 연극놀이, 자발성 키우기, 유연한 표현력, 상호소통, 민감성 등의 즉흥훈련이 있다. 일리이네의 치료적 연극의 단계는 다음과 같다.

1) 주제 정하기

개인의 경우 지금까지 살아온 과정을 통해 그리고 집단은 토론을 통해 주제를 선정한다. 주제와 형식은 대다수의 내담자가 현재 중요하다고 느끼는 욕구를 선택하도록 한다. 치료자는 주제를 정하는 과정에서 진단적 정보와 집단의 경우 내담자의 대인관계 역동을 파악할 수 있다.

2) 주제 반영

주제에 대해 깊이 생각하고 주제가 담고 있는 핵심갈등, 드라마 속에서 주제를 표현하고 탐험하는 방식에 대해 토론한다.

3) 시나리오 디자인

개인치료에서는 치료자와 내담자가 시나리오를 만들고 집단치료에서는 전체가 시나리오 만들기 작업에 참여한다.

4) 시나리오 실연하기

즉흥극을 만들고 실연한다. 극적 장치들을 적극적으로 활용할 수도 있고,

공간의 일부만을 무대로 구분하여 사용할 수도 있다. 연행할 때에는 내담자들이 자신이 맡은 역할에 상상력을 갖고 오감을 사용하여 깊이 몰입하는 것이 중요하다. 장면이 여럿인 경우 각 장면이 끝나면 장면을 멈춘 뒤 장면에 대한 이야기를 하고 다음 장면으로 진행한다. 이는 연행된 장면에 상황에 대해 이해하고 다음 연행 장면에 대한 더 깊은 이해를 위해서이다.

5) 성찰/피드백

작업과정에서 얻은 정서적 경험을 돌아보게 한다. 일리이네는 장면이 끝난 후에 성찰과 연행단계를 번갈아가며 진행하여, 주제가 연행과 성찰 속에서 심화되고 해결되기를 의도한다.

일리이네는 이러한 단계를 통해 완벽한 세션을 추구하였으며, 잠재적인 이슈들이 해결될 때까지 작업을 반복하였다. 일티이네의 접근은 독일과 네덜란드에서 사용되기도 하였고, 영국까지 전해졌으며 그의 접근은 예술이 바탕이 된 연극치료 접근의 좋은 예로 남아있다.[18]

1-3. 연극과 연극치료

예브레이노프가 연극이 배우와 관객의 치료를 가능하게 한다는 것은, 그가 공연치료의 특정한 방법론을 제시하지는 않았지만 치료적 공연으로서의 관객과 배우의 변화를 말한 것이다. 그러나 치료적 공연이 아닌 연극적 관점에서 보면 이와는 달라질 수 있다. 배우는 역할을 창조하는 과정에서 자신의 경험 또는 태도를 역할에 투사하게 되고 역할의 특성에 동일시하기 쉽다. 배우 자신의 경험 이외에도 자신에게 억압되거나 부인되었던 인성의 한 측면들이 역할연기를 통해 표출될 수 있는 것이다. 셰익스피어 왕립극단의 배우

---

18 Vicky Karkou (Ed.), 『Arts therapies in schools: research and practice』(London: Jessica Kingsley Publishers, 2010), 194~203쪽 참조.

인 콕스(cox)는 리어왕을 연기하면서 투사로 인해 자기가 어떻게 인성적으로 영향을 받았는지를 묘사하였는데, 그는 자신의 두려움을 리어의 상황과 경험에 투사하였다. "나 역시 꽤나 늙었어"라고 자신을 리어와 연결지어 이해한 것이다. 역할을 연기하면서 그는 나중에 늙어서 사랑하는 사람들에게 거절당할지 모른다는 두려움을 리어의 상황에 투사하기 시작했고 그러면서 점점 더 불안을 느끼게 되었다. 그는 공연이 끝나고도 이 투사에서 벗어나지 못했다. 콕스는 "내가 떼어내지 못한 많은 것들, 늙은이가 되어버린 듯한 느낌과 몸의 감각 그리고 정말로 짐스럽게 느껴지는 많은 것들, 그 리어의 유산이 아직도 내 주변을 서성거리고 있다"[19]고 하였다. 이것은 평소 배우가 두려움을 갖고 있던 자신의 한 측면을 역할에 투사하였고, 현실에서 표출되지 못했던 정서는 역할의 정서를 통해 증폭되었던 것이다. 그러나 콕스는 리어왕의 역할 연기를 통해 자신의 정서를 투사하여 표출하였지만 정작 증폭된 배우 자신의 정서를 풀어내지 못하고 역할연기를 마치게 되었기 때문에 마치 리어왕의 잔재를 갖고 있는 것과 같이 자신에게 남겨진 숙제를 해결하지 못하고 있는 것이다. 이것은 콕스가 리어왕의 역할연기 과정을 통해 현실에서의 자신의 감정을 탐험하고 인식하는 과정을 갖지 못하였고, 리어왕에 투사된 자신의 정서와 리어왕의 정서의 관계에 대한 직접적인 탐험도 이루어지지 않았기 때문이다. 콕스의 경험에서도 알 수 있듯이 연극형식은 배우가 자신을 역할에 투사하고 표현할 수 있도록 하지만 그 경험을 통해 자신을 통찰하거나 변화할 수 있는 기회를 갖게 하지는 않는다.

배우가 역할에 자신의 정서를 직접적으로 투사한다면, 관객은 배우와 달리 거리를 두고 투사하게 된다. 그러나 관객 또한 무대 위에서 펼쳐지는 배우의 연기를 보며 자신이 갖고 있는 내면의 측면들을 투사하게 된다. 그리고 인물이나 줄거리가 자신의 투사된 정서를 만족시키도록 진행되기를 바라기도 하며 역동적인 관계를 형성한다. 역할수행은 관객과 배우 모두가 일상에

19 Phil Jones, 『Drama as Therapy: Theatre as Living』(London: Routledge, 1996), 이효원 역, 『드라마와 치료』(서울: 도서출판 울력, 2005), 219쪽 재인용.

서 표현하지 못한 자신의 일부를 투사하도록 한다. 그러나 연극과 연극치료의 중요한 차이는 연극치료 경험이 투사에 대한 탐험과 해결의 기회를 제공하는 데에 비해 연극에서는 오직 투사된 감정의 표현만을 허용한다는 데에 있다.[20] 이는 연극적 과정에서 치료적 개입을 통해 내담자들이 새로운 통찰을 갖게 되는 연극치료와 연극의 차이이다.

1-4. 샤머니즘과 연극치료

원시사회의 종교적 의례, 의식과 드라마와 연극 사이에는 그 목적과 효과면에서 커다란 유사성이 존재한다고 솔로몬(solomon)은 주장한다. 또한 엘사스(elsass)는 "정신분석가와 마찬가지로 샤먼은 드라마에서 주인공의 역할을 한다"고 하면서 정신분석과 현대연극 그리고 샤머니즘을 '샤머니즘적 치유'라는 단어로 묶었다.[21] 샤머니즘은 영적 세계관에 집중하여 몸과 영혼, 자연적인 것과 초자연적인 것의 일치를 제시한다. 샤먼은 다양한 약초 사용법과 의료적 조치뿐만 아니라 환자의 마음 안팎으로 영들을 움직이는 수단으로서 공연 예술의 치유적 특성을 익히는 훈련을 받는다. 샤먼의 훈련과 입문과정에서 샤먼은 영적인 세계로 상징적 여행을 떠나며 여정의 변형적 성질 때문에 입문자는 영적으로 발가벗겨지고 재조합된다. 그런 뒤에야 허약하고 고통에 처한 사람들에게 필요한 치유의 힘을 받아 현실세계로 되돌아온다. 샤먼이 평정을 잃은 마음을 치유하기 위해 음악, 춤, 이야기, 드라마를 정기적으로 활용했다는 점에서 현대 예술치료의 뿌리를 고대 샤머니즘의 전통에서 찾기도 한다.[22] 샤머니즘적인 관점의 예술치료는 마치 샤먼이 여러 가지 형

20 Phil Jones, 앞의 책, 222쪽.
21 Phil Jones, 위의 책, 85쪽 재인용.
22 Robert J. Landy, 『The Couch and the Stage: Integrating Words and Action in Psychotherapy』 (NY: Rowman & Littlefield Pub Inc, 2008), 이효원 역, 『카우치와 무대: 심리치료에서 말과 행동을 통합하기』(서울: 도서출판 울력, 2012), 28~29쪽.

태의 창작적인 작업을 통해 저승여행을 하여 치유라는 보물을 가져와 자신과 환자 및 공동체를 이롭게 하듯이, 예술치료자 역시 창작적인 작업을 통하여 언어차원과 상관이 없는 생의 초기단계 혹은 선험적으로 가지고 태어난 인간정신의 영역(무의식, 저승)을 안전하게 오고 가면서 치유라는 보물을 가져온다고 보는 것이다.[23] 원시종족의 치료자인 샤먼이 되기 위한 고행은 그들에게 일종의 소명으로서 원시종족에 널리 인정되고 있는 성인과정에서 보이는 세 가지 단계, 즉 고통과 죽음, 재생의 과정을 거쳐야 한다. 그 지침은 첫째로, 평소의 생활과 관계를 끊는 것, 둘째로 다른 세계로 긴 여행을 떠나는 것, 셋째로 죽고 다시 태어나는 것, 넷째로 새로운 비전을 얻는 것, 다섯째로 소명감과 깊은 목적의식을 가지고 되돌아오는 것이다.[24]

연극치료자가 되는 길 또한 이와 유사하다. 연극치료자가 되기 위해서는 수련과정과 개인적인 상황에 따라 달라질 수 있지만 평소의 생활과 관계에서 변화를 겪게 된다. 그리고 익숙해져 있는 평소의 삶의 태도에서 벗어나 현재의 나를 지배하고 있는 무의식을 의식화하는 여정을 떠나게 된다. 이러한 여정을 통해 현재의 내가 해체되는 고행을 겪게 되고 새롭게 태어나게 되는 것이다. 치료자에게 먼저 무의식을 의식화하는 과정이 필요한 것은 무의식의 내용을 이해하는 데에 있어 지적인 이해뿐만이 아니라 체험이 필요하기 때문이다.

치료자 수련과정에서 자기분석의 시간을 갖는 것이 이에 해당되는데, 수련과정을 통해 다양한 예술치료와 심리치료를 받게 되고 이 과정을 통해 무의식을 의식화하는 과정을 겪게 된다. 치료자는 이렇게 영적으로 벗겨지고 재조합이 되어 스스로를 치유하는 과정을 겪고 나서야 치유의 힘을 갖게 되기 때문이다. 이러한 과정이 치료자들에게 필수적인 과정이 되는 것은 치료자가 어떤 대상을 어떻게 보느냐가 중요하기 때문이다. 어떠한 행동에 대해 그것을 바라보는 관점은 사람마다 다르다. 그것은 결국 사람마다 각자 자신

---

23 김진숙, 『샤머니즘과 예술치료』(서울: 학지사, 2011), 185쪽.

24 김진숙, 위의 책, 202~203쪽.

이 가지고 있는 세계관으로 세상과 인간을 바라보는 것이기 때문이다. 마찬가지로 치료자가 내담자들과 만날 때 치료자가 세상을 어떻게 바라보고 있는지가 바로 내담자들과 만나는 지점이 된다. 때문에 치료자는 통합된 자신을 바라보는 거울을 가지고 내담자를 만나야 하고 이렇게 되기 위해 치료자는 자신을 해체시키는 자기분석의 여정을 필수적으로 가져야 한다.

샤머니즘적 의식에서 샤먼은 매일의 평범한 삶의 세계를 벗어나 삶과 죽음의 아픔, 기쁨, 감각, 무의미, 상상으로 인식되지 않는 장소와 시간으로, 강렬한 변화의 경험을 겪는 여정으로 사람들을 인도한다. 연극치료는 샤머니즘의 의례 및 형식 면에서 유사점이 있는데, 그것은 치유가 존재한다는 가능성을 마음에 품고 인간성의 한계가 확대될 수 있도록 도와주기 때문이다. 이때에 개인적인 삶의 변화를 인정하는 모든 제의는 사람과의 만남을 포함해서 그것이 세속적이든 종교적이든 통과의례이다.

판 헤네프(Arnold van Gennep)는 1908년 출판한 그의 책 『통과의례』에서 통과의례란 용어는 사회계층 상에서의 한 개인의 변화 혹은 개인의 변화를 가져오는 제의뿐 아니라 어떤 사회 전체의 계절적 변화들과 관련된 제의들에 대해서도 사용되어야 한다고 생각했다. 그는 통과의례를 분리(separation), 전이(transition), 통합(incorporation)의 세 단계로 구분했다. 첫 번째 단계인 분리는 제의적 주체들을 그 이전에 그들이 속해 있던 사회 층위로부터 분리시키는 상징적 행위를 말하며 신성한 시공간과 세속적 공간을 분명하게 구분짓는다. 가장자리(margin) 혹은 리멘(limen)[25]이라고 부르는 두 번째 단계 즉, 중간 단계인 전이의 단계는 주체들이 일종의 애매성의 시기와 영역, 즉 어떤 결과물로 생긴 사회학적 지위나 문화적인 속성을 거의 가지고 있지 않은 일종의 사회적인 중간상태(social limbo)를 통과하는 상징적 행위이다. 세 번째 단계인 통합(incorporation) 혹은 재통합(reaggregation)의 단계는 그 제의적 주체들이 전체 사회 속에서 상대적으로 새롭고 안정되고 분명한 위치로 되돌아감을 나타내는 상징적인 현상들과 행동들을 포함한다[26]고 하였다.

25 라틴어로 '문지방'을 의미한다.

사회 인류학자이자 상징인류학자였던 빅터 터너는 판 헤네프의 통과의례란 용어를 사회극이란 용어로 환치시키면서 전이(transition)를 인간의 삶의 변화의 순간, 신성하고 종교적인 순간인 '리미널리티(lminality) 단계'라 칭하였다. 그리고 리미널리티 단계에 머물러 있는 사람들이나 그 단계의 사람들이 모여 있는 상황이나 공간을 '코뮤니타스(communitas)'라고 부른다. 리미널리티란 '문지방'을 의미하는 리멘(limen)이라는 말에서 파생한 것으로, 평소와는 다른 금기시 되는 공간과 행위다. 리미널리티, 즉 전이영역의 특징은 전이 이전의 지위나 기호들이 파괴되고 전이적인 무지위(non-status)의 기호가 적용된다는 것이다. 리미널리티는 서튼-스미스(Brian Sutton-Smith)가 말한 반구조(anti-structure)와 상응된다. 사회적인 역할, 권리, 의무들을 가진 사회구조에 대응하는 반구조는 사회적 권리, 의무 등이 일시적으로 정지되고 정규적인 구속으로부터 인간의 인지, 감동, 의지, 창조성 등이 해방되며 새로운 문화의 원천이 된다. 무질서 속에서 새로운 모델과 패러다임이 발생하고, 그것을 통해 새로운 무엇을 배우게 되는 것이다. 리미널리티는 지금까지 당연한 것으로 받아들여 왔던 것에 대해 생각하게 하고, 비판과 사색의 장이 된다. 이러한 리미널리티 단계는 일시적인 단계이며, 일상에서 벗어난 극도의 흥분이나 위험성, 일탈성 등의 상황이 표출되고 용인되며 신성한 단계로 간주된다. 이 단계는 그 이전 단계에서는 변화되었고 새로운 단계는 도래하지 않은 중간과정이며 재통합이 진행되는 과정이다.

연극치료 과정 또한 그 이전 삶과의 분리, 전이, 통합을 통해 삶의 변화를 겪게 되는 과정이다. 연극치료는 처음, 중간, 끝의 과정으로 이어지며 그 과정의 중간 단계에서 변화가 일어나는데, 이 중간 단계의 과정이 리미널리티의 과정이 된다. 연극치료자들은 내담자들이 스스로 새로운 길을 찾을 수 있을 때까지 기존에 내담자들을 지배하던 질서가 무너져 뒤엉킨 채로 남아 있

26 Victor Turner, 『From Ritual to Theatre: The Human Seriousness of Play』(New York: PAJ Publications, 1982), 이기우 외 역, 『제의에서 연극으로』(서울: 현대미학사, 1996), 39~41쪽 참조.

게 한다. 혼돈과 만났을 때 그 혼돈과 함께 머물게 하는데, 감정적 혼란은 극적 체험 속에서 표현할 기회가 주어지며 자신을 설명하는 새로운 방식을 찾게 된다. 치유는 이 혼돈의 단계에서 일어나게 된다. 상처 입고 불안전한 사람들에게 잠재되어있는 정서적 혼돈을 인식하게 하고 안전성을 제공하기 위해 체계적인 노력을 기울이는 것이 연극치료이다. 연극치료 회기의 마지막 단계는 '혼돈을 끝내는 것', 내담자들이 '중간'에서 힘들게 겪어낸 정서적 시련이나 어렵사리 해결한 삶의 문제를 회고할 수 있게 하는 것을 목표로 한다. 이때에 내담자들은 '바깥세상'은 비록 변함이 없다 해도 자신에 대해 느끼고 생각하는 방식이 변화되었음을 깨닫게 된다. 자기 자신에 대해 느끼고 생각하는 방식이 세계를 이해하는 핵심요인이기 때문이다.[27] 연극치료는 우리 자신에 관한 진실, 인간경험의 가공되지 않은 진실을 찾기 위해 상상력을 사용한다. 이미 만들어진 해결책을 갖고서는 문제를 변화시킬 수 없기 때문이다. 궁극적인 진실을 탐색하여 스스로 재탄생하기 위한 희생을 겪고 삶의 의미를 드러내도록 하는 것이다. 이것이 바로 연극치료의 궁극적인 목적이며 자기 정체성의 변화를 가져오게 하는 치유의 힘을 갖게 되는 것이다.

---

27 Madeline Andersen-Warren and Roger Grainger, 『Practical Approaches to Dramatherapy: The Shield of Perseus』(London: Jessica Kingsley Publishers, Ltd., 1999), 이효원 역, 『연극치료 접근법의 실제』(서울: 시그마프레스, 2009), 135~144쪽 참조.

2. 발달장애와 연극치료

본고는 발달장애인에 대한 연극치료의 심리학적 접근에 대한 연구이다. 발달장애란 발달단계에서 유전자의 결함 혹은 염색체의 이상으로 인한 유전적 요인, 감염, 신체적 외상이나 심리사회적 요인 같은 환경적 요인 때문에 신체적, 정신적 기능에 심각한 손상을 입은 상태를 말하며, 이 때문에 언어발달, 대인관계, 일상적 행동을 비롯한 적응기능 전반에서 발달지연과 결함이 나타나는 장애를 말한다.

그동안 발달장애인을 위한 치료에서는 발달적 측면이 특히 강조되어왔다. 일반적인 치료로는 장애아동의 언어적 기능 향상을 위한 언어치료, 그리고 기능 향상을 위한 신체의 정상발달훈련 등의 재활치료가 주이다. 그 외에도 발달장애인들의 사회화에 중점이 두어져 직업재활·사회재활서비스 등이 제공되고 있다. 발달적 측면의 강조는 교육에서도 마찬가지인데, 발달장애인을 위한 대부분의 교육과정의 개발은 주로 다음의 영역으로 구성된다. 첫째로 학습준비 기능과 기초학습 기능으로 주로 기초적인 읽기와 산수 기능이 강조되며 이 기능들이 실제적인 직업과 지역사회의 상황에 적용될 수 있도록 한다. 둘째, 의사소통과 언어발달로 자신의 요구와 생각을 전달하기 위해 언어사용을 연습시킨다. 셋째, 사회화 교육은 취학 전 수준에서 시작한 신변처리 기능과 예절교육 등의 가족생활 기능 학습이 중등학교 수준에서는 점차 몸단장, 성교육 등과 같은 교육내용으로 바뀐다. 넷째로 직업준비와 직업기능은 중등수준으로 갈수록 강화된다. 알맞은 직업습관을 통하여 직업적응을 기르는 내용과 중등에서는 진로교육, 직업배치, 현장교육 등의 내용으로 구성된다.[1]

본고 연구사례의 이슈들은 발달장애인들이 당면해있는 상황적, 환경적 요인들에 기인한 것이다. 비장애인과 마찬가지로 발달장애인들 역시 발달적 측면 외에도 정서적· 심리적 문제에 대한 적극적인 치료가 필요하다. 다수의 발달장애아동들은 일반학교의 특수학급에 재학하며 학교의 친구들에게 장애를 갖고 있음을 이해받지 못하고 지속적으로 폭력을 당하는 경우가 많다. 또한 성인기에 이르기까지 가정에서 충족되지 못하는 양육환경은 이들에게 억압된 내적충동을 갖게 한다. 발달장애인들의 이러한 양상은 다른 대상에게 공격성으로 표출되기도 한다. 주변의 대상들 중 특히 자신보다 기능이 낮은 대상에게 전이되고 그 공격행동들은 자신에게 향해졌던 폭력의 양상들이 학습되어 그대로 복원되기도 한다. 때문에 이들에 대한 정서적 지원에 대한 관심이 더욱 요구되고 있고, 발달장애인들에게는 발달적 관점 외에도 심리적 상처의 변화 매개로서의 심리학적 접근이 필요하다.

본고에서는 발달장애인을 위한 연극치료에서 일반적으로 적용되는 심리학 이론과 각 사례들마다 적용된 심리학적 접근의 효용성에 대해 연구한다. 그러나 심리학 이론을 통한 치료적 접근은 특정한 한 이론으로 한 개인의 이상행동을 설명할 수 없는 경우들이 대부분이다. 분석적인 임상자료의 흐름을 다루다 보면 내담자들은 언제나 다양한 측면의 심리학적 접근이 요구된다. 이것은 내담자들의 치료원리에 중복결정과 다중기능이라는 기본적인 원칙이 있어야 한다는 것을 의미한다. 한 명의 내담자에게 한 가지의 심리학적 이론으로 접근하는 것이 아니라 내담자의 특성에 따라 다층적인 접근이 필요한 것이다. 그러나 어떤 내담자의 경우 임상적 자료에 따라 소아기 조기 경험의 어떤 측면을 특정한 이론으로 잘 설명할 수 있다. 따라서 무엇보다

1 최중옥 · 박희찬 · 김진희, 『정신지체아교육』(서울: 양서원, 2008), 123쪽.

중요한 것은 내담자들의 결핍과 갈등을 발견하고 그것에 유용한 이론으로 접근을 하는 것이다. 치료자는 심리학적 접근의 다양한 이론에 친숙해짐으로써 지식의 폭이 넓어지고 내담자들에게 어떤 접근이 필요한지를 이해할 수 있게 되며, 시행착오를 겪고 난 후 특정한 내담자에게 가장 잘 맞는 이론적인 틀을 발견하게 되고 적절한 치료적 방법을 찾게 된다.

본 연구의 이론적 연구에 앞서 가장 중요한 지점은 치료자의 역할이다. 연극치료 치료자를 양성하는 과정에서 가장 중점적으로 다루어지는 부분이 치료자의 인성인 것도 이 때문이다. 내담자가 표출하는 강한 감정과 원초적인 감정의 용인은 치료자가 자신을 알고 역전이(逆轉移)에 반응하는 능력에 따라 좌우된다. 우리 각자는 집착을 포함한 과거 역사의 산물이기에 치료자가 타인을 도울 수 있는 최상의 방법은 과거의 환영에 대해 치료자 자신이 개인치료를 하는 것이다. 치료자의 자기인식은 타인을 돕는 능력에서 가장 중요한 요인이다. 그러므로 치료자가 내담자에게 제공해야 하는 것의 핵심은 치료자 자신이며 이론과 기법 등은 그다음이다.

치료자는 내담자가 스스로 성장할 수 있는 존재라는 것을 믿고, 내담자를 존중하고 관용으로 있는 그대로를 수용하며 편견이 없어야 한다. 또한 치료적 관계를 형성하기 위해 내담자가 주는 것은 무엇이든 봐주고, 느낌, 정서, 상황을 반영해주어야 한다. 허용적인 분위기 속에서 내담자를 인격적으로 존중하고 동등한 자세를 유지하며 모든 것이 의미 있게 다루어질 수 있는 지지적 환경을 마련하여야 하는 것이다. 치료자는 이러한 환경 안에서 내담자가 자신의 장점과 자질 등을 스스로 알 수 있도록 도와야 한다.

에릭슨 또한 치료에 있어 신뢰를 강조하였는데, 치료자는 어머니처럼 환자의 욕구에 예민하게 반응하여 치료자-내담자 관계에 신뢰를 수립할 수 있어야 할 뿐만 아니라 능동적이어야 하고 자기 신뢰감이 있어 내담자에게 전달해야 한다고 하였다. 또한 치료자와 내담자의 대등한 상호성이 중요함을 강조하였다.

심리학적 접근의 치료는 사람과 사람의 관계를 본질로 한다. 치료자와의 치료적 관계 안에서 내담자는 다른 사람과 소통하는 법을 배우고 사랑하는 법을 배우며 변화해 간다. 때문에 치료 작업에서 선행되어야 하는 것이 치료자와 내담자의 치료적 관계의 형성인 것이다. 위니컷[2]은 치료적인 관계는 엄마-유아 관계와 마찬가지로 인내와 수용 그리고 존중이라는 기본 원칙을 함께하는 '충분히 좋은 엄마'라는 속성을 내포하고 있다고 하였다. 치료자와 내담자의 관계는 어머니와 아기의 관계와 유사하다. 내담자의 충족되지 않은 욕구와 의존욕구를 관리하고 무엇보다 먼저 내담자가 정신적 스트레스와 고통을 덜 느끼도록 돕고 위로를 주어야한다. 그랬을 때에 치료의 계획된 체계 안에서 내담자가 점차 의존에서 독립으로 나아갈 수 있도록 도울 수 있다.

발달장애로 사회적인 고립감을 갖고 있는 내담자들에게 안아주는 환경, 공감반응, 치료자의 자세는 더욱 중요하다. 본 연구사례의 내담자들은 정신지체를 동반하고 있는데, 정신지체의 증상은 경도의 경우에도 초등학교 고학년 정도의 교육수준이 가능하다. 따라서 내담자들에게는 연령과 상응되지 않은 모성적 돌봄이 특별히 요구된다. 위니컷은 정신역동치료를 내담자의 심층을 분석하고 해석하는 과정으로 보지 않고, 내담자에게 잃어버린 돌봄을 제공하고 초기의 발달적 욕구를 채워주는 과정이라고 하였다. 발달장애에 대한 연구와 심리학적 접근에 대한 본 연구는 발달장애인들마다 가지고 있는 저마다의 특성에 따라 적절한 돌봄을 제공하기 위한 것이다.

발달장애인들에게 연극치료를 시도하고 그 효과성을 검증한 해외의 발달장애인을 위한 연극치료 사례연구와 연극치료 동향에 대한 연구를 포괄적으로 살펴보면 다음과 같다.

조이 위도우즈의 연구[3]는 행동과 감정 장애가 있는 학생들의 변화를 위해

---

2 Donald W. Winnicott(1896~1971)은 영국의 소아과의사로서 환자인 어린이와 그 아이를 데려오는 엄마를 함께 관찰하였다. 이것은 그가 정신분석학적 문제를 다루는 데에 영향을 미쳤으며 프로이트 이후 심리학과 정신분석학에 가장 영향을 준 학자로 평가받고 있다.

3 Joy Widdows, 「Drama as an Agent for Change: drama, behaviour and students with

연극치료 작업을 연구하였다. 이 연구는 학생들의 개인적인 기술과 사회성 기술을 발달시키는 데에 집중하였다. 목표에 포함된 것은 학생들의 정보 기반과 교육적인 문제해결을 강화하며, 일관적인 긍정적 행동을 발달시키기 위해 긍정적인 행동을 받아들이도록 격려하는 것이다. 부적절한 행동으로 자기 자신과 타인들에게 문제를 일으키는 학생들은 멘토 혹은 배울 만한 누군가, 그리고 사회의 영역을 넓히고 사람들과 관계를 맺는 능력에 변화를 줄 필요가 있다. 이것은 드라마를 통해 얻어질 수 있다. '발달 드라마'는 교육적인 드라마와 연극치료 이론을 결합한 것으로 건강한 심리 상태를 성취하는 것을 목표로 한다. 학생들은 단체 의사결정에 참여하였는데 이것은 협력과 집중, 그리고 헌신이라는 사회성 스킬을 요하는 것이다. 학생들은 드라마 구조상에서 이러한 기술들을 연마함으로써 자존감이 증가한다. 학생들의 교육적 성취가 증가함에 따라 부정적인 행동들은 반대로 줄어들었으며 개인적으로 그들은 더욱 유능해졌다는 연구 결과를 얻었다.

루이스와 버너지의 연구[4]는 자폐 범주성 장애(ASD)를 가진 집단과의 연극치료 작업에서 스토리의 치료적 잠재성에 대한 연구이다. 스토리는 개인과 문화적 정체성에 중요한 개념들을 이해하고 표현하고 소통하는 데 쓰이는 수단이다. 그동안 자폐 범주성 장애는 '만일 그렇다면'과 같이 행동을 가정하고 수행하는 능력이 손상되었다고 전제되었다. 그러나 내담자들은 달걀이라는 상징을 사용하여 이야기를 만들 수 있었고 치료효과를 거두었다. 이 연구는 스토리를 사용하는 연극치료가 ASD를 가진 집단을 치료에 참여시킬 수 있는 현실적이고 흥미로운 가능성을 보여주었다.

코르벳, 군터, 코민스, 프라이스, 라이언, 사이먼, 셔프, 라이오스스의 연구[5]

---

emotional and behavioural difficulties」, 『Research in Drama Education: The Journal of Applied Theatre and Performance』, London: Routledge, 2006, 65~78쪽.

4 Jeannie Lewis & Sube Banerjee, 「An investigation of the therapeutic potential of stories in Dramatherapy with young people with autistic spectrum disorder」, 『Dramatherapy』, London: Routledge, 2013, Vol. 35, 29~42쪽.

5 Blythe A, Corbett, Joan R. Gunther, Dan Comins, Jenifer Price, Niles Ryan, David simon,

는 자폐 범주성 장애를 가진 어린이를 위한 치료로서의 극이다. 이 프로그램은 자폐 범주성 장애를 가진 어린이의 사회적 감수성 기능을 증진시키고 스트레스를 줄이기 위해 고안되었다. 자폐 범주성 장애 아동 8명은 일반 아동들과 짝을 이루었다. 치료는 음악극 작품을 만드는 과정에서 이루어졌고, 내담자들은 얼굴 인식과 감정 기술에 있어서 어느 정도 발전을 보였다. 이 치료는 동료, 비디오, 행동학적 모델링, 그리고 커뮤니티 기반의 극 세팅이 자폐 범주성 장애를 가진 어린이들의 사회적 감수성 기능을 증진시키는 데 있어 잠재적 가능성을 보여준다는 연구이다.

캐롤린 밀러의 연구[6]는 전반적 발달 장애를 가진 아동들의 친구 사귀는 기술을 발달시키는 것에 대한 연구이다. 이 연구는 한 특수학교에서 10세에서 12세 아동을 대상으로 10회의 세션을 진행한 사례이다. 참여한 아동들은 Rett's 장애[7], 자폐증[8], Tourette 장애[9], 아스퍼거증후군[10]을 진단 받은 아동들

Clayton W. Schupp, Taylor Rios, 「Brief Report: Theatre as Therapy for Children with Autism Spectrum Disorder」, 『Journal of Autism and Developmental Disorders』, Springerlink.com, 2010, 505~511쪽.

6 Caroline Miller, 「DEVELOPING FRIENDSHIP SKILLS WITH CHILDREN WITH PERVASIVE DEVELOPMENTAL DISORDERS: a case study」, 『Dramatherapy』, London: Routledge, 2005, Vol. 27, 11~16쪽.

7 의사소통, 운동, 사회성 영역의 기능저하가 대개 만 1세 이후에 시작된다. 자폐증과 유사한 증상들과 이갈기, 언어소실, 과호흡증, 불규칙한 호흡, 손의 상동행동 등이 전형적으로 나타나며, 나이가 들면서 보행실조가 진행되고 척추만곡증, 간질 등이 동반된다.

8 자폐장애는 대부분의 경우 생후 1~2년 내에 나타난다. 언어발달의 지체, 사회적 관계 형성의 실패(unrelatedness), 또는 환경에 대한 비정상적인 민감성이 가장 흔히 보이는 문제들이다. 자폐증 아동의 약 절반 정도는 정신지체의 특징을 보인다. 지능 검사 결과에서는 영역에 따른 편차가 크게 나타나는 경우가 많고, 특정한 두 영역에서 뛰어남을 보이는 경우도 있다(예, 기계적 기억 또는 토막 짜기). 몇몇 자폐증이 있는 사람들은 실제로 현저하게 분리된 능력 또는 "분열한 기술"을 보인다. 예를 들어, 음악적인 재능이나 미술적인 재능 또는 몇 년 후의 날짜가 므슨 요일인지 말할 수 있는 것과 같이 특정 기억에서 매우 우수한 능력을 보이기도 한다.

9 틱은 아이들이 특별한 이유 없이 자신도 모르게 얼굴이나 목, 어깨, 몸통 등의 신체 일부분을 아주 빠르게 반복적으로 움직이거나 이상한 소리를 내는 것을 말한다. 전자를 운동 틱(근육 틱), 후자를 음성 틱이라고 하는데, 이 두 가지의 틱 증상이 모두 나타나면서 전체 유병기간이 1년을 넘는 것을 뚜렛병(Tourette's Disorder)이라고 한다.

과 주의력결핍장애(ADHD)[11] 판정을 받은 아동 등이다. 그들이 공통적으로 가지고 있던 이슈는 인지 지체와 친구를 사귀고 그 관계를 발전시키는 데 필요한 커뮤니케이션 스킬의 정도가 낮다는 것이다. 이 연구에서는 친구 관계를 만들고 유지하는 데 관련된 사회적 기술에 집중하였다. 그룹 아이들이 대화를 하거나 같이 놀자고 초대하기 위해 친구들에게 전화를 걸도록 하는 등, 친구를 사귀는 기술을 발달시키는 효과성에 대한 연구이다.

가드프레이와 헤이손의 연구[12]는 자폐 스펙트럼 장애를 가진 어린이와 성

갑작스럽고 반복적인 움직임, 몸짓, 음성을 말하며 보통 지속시간이 짧아서 1초 이상 지속되는 경우는 아주 드물다. 운동 틱은 억제가 어려운 정상 행동의 부분으로 본다. 그 범위는 눈 깜박이기, 코 잡아당기기, 머리와 팔 반사행동, 어깨 으쓱하기와 같은 간단하고 갑작스러운 움직임부터 목적을 가진 것 같은 복잡한 움직임까지 다양하다. 음성 틱도 간단하고 복잡한 범주로 분류된다. 간단한 음성 틱은 갑작스럽고 의미 없는 소리(헛기침, 기침, 코 킁킁거림, 욕설 내뱉기, 으르렁거리듯 말하기 등)이다. 복합 음성틱은 의미 있는 발화(긴 헛기침부터 음절까지 다양), 단어와 구가 여기에 포함된다. 심지어 자신의 말을 반복하고 타인의 말을 반복하는 것, 음담패설의 발화(외설증)과 같은 복잡한 행동도 여기에 해당된다.

10 사회적으로 서로 주고받는 대인관계에 문제가 있고, 행동이나 관심 분야, 활동 분야가 한정되어 있으며 같은 양상을 반복하는 상동적인 증세를 보이는 질환이다. 이런 특성들로 인해 사회적으로, 직업적으로 어려움을 겪게 되지만, 두드러지는 언어 발달 지연이 나타나지 않는 전반적 발달 장애의 일종이다. 아스퍼거 장애는 자폐증과는 달리 어린 시절에 언어 발달 지연이 두드러지지 않는다는 특징이 있다. 그러나 정상 언어 발달을 보여도 현학적이거나 우회적인 언어를 사용하는 경향이 있어 의사소통의 실용성면에서 어려움을 보인다.

11 주의력 결핍이란 주의력 검사에서 나타나는 심리적인 과정을 뜻하는 것이 아니라 일련의 행동을 말한다. 주의력 결핍을 보이는 아이들은 세부적인 것에 대한 세밀한 주의력이 부족하며, 그 결과 과제수행이 불완전하고 질이 떨어지는 경우가 많다. 과잉행동은 조용히 있어야 하는 상황에서 지나치게 움직이는 행동을 뜻한다. 따라서 과잉행동을 보이는 아동을 식별하는 가장 좋은 방법은 운동장이 아닌 교실, 친지 방문, 식사시간 같은 상황에서 다른 아이들과 비교하는 것이다. '충동성'은 생각 없이 행동하는 것을 의미한다. 이런 아이들은 교실에서 다른 아이들의 활동을 훼방 놓거나 다른 사람의 질문이 끝나기도 전 갑자기 응답하면서 두서없는 행동을 보일 수 있다. 또한 또래관계에서 타인의 감정에 둔감하고 경솔한 모습을 보일 수 있다.

12 Emma Godfrey & Deborah Haythorne, 「Benefits of dramatherapy for Autism Spectrum Disorder: a qualitative analysis of feedback from parents and teachers of clients attending Roundabout dramatherapy sessions in schools」, 『Dramatherapy』, London: Routledge, 2013, Vol. 35, 20~28쪽.

인들을 위해 연극치료자들이 제공하는 연극치료 프로그램에 대한 부모, 보호자, 교사들의 피드백을 연구하였다. 치료가 끝난 후 부모나 양육자로부터 받은 피드백에 대한 양적 연구와 해석적 현상학적 분석(IPA)을 사용하여 연극치료에 대한 42개의 견해를 분석하였다. 연구는 5개의 테마에 대한 데이터 분석으로 첫째, 감정을 탐험하기에 안전한 곳, 둘째, 그룹에 포함되고 친구를 만드는 것, 셋째, 사회성 기술에서 역할극은 사회성 기술을 배우고 실행하는 지름길을 제공한다. 넷째, 구조는 예측가능성으로 불안을 줄여주며, 다섯째, 가족은 전체 시스템을 지탱한다는 연구 결과가 도출되었다. 피드백 형식의 기록에 연극치료에 대한 부정적인 의견은 없었다. 이 연구 결과 자폐 스펙트럼 장애를 가진 어린이와 성인을 위한 연극치료에 대해 부모/보호자, 그리고 교사들의 많은 지지가 있다는 것이 밝혀졌다.

앤더슨과 워렌의 연구[13]는 자폐 범주성 장애를 가진 그룹의 연극치료에 대한 실질적인 관점을 제공한다. 이 연구는 연극치료자들이 연극치료가 내담자 그룹에게 효과적인 치료법인지에 대한 그들의 경험을 모으기 위해 고안된 질문지에 답한 것들을 조사한 것에서 시작되었다. 이 연구의 목적은 연극치료가 참여그룹에 효과적인 치료법으로 여겨질 수 있는지에 대한 연구이다.

리스터, 텡게이, 스노우, 다미코의 연구[14]는 몬트리올에 있는 인간개발 예술센터에서 발달장애 성인들에게 연극, 음악, 춤/움직임 치료를 1년 이상 제공한 것에 대한 연구이다. 자존감과 사회성 기술, 의사소통 능력을 발전, 강화시키기 위한 목표로 진행된 이 연구는 센터의 발전과 목적 그리고 지속가능성 문제와 센터 내에 지역사회와 함께 커뮤니티를 형성하기 위한 노력의

---

13 Madeline Andersen-Warren, 「Dramatherapy with children and young people who have autistic spectrum disorders: an examination of dramatherapists' practices」, 『Dramatherapy』, London: Routledge, 2013, Vol. 35, 3~19쪽.

14 Suzanne Lister PhD, ATR, Denise Tanguay MA, ATR, Stephen Snow PhD & Miranda D'amico PhD, 「Development of a Creative Arts Therapies Center for People With Developmental Disabilities」, 『Art Therapy: Journal of the American Art Therapy Association』, London: Routledge, 2009, Vol. 26, 34~37쪽.

일환이었다. 이 연구를 통해 다른 지역에서도 창조적인 예술치료센터를 시작하는 것에 도움이 될 것이라는 결론을 갖게 되었다. 프로그램에 참여한 사람들은 다양한 방식으로 자기 자신을 표현하는 것을 발달시켰다. 발달 장애를 가진 많은 내담자들은 연극, 음악, 춤/움직임 치료를 경험하였고, 그들이 만든 뮤지컬과 예술 작품들은 대중들에게 공개되었다. 그러한 공개적인 공연들은 환자들의 사회 통합성, 삶의 질, 그리고 자기존중감을 향상시키는 데 효용성이 있다는 연구이다.

거쉬의 글[15]은 2000년 7월에 열린 런던연극치료컨퍼런스 2000 '지금의 교육에서의 연극치료'의 한 연설을 기반으로 한다. 이 글의 내용은 연극치료계 내부에서가 아닌 교육 전문 분야에서 연극치료의 역할에 대한 시각과 미래를 제시한 것이다. 연극치료가 교육에서 충분히 활용될 수 있는 자원이며 향후 지대한 기여를 할 것이라는 것이 이 글의 기본적인 주장이다. 하지만 그러한 잠재력을 키우기 위해선 최근 교육학에서의 발전상과 학교 시스템, 그리고 그것들의 미래 방향을 아는 것이 중요하고, 이것은 향후 학교에서 연극치료를 응용할 때 관련성을 가질 것이라고 한다.

필 존스의 연구[16]는 '미래 연구를 향한 접근법'으로 영국연극치료협회컨퍼런스 2011의 기조연설에 근거한다. 이 글은 연극치료 연구의 발달에 영향을 미치는 요소들을 밝히고 조사한다. 연극치료의 강점인 내담자 중심의 접근법과 융통성은 연극치료를 시스템화하는 데 불리하다는 것이다. 기존에 존재하는 개별 연구들은 메타 관찰 기법의 형태를 주로 해왔다. 그러므로 이 글은 양적인 증거를 점점 더 요구하는 치료와 교육 영역의 현재 변화에 연극치료가 대응할 필요가 있다고 주장한다. 영국상담심리협회(BACP)는 연구에

---

15 Irvine S. Gersch, 「DRAMATHERAPY IN EDUCATION: OPPORTUNITIES FOR THE FUTURE: a view from outside」, 『Dramatherapy』, London: Routledge, 2001, Vol. 23, 4~8쪽.

16 Phil Jones, 「Approaches to the futures of research (Based on the conference keynote, British Association of Dramatherapists Conference 2011, Measure for measures, researching, re-viewing and re-framing dramatherapy in practice」, 『Dramatherapy』, London: Routledge, 2012, Vol. 34, 63~82쪽.

대한 필요성을 다음과 같은 세 가지 방식으로 말한다. 첫 번째, 전문가로서 지식의 외연을 넓힐 의무가 있다. 두 번째, 효과성에 대한 어떤 증거도 없는 치료를 고객들에게 제공하는 것은 비윤리적이다. 그렇게 하는 것은 그들의 시간을 낭비하는 것이며 심지어 그들을 위험에 빠뜨리는 것이다. 세 번째로, 치료를 의뢰하는 것이 연구증거에 근거한 의학적인 가이드라인에 의해 통제되고, 치료 방법들이 의뢰되길 바란다면 반드시 그 방법들의 효과성을 증명해 보여야만 한다는 것이다.

휴엄의 연구[17]는 연극치료와 퍼포먼스 훈련에서의 '존재라는 개념'에 대해서이다. 이 논문은 치료법의 존재의 질이 어떻게 현실적으로 수행되는지를 연구한다. 연기와 퍼포먼스에서 존재에 대한 의문은 현역 전문가들과 학자들에게 주요 관심사였다. 심리치료에서 말하는 정신적 상태와 치료의 존재는 종종 그로토프스키의 '부정법(via negativa)', 체호프의 심리학적 제스처, 브레히트와 베케트 작품에서의 배우훈련의 수사법에서 발견된다. 그러한 표현들은 치료적 측면에서 관심사항이며, 치료법의 수행적인 본성에 대한 질문을 시작하게 한다. 연극치료 접근법인 '발달 변형'에서, 데이비드 리드 죤슨(David Read-Johnsom)은 존재를 신체와 관련지어 고려하고, 내담자와 치료자를 자발적으로 연기하는 과정에 참여시키기 위한 다양한 수단들을 소개한다. 그는 배우 훈련과 특히 그로토프스키의 작업에 의지하여 치료적 면담에서의 친밀성을 만들어 내는 접근법을 제시한다.

---

17 Richard Hougham, 「'Rehearsing the unrehearsed': reflections on the concept of presence in dramatherapy and performance training」, 『Dramatherapy』, London: Routledge, 2013, Vol. 35, 99~107쪽.

3. 발달장애 정의 및 특성

본고의 발달장애에 대한 연구는 발달장애 전반에 대한 포괄적인 연구이기보다는, 본 연구사례 내담자들의 발달장애 특성을 중심으로 연구되었다. 2013년 새로운 진단분류 체계인 DSM-5가 출간되었으나 본 연구의 내담자들은 DSM-IV의 기준으로 진단 분류되었으므로 진단명과 중요한 진단기준은 DSM-IV에서 제시된 것을 중심으로 소개되었다.

대한특수교육학회[1]에서 발간한 특수교육 용어사전에서는 발달장애를 유전적, 외상이나 전염병적 독성, 생리학적으로 기능발달에 영향을 미쳐 장애를 가져온 모든 상황의 장애를 포함한다. 발달장애의 범주에는 자폐증, 뇌손상, 최소뇌기능장애, 만성적인 뇌증후, 지각의 손상, 발달의 불균형, 미성숙, 최소신경학적 장애, 과잉행동, 학습장애, 인지능력손상, 난독증, 언어장애, 간질, 뇌성마비 등이 포함된다.[2]

1994년 출간된 정신장애 진단 및 통계편람인 DSM-IV 이후 약 20년 만인 2013년, 새로운 진단분류 체계인 DSM-5가 출간되었다. DSM-IV에서 '소아-청소년기에 처음 진단되는 질환'에 해당되었던 질환들이 DSM-5에서는 대부분 신경발달학적 장애(neurodevelopmental disorder)라는 범주 안에 포함되었

1 1975년 3월 특수교육연구를 촉진하고 특수교육 발전에 기여할 목적으로 한국사회사업대학(지금의 대구대학교) 특수교육과 교수회의에서 발족안이 제기되고 창립된 학회.

2 국립특수교육원 편, 『특수교육학용어사전』(서울: 도서출판 하우, 2009), 167~168쪽 참조.

다. 여기에서 말하는 신경발달학적 장애의 가장 핵심적인 변화는 자폐증(autistic disorder), 렛츠병(Rett's disorder), 아스퍼거병(Asperger's disorder) 등의 진단명이 하나로 통합되었고, IQ에 의존하여 진단되었던 정신지체(mental retardation)는 실제 적응수준을 고려하여 진단하는 지적발달장애(intellectual developmental disorder)로 바뀌었다는 점이다.[3] 또한 반응성 애착장애는 외상-스트레스 관련 장애(trauma- and stressor-related disorders) 범주 안에 포함되었으며, 분리불안장애와 선택적 함구증은 모두 불안장애 범주로 묶이게 되었다.[4] 발달장애아들은 의사소통에 어려움이 있고 일상생활기능이 떨어지기 때문에 자신을 돌보지 못하는 경우가 많으며, 비정상적인 지각특성과 인지적 결함으로 인해 사물을 변별하지 못하거나 언어적 지시나 대화에 적절한 반응을 하는 데에 어려움을 가진다. 다른 사람의 말을 그대로 따라하는 반향어를 사용하거나 상동행동이나 반복행동으로 감각적 자극을 얻는 아동이 많다. 또한 다른 사람에 대한 관심이 적으며, 타인이 자신에게 보이는 관심도 무시하거나 거부하여 타인과의 상호관계를 형성하지 못한다.[5]

아동·청소년기의 인지, 정서, 행동의 문제는 아동기에서 청소년기까지만 일시적으로 보일 수 있는 문제부터 청소년기 이후에서 성인기까지도 지속될 수도 있는 심각한 문제까지 다양하다. 어떤 아동이 정신적으로 건강한지 아닌지는 아동의 연령에서 기대되는 수준의 생각과 행동, 감정 등에서 적절성을 보이며, 그 연령에서 요구되는 발달 과제를 제대로 성취하고 있는가에 따라서 판단될 수 있다. 즉, 정신적으로 건강하지 않은 아동이란 연령과 성별에 맞지 않는 생각과 행동, 정서적 반응을 보이는 등의 지적인 발달뿐 아니

3 정상훈, 「분과 심포지움 2. 임상 : 새로운 진단체계 DSM-5」, 『한국심리학회지』(2013), 119쪽.

4 Allen Frances, 『Essentials of Psychiatric Diagnosis』(New-York: Guilford Press, 2013), 박원명 외 역, 『정신의학적 진단의 핵심, DSM-5의 변화와 쟁점에 대한 대응』(서울; 시그마프레스, 2014), 3~51쪽 참조.

5 김동성, 『발달장애아 임상지도(장애의 이해와 치료교육)』(서울: 홍익재, 1991), 119~126쪽 참조.

라 사회적인 적응능력이 지체된 경우를 말한다.

3-1. 발달 정신병리의 이론과 원인

정신병리학이란, 비정상적 경험, 행동, 인지에 관한 체계적인 연구이며[6], 발달정신병리학은 개인의 전체 발달을 이해하기 위해 여러 다양한 이론적 관점을 결합한 통합적 접근을 말한다. 아동, 청소년기에 보이는 발달 및 행동 문제에 대한 양상을 설명하는 다양한 이론적 관점의 모델.[7]을 살펴보면 다음과 같다

1) 의학적 모델

정신병리에 대한 의학적 모델은 정신병리가 기질적 기능 장애 때문에 생긴다는 이론이다. 의학적 모델에는 유전적 모델과 생화학적 모델 등이 있는데 유전적 모델은 유전적인 요인을 정신병리가 나타나는 원인으로 보는 것이다. 생화학적 모델은 박테리아가 신체적인 질병의 원인으로 밝혀졌을 때 이것이 정신병에도 관련이 있을 것으로 여겨지면서 이와 관련된 연구가 시작되었다. 이후 이에 대한 연구중심은 바이러스로, 그리고 최근에는 어떤 종류의 뇌 화학 물질 혹은 신경화학물질, 특히 자연적으로 발생하는 모노아민이란 신경화학물질의 대사 변화에 관심이 모이고 있다. 신경생리학적 모델은 인체의 신경계에 의해서 이루어지는 모든 생리현상을 포함하여 대뇌신경계통의 문제 및 개개의 신경세포, 신경섬유의 물리적 메커니즘, 중추신경세

---

6 민성길, 『최신정신의학』(서울; 일조각, 2009), 148쪽.

7 Charles Wenar & Patricia Kerig, 『Developmental Psychopathology, 4/e From Infancy through Adolescence』(New-York: McGraw-Hill,1999), 이춘재 외 공역, 『발달정신병리학 -영아기부터 청소년까지-』(서울: 박학사, 2006), 20쪽.

포의 문제를 중심으로 연구한다. 때문에 이상행동은 유전된, 타고난, 혹은 획득된 뇌의 병리 때문에 기인한다고 가정한다.

2) 행동적 모델

행동주의 심리학은 관찰이 가능한 행동만이 과학적 심리학의 기본이 될 수 있으며, 고도로 통제된 상황 안에서 행하여진 연구를 기반으로 발전된 이론이다. 또한 특정한 학습 원리가 인간과 동물의 광범위한 행동을 설명할 수 있을 것이라 생각하고 이를 발전시켰다. 학습의 원리에는 고전적 조건 형성(자극 일반화, 변별학습)과 조작적 조건 형성(정적인 강화, 부적인 강화, 소거, 처벌, 일차적 강화와 이차적 강화, 회피학습, 조성, 모방의 기제)이 있으며, 좋은 행동이나 좋지 않은 행동은 모두 이런 기제에 의해 학습된다는 것이 행동주의 심리학의 이론이다.

전통적인 행동주의 이론 이후 나타난 사회학습과 사회-인지 이론은 기본적인 학습 원리에 모방과 모델링을 포함하였으며, 대표적인 학자 반두라[8]는 경험, 기대, 문제 해결의 상징적 표상과 같은 많은 인지적 변인들이 행동에 영향을 준다고 보았다. 또한 자기-효능감(self-efficacy)은 주도성과 관련되는데 즉, 인간은 처음 단계에서 행동이 여러 다른 요소에서 효과가 발휘되는 것을 관찰함으로써 여러 상황에서 적절하게 반응하게끔 학습할 수 있다고 하였다.[9]

행동적 모델에 따르면 정신 병리는 행동의 빈도나 강도에서의 일탈로 정의된다. 행동결핍(behavior deficit)은 행동이 사회에서 기대하는 것보다 부족하며 아동이 사회적, 지적 혹은 실제적 기술의 손상을 받는 경우이다. 예를

---

8 Albert Bandura(1925. 12~), 사회학습이론의 주창자이자 현대 교육심리학 분야의 석학이다. 아이오와대학교 시절 학습이론가인 스펜스(Kenneth Spence)의 영향을 받아 행동수정이론·관찰학습·자기효능 등에 관해 연구하였다.

9 A. Bandura, 『Social Learning Theory』(Englewood Cliffs, N. J.: Prentice-Hall, 1977), 변창진, 김경린 공역, 『사회적 학습이론』(e-book: 내일을 여는 지식), 13~14쪽.

들면 자폐증, 학습 장애, 정신지체가 여기에 해당한다. 행동과잉(behavior excess)은 행동이 사회의 기준보다 높은 빈도와 강도로 일어나는 것을 의미한다. 지속적인 흥분 상태에 있거나 강박적인 아동, 실제적인 혹은 상상으로 인해 항상 공포상태에 있는 아동이 이 범주에 속한다. 부적절한 자극통제(inappropriate stimulus control)는 아무런 자극이 없는데도 반응이 일어나거나, 자극이 적절한 반응을 일으키지 못하는 경우를 의미한다. 행동주의 모델은 행동 치료라고 불리는 일련의 치료 기법을 개발하였으며, 이는 병리뿐 아니라 교육이나 일상생활에서 행동수정과 변화에 좋은 결과를 보여주고 있다.

3) 정신역동적 모델

정신역동적 모델이란 프로이트의 정신분석학을 비롯하여 정신분석 이론의 영향을 받아 탄생한 이론이다. 정신역동에서는 사람의 성격을 과거의 경험과 무의식적 동기에 의해 영향 받은 것으로 설명한다.

프로이트는 인간의 심리를 원초아, 자아, 초자아의 세 부분으로 개념화하였다. 원초아는 심리적 에너지의 근원이라 할 수 있으며, 생물학적인 추동(drive)에서 나온 것이다. 원초아의 생각은 쾌락원리(pleasure principle)에 따르는 것으로 비이성적인 이미지와 꿈에서의 사건 순서와 유사한 것이다. 프로이트는 이러한 생각을 일차적 사고과정이라 하여 이성적 사고 과정과 구분하였다. 자아는 원초아의 만족극대화 욕구로부터 나오며 지각, 기억, 사고와 같은 원초아를 충족시킬 현실적인 방법을 가지고 있다. 현실원리(reality principle)에 따르는 자아의 기능은 생후 약 6개월부터 나타나고, 현실의 기준에 부합되는 이성적 사고과정으로 이차적 사고과정이라 부른다. 이후 자아심리학자들은 자아가 원초아에 포함된 것이 아니라 처음부터 자신이 고유한 에너지를 가지고 있으며 자율적으로도 기능할 수 있는 것으로 이론을 수정했다. 초자아는 5~6세경에 나타난다. 초자아는 부모로부터 습득된 옳고 그름의 도덕적 기준을 포함하여 아동의 행동에 대한 도덕적 기준으로 내재화된다. 이를 어기면 초자아가 죄책감으로 처벌을 한다. 중기 아동기(6~12세)부터 자아는 초자아를 자극하지 않고 현실이 인정하는 만큼 원초아가 만족을 얻을 방법을 발견해야 한다. 정신 역동적 모델에 따르면 심리구조의 세 부분이 서로 균형을 이루면서 어느 정도 욕구를 충족시켜야 건강한 삶이 가능하며, 그렇지 못할 경우 병리가 발생한다고 보았다.[10]

4) 발달적 정신 병리의 통합모델

다중결정론과 상호작용

다중 결정론적 시각에서 보았을 때 정신 병리는 다양한 원인을 가지고 있으며, 각 원인들은 상호작용을 하고 시간이 경과함에 따라 변하기도 한다. 과거에는 이와 관련된 변인들을 나열하는데 그쳤지만 정신 병리를 제대로 설명하기 위해서는 다양한 요인들이 의미 있게 통합되어야 한다는 것이다. 발달과 연관된 모든 변인이 질환의 발병에 중요한 원인이 되는 것은 아니다. 예를 들어 신경성 식욕부진의 원인으로는 '이것이 아름답다'고 하는 사회적 메시지가 중요할 수 있지만, 사회의 메시지는 자폐증의 병인에는 거의 기능을 하지 못할 것이다. 따라서 장애의 성격에 따라 어떤 요인들이 중요한 영향을 미치며, 상호작용하는 요인들은 무엇이 있는지를 밝혀내는 것이 정신 병리 이해에 상당히 중요하다.[11]

발달경로

현재 발달적 정신 병리를 개념화하는 방법은 궤적 혹은 발달 궤도라고도

---

10 Charles Wenar & Patricia Kerig, 『Developmental Psychopathology, 4/E: From Infancy through Adolescence』(New-York: McGraw-Hill, 1999), 이춘재 외 공역, 이춘재 외 공역, 『발달정신병리학 -영아기부터 청소년까지-』(서울: 박학사, 2006), 8~16쪽 참조.

11 Charles Wenar & Patricia Kerig, 위의 책, 25쪽.

불리는 발달 경로에 의거한 것이다. 경로를 구성하는 데 있어서 처음 부딪히는 질문은 언제, 그리고 무엇 때문에 정상적인 과정에서 이탈이 시작되었는가 하는 것이다. 그렇지만 병리가 발현될 가능성이 있는 아동이 모두 다 장애를 보이는 것은 아니기 때문에 아동을 취약하게 하는 요인과 보호해 주는 요인 모두 밝혀내야 한다. 또한 아동들은 장애를 스스로 극복하기도 하고 장애를 드러내기도 하므로 발달에 대한 경로를 작성하기 위해서는 정신 병리를 소거하거나 지속시키는 요인에 대해서 상세히 이해하는 것이 필요하다.[12]

위험, 취약, 보호요인

위험(risk)이란 아동들에게 정신 병리를 발생시킬 가능성을 높여 주는 조건이나 상황을 말한다. 기질적 맥락으로 출생 시의 문제, 신경학적 손상, 적절하지 못한 영양섭취, 유전적 장애를 가진 부모가 여기에 해당한다. 취약요인으로 개인 내 맥락은 낮은 지능, 낮은 자존심, 미숙한 자기 통제이다. 개인 간 맥락으로는 부모의 방치, 학대 혹은 나쁜 또래 관계, 상위 맥락에서는 가난이 취약요인이 될 수 있다. 위험 요인은 장애를 직접 결정할 수 있는 반면 취약성은 위험에 대하여 강하게 반응하는 요인을 의미한다. 예를 들어 성별과 기질, 가족 간의 불화, 부모와의 사별이나 이별, 기관에서 양육된 경우, 긍정적인 학교 내의 경험 부족은 중요한 취약 요인이다.

보호요인은 건강한 발달을 유지하거나 촉진시키는 요인들을 의미한다. 유능한 성인과의 좋은 관계 시, 아동 자신이 훌륭한 학습자이자 문제 해결자가 될 수 있으며, 자신이 가치 있다고 판단되는 분야에서 탄력성이 증가하여 이것이 보호요인이 될 수 있다. 보호과정을 매개하는 기제에서 첫 번째는 위험 영향을 감소시키는 것으로 집 밖에서 또래의 활동을 엄격하게 감시하고 조절하는 부모, 그리고 아동들이 어디에 있는지를 확실하게 알고 놀이 활동 및 친구의 선택에 참여하는 부모는 아동들의 비행 확률을 감소시킨다. 두 번째는 부정적 연쇄반응을 감소시키는 것이다. 세 번째는 자기-존중감과 자기-효

12 Charles Wenar & Patricia Kerig, 앞의 책, 24쪽.

능감을 증진시키는 것이 보호과정을 매개할 수 있다. 네 번째는 기회의 개방으로 학업을 계속하는 청소년이 중도에 포기하는 청소년보다 직업적 성취의 가능성이 더 크고 도심 한복판에서 멀리 이사를 가거나 군대에 입대하는 것이 비행의 가능성을 줄여준다.[13]

3-2. 정신지체

1) 진단기준

<표 1> 정신지체의 DSM-IV 진단 기준[14]

A. 심하게 평균 수준 이하인 지적 기능, 개별적으로 실시된 지능 검사에서 70 이하의 지능지수(유아의 경우, 지적 기능이 유의하게 평균 이하라는 임상적 판단).

B. 다음 항목 가운데 적어도 두 가지 항목에서 현재의 적응 기능(예: 개인의 연령이나 문화 집단에서 기대되는 기준을 만족시키는 개인의 효율성) 결함이나 장애를 동반 한다; 의사소통, 자기－돌봄, 가정생활, 사회적 기술과 대인 관계적 기술, 지역 사회 자원의 활용, 자기－관리, 기능적 학업 기술, 직업, 여가, 건강 및 안전

C. 18세 이전에 발병한다.

지능 장애의 수준을 반영하는 심각도에 근거한 진단 부호

317	가벼운 정도의 정신지체 : 지능지수 50-55에서 약 70까지
318.0	중간 정도의 정신지체 : 지능지수 35-40에서 50-55까지
318.1	심한 정도의 정신지체 : 지능지수 20-25에서 35-40까지
318.2	아주 심한 정도의 정신지체 : 지능지수 20 또는 25이하
319	정도를 세분할 수 없는 정신지체 : 정신지체라는 강한 심증은 있지만, 표준화 검사에 의해 지능을 측정할 수 없는 경우

13 Charles Wenar & Patricia Kerig, 앞의 책, 21~23쪽.

14 미국정신의학회 편, 『정신장애의 진단 및 통계편람 제4판 DSM-IV』(서울: 하나의학사, 1994), 62~71쪽.

<표 2> 정신지체의 정도에 따른 4단계[15]

정도	IQ	학령 전 발달	학령기 교육	성인기 재활
경도 (mild)	50-55에서 약 70까지	감각운동에서 약간의 지연	초등학교 6학년 수준까지 교육 가능	사회, 직업기능수행, 지도, 감독 필요
중등도 (moderate)	35-40에서 50-55까지	사회적 민감성 저하, 지연	초등학교 4학년 수준의 교육, 직업훈련은 가능함	보호환경에서 비숙련 직업수행, 거의 감독이 필요
중증 (severe)	20-25에서 35-40까지	운동발달 지연, 언어지연	기본 신변관리, 직업 훈련 불가	전적인 감독 하에 자기유지 가능
극심 (profound)	20 또는 25	뚜렷한 지연	신변관리에서 보조가 필요	제한적인 신변관리, 모든 것에서 보호 필요함
심각도를 세분할 수 없는 정신지체 (severity unspecified)	정신지체의 심증은 거의 확실하나 표준화된 검사 시행을 성공적으로 할 수 없는 경우, 유아에서 지적기능이 유의하게 평균 이하지만 지능지수를 산출할 수 없는 경우.			

2) 원인과 특징

정신지체의 원인으로 유전적 이상이 약 50%의 높은 비율로 알려져 있으며, 임신 중 태내이상(약 30%), 영양결핍, 미숙아, 저산소증, 감염, 두뇌손상과 같은 임신과 출산 과정에서의 이상(약 10%), 감염, 독성 물질, 손상 및 사고와 같은 후천성 아동기 질환(약 5%) 때문인 것으로 밝혀져 있다. 그 밖에

15 Charles Wenar & Patricia Kerig, 앞의 책, 300쪽 참조.

도 적절하지 못한 양육태도, 환경에서의 자극 부족, 심한 정신질환, 불명확한 원인 역시 정신지체에 영향을 미치는 것으로 알려져 있다. 최근에는 특정 유전적 원인에 대한 행동적, 정신과적 문제들에 초점을 맞추는 연구들이 점차 증가하고 있다.

정신지체의 전형적인 증상은 없지만 일부는 출생 시부터 정신 지체의 가능성을 가진 명백한 신체적 징후(예: 다운증후군)를 갖는다. '심한/매우 심한' 정신 지체를 가진 아동들의 진단은 보통 4세에 내려진다. 그러나 자폐나 심한 주의력 결핍 과잉행동장애를 함께 가진 경우 초기 진단 과정에서 숙련된 임상가가 평가를 하지 않을 경우 정신 지체의 추가적인 진단을 몇 년 동안 놓칠 수 있다. 아동이 예상되는 발달단계로 성장하지 못하는 경우 정신지체의 진단 가능성 역시 잘 살펴보아야 할 것이다. 또한 간질, 대뇌 마비, 다른 신경학적 장애를 겪는 아동은 정신지체 가능성도 높아 신체질환에 대한 진단 시 정신 능력에 대한 평가도 함께 고려되어야 한다.

정신지체의 경과는 다양한 요인으로 인해 크게 달라질 수도 있다. 그 이유는 정신지체의 정도 및 생물학적 취약성, 그리고 개인의 심리적 기능, 가족의 지지와 같은 요인들 때문이다. 일상생활에 대처하기 위해 필요한 능력이 어느 정도 수준인가 하는 것은 성인으로서 어떻게 살아가느냐를 결정하는 데에 중요하다. 또한 양육자의 기대와 중재 서비스, 그리고 환경적 지지 역시 중요하다. 가벼운 수준의 정신지체 아동들은 청소년기와 성인기를 거치면서 적응 기술을 습득하여 나이가 들수록 정신지체 수준을 벗어나기도 한다. 그러한 사람들은 자립이 가능하고 결혼하여 가족을 이룰 수도 있다. 중등도 정신지체인 사람들(IQ 40-55)은 주로 학령기 이전에 정신지체가 확인되며, 경미한 수준의 정신지체에 비해 더 심각한 손상을 보인다. 이들은 정신지체라는 진단 외에도 특정한 의학적 원인이 밝혀질 가능성이 높고, 심리적 요인이나 환경이 영향을 미쳤을 가능성은 낮다.

연구자들 중 일부는 정신지체의 서로 다른 정도를 찾는데 관심을 보여 왔는데, 이 집단은 주로 심리학자, 교육자, 사회복지사로 구성되어 있다. 두 번째 집단은 병인론, 정신지체에서의 기질적 원인들에 관심을 가져왔다. 기질적 요인은 조산과 무산소증과 같은 분만 전후의 요인들과 머리손상, 질병과 같은 분만 후 요인들에 의한 지체도 포함하고 있기는 하지만, 기질적 맥락에서는 유전적 요인들이 두드러진 역할을 한다. 이 집단의 연구자들은 주로 유전학자, 소아과의사, 정신의학자들로 구성된다. 이 두 가지의 접근은 비공식적으로 정신지체의 "두 문화"로 명명되었다. 예를 들면, 심리학자들은 상대적으로 병인론에 무관심하고 소아과 의사들은 상대적으로 지체의 정도에 대해 무관심하다.[16] 위에서 말한 유전학자, 소아과의사, 정신의학자들은 정신지체라는 동일 장애의 다른 면들을 탐색하기 때문에 두 문화 사이에 기본적으로 불일치가 있음에도 현재까지 통합을 위한 큰 시도는 없었다.

<표 3> 정신지체의 행동주의적 연구의 두 문화[17]

손상에 근거한 수준		병인론에 근거한 수준
장애 정도에 따른 집단 유전적 병인론을 덜 고려함	주 특징	병인론에 따른 집단 장애의 정도를 강조하지 않음
행동주의 심리학자 특수교육가 임상심리학자 사회복지사	전문가 (일부 중복됨)	유전학자 유전상담가 소아정신과 의사 소아과 의사 정신과 의사
행동 측정에서의 진보	강점	분자유전학에서 진보
유전학과 분자유전학의 발전에 대한 인식이 종종 부족함 유전병인론이 연구와 중재에 미친 영향에 대한 이해가 종종 부족함	약점	행동측정에서 종종 정교함이 떨어짐 더 넓은 정신지체 분야에서의 연구 결과를 문제에 적절하게 적용하는 경우가 종종 부족함

16 Eric J. Mash & Russell A. Barkley, 『Child Psychopathology』(New-York: Guilford, 1999), 이현진 외 공역, 『아동정신병리』(서울: 시그마프레스, 2002), 295~296쪽.

17 Charles Wenar & Patricia Kerig, 앞의 책, 303쪽 참조.

3) AAMR의 정의

미국정신지체협회(이하 AAMR)의 정신지체에 대한 1992년도 개정으로 돌아가 보았을 때, 과거에 이루어진 것보다 더 나아간 적응개념을 선택하여 정의하였다고 할 수 있다.[18] 적응은 환경과 관련되는 것이므로 한 개인을 정신지체라고 명명하기 전에 그 사람의 환경을 자세히 조사해야 한다. 정신지체의 새로운 개념화는 주어진 환경 안에서 한 아동이 얼마나 잘 기능할 수 있는가와 혹은 빈약하게 기능하는지에 대해 지적 수준을 대신하는 것이라고 정의된다. 여기에서 기능이란 역량과 환경의 기여를 포함할 수 있다. 역량은 개인 내 변인이라 할 수 있으며 인지와 학습을 포함하는 지능과 실행적 지능 및 사회적 지능으로 이루어지는 적응기술이다. 적응의 어려움은 실행적 지능과 사회적 지능의 한계 때문에 생기게 된다. 실행적 지능은 일상생활에서 독립적으로 기능할 수 있는 능력에서 한계를 경험하는 것이고, 사회적 지능은 사회적인 행동을 알고, 사회적 기술을 연마하고, 대인관계 상황에서 맥락을 파악하여 적절한 도덕적 판단을 하는 능력에 한계를 준다.

AAMR 개정에 따르면, 정신지체의 기간은 중요하지 않다. IQ 점수로 측정된 지적 기능은 아동기부터 매우 안정적인 편으로 쉽게 변하지 않는다. 그러나 변하게 되는 것은 환경에 따라 지적 수준의 한계가 개인의 기능에 주는 영향이다. AAMR에서는 정신지체가 정신병리가 아니라고 분명하게 규정하고 있으며, 그 아동이 환경에 적응할 수 있는가와 적응에서 실패하는 가로 분류한다.

AAMR의 1992년도 개정된 정신지체의 정의는 처음부터 논쟁의 여지가 있었다. 기존의 IQ 점수 70 이하와 적응 결함이라는 정의를, IQ 점수 70 또는 75 이하와 10개 적응영역 중에 2개 영역의 결함이라는 새로운 정의로 바꾼 것이다. 이것은 약간의 차이를 보이지만 정신지체 범주에 들어가는 사람들

---

18 국립특수교육원 편, 『특수교육학용어사전』, 345~346쪽 참조.

수를 실제로 2배로 만들게 된다. 더 급진적인 견해는 지체수준으로 분류된 정의에서 지원서비스의 요구에 따라 정의된 손상수준으로 대체하자는 것이다. 이는 지능과 적응행동의 객관적 평가가 어렵기 때문에 임상적 판단에 의존하게 되고 불확실성과 오진의 기회가 증가된다. 정신지체 수준과 지원서비스에 대한 요구가 같을 수 없고, 특히 지원요구가 서로 다른 가벼운 정신지체 아동들의 경우 더욱 그러하다.

4) 유전적으로 결정된 정신지체

· 다운증후군

정상아들은 21번째 염색체가 두 개인데 다운증후군인 아동들은 세 개다. 그래서 이 병을 '3염색체성 21(trisomy 21)'이라고도 부른다. 모(母)의 2개 염색체는 부의 21번 염색체 하나와 결합하여 정상적인 2개의 염색체로 만들어지는데 다운증후군은 3개의 염색체가 된 것이다. 다운증후군은 1,000명 중 1.5명 정도의 비율로 발생하며 작은 두개골, 작은 입에서 큰 혀가 불거진 것, 평평한 콧마루 등의 신체적 특징을 나타낸다. 대부분의 다운증후군사례에서 초과염색체는 모(母)의 유전자가 감수분열하는 동안 나누어진다. 이것을 이상적 비분열이라고 하며 21번 염색체 쌍에서의 실패에서 기인하는 것이다. 비분열은 모의 나이와 강한 연관성을 보여 모의 나이가 많을 때에 발생이 증가한다. 다운증후군은 모의 유전자 비분열이 사례의 대부분을 차지하지만, 부의 작업장에서의 환경적 독소가 정액발달에 영향을 줄 수 있고 드문 경우 다운증후군을 야기할 가능성이 있는 것으로 조사되고 있다. 이 아동들은 정신적 성장률이 감소하며 많은 수가 중간 정도의 정신지체를 가지고 있어 집단 전체의 평균 IQ는 약 50이다. 중간수준의 정신지체를 가지고 있는 경우 대부분은 평생에 걸쳐 지속적인 지원을 필요로 한다. 이들의 사회적인 지능은 높은 경향을 보인다고 보고되고 있으나 전반적인 언어와 문법의 이해도는 낮다. 일부 연구들은 이런 아동이 나이가 듦에 따라서 더 안 좋은 예후를 보이게 된다고 하지만 전형적인 다운증후군 아동은 낮은 수준의 행동장애를 보이는 경향이 있다.

· **취약한-X증후군(Fragile-X Syndrome)**

X염색체의 약한 부분 때문에 생기며 여자보다는 남자에게 더 많이 발생하며, 학습 및 정서상의 문제로 인해 나타난다. 사춘기가 시작하면서 발달이 늦어지며 보통의 지체를 가지는데, 느리고 반향적인 언어, 상동성, 위축, 빈약한 눈 맞춤 등 자폐성 행동을 보인다. 이 아동들은 지나치게 과(過)활동적이며, 주의력 결핍을 보이며 동사적 청각적 단기기억과 같은 순차적 처리를 요구하는 과제는 잘하지 못한다.

· **프라더-윌리증후군(Prader-Willi Syndrome)**

프라더-윌리증후군의 대부분의 사례는 아버지에게 물려받은 것으로 15번째 염색체가 전혀 없거나 부분적 삭제로 인해서 생기며 가벼운 정신지체가 있다. 이런 아동들은 비만이고 먹는 것에 몰두하고 집착하는 경향이 있다. 이러한 섭식에 대한 문제는 포만기제가 손상되었기 때문일 수 있다. 포만기제의 손상은 먹는 행동을 정상적으로 통제할 수 있는 아동들보다 굉장히 많은 양의 음식을 먹은 후에야 '배부르다'고 보고하며, 배고프다는 느낌은 더 빠른 속도로 찾아오게 만든다. 이 아동들은 많은 행동문제를 갖는 경향이 있다.[19]

---

19 Eric J. Mash & Russell A. Barkley, 『Child Psychopathology』(New-York: Guilford, 1999), 이현진 외 공역, 『아동정신병리』(서울: 시그마프레스, 2002), 294~295쪽.

5) 발달경로와 지체수준의 영향

정신지체는 아동기부터 성인기까지 비교적 안정적인 결과를 보이지만 경로는 지체의 수준과 유형 모두로 인해 영향을 받는다. 정신지체의 초기수준이 발달영역에 미치는 영향은, IQ의 경우 더 심한 수준의 지체를 가진 사람들에게서는 안정적이지만 가벼운 지체를 가진 사람들에게서는 위나 아래 어느 쪽으로도 변하기 쉽다. 그러나 심하게 손상된 사람들에 대한 이러한 일반화는 집단에 따라 달라질 수 있다. 심한 지체를 가진 3세 아동 82명에 대한 8년간의 종단연구에서는 이 아동들 대다수의 IQ는 시간이 흘러도 일정하지만 그들의 1/3은 시간이 흐름에 따라서 IQ점수가 내려간다는 것이 발견되었다. 이 집단은 운동, 언어, 적응행동과 같은 주요 발달영역에 걸쳐서 심각하고 전반적인 지연을 보이는 특성이 있었다. 그리고 예상하지 못한 결과는 까다로운 기질인 아동들은 쉬운 기질인 아동들보다 하락이 더 느린 경향을 보인다는 것이다. 이유는 까다로운 기질의 아동들은 쉬운 기질인 아동들보다 더 많이 자기 가족이 자신에게 관심을 두고 자극하도록 만들기 때문이다.[20]

발달경로는 정신지체의 유형에 의해서도 영향을 받는다. 지능 면에서 보면 다운증후군 아동의 지적수준은 지속적으로 발달한다. 그러나 발달속도는 시간이 흐르면서 조금씩 더딘 모습을 보이게 된다. 반면에 취약한 X증후군 아동은 발달이 매우 느려지는 시점인 10세에서 15세가 될 때까지 IQ에서 거의 변화가 없다.[21] 지체유형은 적응행동의 발달영역에도 영향을 준다. 다운증후군 아동은 아동기 중기에 안정수준에 도달해서 7세에서 11세 사이에 거의 향상이 없다. 이와 반대로 취약한 X증후군 소년들에 대한 종단적, 횡단적 연구는 적응행동 획득이 걸음마기와 유아기에 일어나고, 덜 두드러지긴 하지만 중요한 획득이 11세까지 일어나며, 성인기 초기까지 연령과 관련된 획득은 없다.[22]

---

20 Eric J. Mash & Russell A. Barkley, 앞의 책, 283쪽.
21 Eric J. Mash & Russell A. Barkley, 위의 책, 294쪽.

AAMR은 1992년 정의는 정신지체가 정신병리가 아니라고 정의하였으나 심리장애를 발달시킬 위험을 증가시킨다고 했다. 예를 들면, 아인펠드와 톤지[23]가 실시한 4~18세 사이의 정신지체 진단아동 454명에 대한 역학연구는 그들 중 41%에서 공격성, 사회적 위축, 과 활동성, 불안 등 심각한 정서장애와 행동장애를 가진 것으로 진단될 수 있음을 발견했다. 또한 지체인 사람들의 장애 유병률은 나이와 성별에 따른 영향이 크지는 않으나 지체의 정도는 중요했다. 매우 심한 지체를 가진 집단은 대단히 낮은 유병률을 보였다. 그들에게는 정서문제를 말하는 능력과 행동 상에 더 많은 제한이 있기 때문일 것이다. 지체수준은 장애의 종류에도 영향을 준다. 가벼운 지체 집단은 파괴적이고 반사회적인 행동을 많이 보이고 심한 지체집단은 자폐와 유사한 행동을 갖는 특징이 있다.

아인펠드와 에이먼이 실시한 정신지체아동의 문제행동에 대한 요인분석 연구(1995)를 살펴보면 공격성, 과 활동성과 같은 질환은 정신지체 아동에게 공병질환이 많은 반면 불안은 정신지체인 아동에서는 드문 증세이다. 그리고 상동(常動)행동과 자해행동은 정신지체 아동에서는 흔히 있었으나 지체가 아닌 아동들에서는 드물었다. 정신지체 아동의 공격성은 자해행동을 더 자주 수반한다.[24]

6) 가족에 관한 연구

정신지체인 자녀의 부모반응에 대한 최근 연구들은 병리적인 초점에서 보다 스트레스에 대처하기 위한 접근으로 이동해왔다. 과거의 많은 연구들은 정신지체 아동의 부모가 그렇지 않은 아동의 부모보다 우울증이나 그 밖의

---

22 Eric J. Mash & Russell A. Barkley, 앞의 책, 297~298쪽.

23 S. L. Einfeld & B. J. Tonge, 「Population prevalence of psychopathology in children and adolescents with intellectual disability: II. Epidemiological findings」, 『Journal of Intellectual Disability Research 40』(1996), 99~109쪽.

24 Charles Wenar & Patricia Kerig, 앞의 책, 308쪽 참조.

다른 형태의 정신질환을 일으킬 가능성이 크다는 것을 알아내기 위한 연구들이었다. 부모가 이상적인 아이의 상실을 어떻게 애도하는지에 대한 연구, 정신지체 아동의 형제들이 정상아동의 형제들에 비해 역할긴장과 정신 병리를 어느 정도 겪고 있는지에 대한 연구, 다운증후군 아동의 부모가 이혼할 가능성이 크다는 연구 등이 제기되고 있었다.[25] 정신지체 자녀로 인한 부모 우울증은 아동의 일생 동안 수많은 시점에서 함께 일어날 수도 있다. 예를 들면, 다운증후군 자녀의 상황에 맞지 않는 미소와 부적절한 정서적 반응이 정상적인 영아들의 열정적이고 즐거운 반응과 눈에 띄게 다르게 보이기 시작하는 시기인 생후 4개월경에 다운증후군의 어머니에게 우울증이 나타날 확률이 있다는 연구가 있다. 부모의 우울반응은 자녀가 11세에서 15세 사이나 21세일 때에 다시 나타날 수 있다. 자녀를 독립적이 되도록 준비시키기 위해서 아동기 중기부터 부모는 자신을 정서적 또 신체적으로 자녀로부터 거리를 두기 시작할 수도 있다.[26] 그러나 병인에 대한 새로운 관심으로 연구자들은 지체를 가족체계에 주어진 하나의 스트레스 요인으로 간주하고 부모가 사용할 대처기법을 찾는다. 이 새로운 접근은 부모를 서로 가깝게 해주거나 형제가 정신지체 아동에게 공감을 하고 관심을 보이게 하는 등 긍정적인 결과도 가져오게 하였다. 서로 다른 유형의 정신지체 아동들의 행동 차이는 부모행동에 영향을 줄 수 있다. 프라더-윌리증후군 아동 가족의 스트레스는 과식, 피부 꼬집기, 많은 잠, 물건 모으기와 같은 증후군 특유의 행동들과 관련된다. 최근까지의 연구 결과들은 다운증후군인 자녀를 가진 가족들은 다른 종류의 정신지체인 자녀를 가진 가족들보다 덜 단절되고 대체로 화목하며, 어머니들은 스트레스를 덜 경험하고 더 만족스러운 사회망을 가진다고 한다. 또한 다운증후군 가족의 적응이 지체가 아닌 자녀를 둔 가족 규준에

25 Eric J. Mash & Russell A. Barkley, 『Child Psychopathology』(New-York: Guilford, 1999), 이현진 외 공역, 『아동정신병리』(서울: 시그마프레스, 2001), 289쪽.

26 Charles Wenar & Patricia Kerig, 『Developmental Psychopathology, 4/E: From Infancy through Adolescence』, 309쪽.

가까울 정도로 매우 좋음도 발견되었다. 정신지체 아동들에 대한 연구에서는 부모들이 아동의 능력 정도에 대한 문제를 가질 수밖에 없기 때문에 자녀들에게 적응하려는 노력을 더 많이 요구한다. 그리고 자녀가 가족생활에 미치는 영향에 대한 연구에서는 오로지 인지발달 수준에만 초점을 두는 것에 대해 경고한다.[27]

아동의 대처를 더욱 용이하게 하는 부모의 요인들은 유복한 부모의 경우 가난한 부모보다 더 대처를 더 잘할 수 있다. 또한 부모 모두가 있는 경우, 안정적인 결혼관계를 유지하고 있는 어머니가 보다 더 잘 대처한다. 요청하는 지원에 있어서 어머니들은 자녀의 병에 더 많은 정보와 아동양육에서의 도움과 함께 사회-정서적 지지를 더 많이 요구하는 반면, 아버지들은 자녀를 양육하는 데에 드는 재정적 비용에 더 관심이 있다. 어머니들은 가까운, 지지적인 사회망으로부터 도움을 받는 반면 아버지들은 광범위하고 비판적이지 않은 사회망을 가질 때 더 잘 대처한다.[28]

어머니와 자녀 간의 의사소통에 대한 연구에서 지체 자녀의 양육에서든 정상적인 자녀의 양육에서든 어머니는 자녀들에게 말을 가르칠 때에는 문장을 되도록 짧게 하고, 핵심단어들을 강조하며 반복하게 되는 공통점이 있다. 그러나 정상자녀의 어머니들과는 달리 지체인 자녀의 어머니들은 더 지시적이고, 대화를 많이 주도하게 되며, 아이가 말할 때 자주 동시에 말하는 모습이 발견되었다. 이와 달리 정상아동의 어머니와 자녀 간의 상호작용은 더 쾌활하고 자발적이면서 덜 목표지향적인 모습이었다. 양육 시 어머니의 강제성은 자녀의 의사소통을 더 어렵게 만든다는 것이다.[29]

---

27 Eric J. Mash & Russell A. Barkley, 앞의 책, 289~291쪽.

28 Charles Wenar & Patricia Kerig, 『Developmental Psychopathology: From Infancy through Adolescence, Fifth』(New-York: McGraw-Hill,1999), 이춘재 외 공역, 『발달정신병리학 - 영아기부터 청소년까지-』(서울: 박학사, 2011), 149쪽.

29 Eric J. Mash & Russell A. Barkley, 『Child Psychopathology』(New-York: Guilford, 1999), 이현진 외 공역, 『아동정신병리』(서울: 시그마프레스, 2001), 329쪽.

7) 또래관계

정신지체 아동은 적극적으로 거부되기보다는 무시되는 방식으로 종종 다른 또래들에게서 수용 받지 못한다. 전 청소년기(preadolescence)의 정신지체 아동들은 정상 아동들 간의 우정의 패턴과 다른 점을 보인다. 정상인 전 청소년기 아동들의 우정은 잦은 언어적 의사소통, 의사결정의 공유, 함께 웃기와 같은 높은 정서적 수준의 상호 반응성을 보인다. 그러나 정상인 청소년과 가벼운 정신지체인 청소년과의 관계를 관찰해 보았을 때, 이들은 일을 독립적으로 하고자 하며, 함께 웃는 일이 드물고 서로 간의 일에 낮은 수준의 개입을 보인다. 이들은 우정을 나누는 친구라기보다는 같은 일을 함께하는 동료같이 기능한다. 사회인지 또래 수용의 결핍은 통상적으로 정신지체인 아동이 사회적인 능력의 수준이 저조하기 때문이다. 정신지체인 아동들은 정상 아동들과 비교해서, 조망 수용이 덜 발달했으며, 사회적 단서를 해석하는 데에서 능숙하지 못하고, 문제 상황을 다룰 때에도 사회적으로 부족한 책략을 선택한다.

사이퍼스타인과 레퍼드는 가벼운 지체인 4학년 아동과 6학년 아동 중에서 사회적으로 수용되는 아동과 사회적으로 거부되는 아동 사이의 차이를 연구하였다(1997). 수용되는 아동들은 순종적인 목표들을 좋아하며 다소의 긍정적이고 사교적인 책략을 만들어 냈다. 그와 대조적으로 거부되는 아동들은 주장적이고 다른 아동들의 활동에 침투적인 목표와 책략을 좋아했다. 이 결과는 저자세의, 남의 말을 잘 듣는 태도 등의 목표와 책략들은 아동들이 다른 사람들과 '섞이도록' 만들어 줌으로써 아동들에게 거부되는 것을 막아준다. 반면에 사회적으로 주장적이거나 다른 아동들의 활동에 침투적인 태도를 취하는 것은 그렇지 않다. 정신지체인 아동들에게는 수용보다는 또래거부와 무관심이 더 있기 쉬우므로, 주장적인 모습과 다른 아동들의 활동에 침투적인 태도를 취한다면 더욱 잃는 게 많을 수도 있겠다.[30]

사회적 상호작용은 서로 다른 연령의 정상아동들이 함께 집단이 될 때 촉진되기 때문에, 정신지체인 아동들이 정상 발달하고 있는 아동들과 함께하는 교육상황에 배치될 때 비슷한 촉진을 기대할 수 있다. 그러나 연구 결과에서는 정상 아동들과의 통합이 유아들에게서 보았을 때, 사회적 및 놀이 상호작용에서 중간정도의 향상을 가져오는 결과를 보였다. 그 이유는 이 시기 동안에 따로 분리된 하위집단을 이루려는 경향성이 강하기 때문이다. 흥미로운 것은 이 두 아동들 간의 상호작용이 부정적이기만 하다거나 의사소통이 전혀 안 되는 것도 아니라는 것이다. 정상 아동들이 인지적으로 덜 발달된 아동들에게 말할 때는 간단한 말을 사용하고자 하며, 같은 말을 반복적으로 말하는 모습을 보인다. 또한 그들과 함께 목표를 달성하는 데 있어서 창의적이며, 지속적인 태도를 보이는 등 성공적인 결과를 보이기도 한다. 그러나 정상아동은 가벼운 지체를 가진 아동들에게 정상아동과는 다른 의사소통 패턴을 사용하는데, 지체를 가진 아동들에게는 지시적 방식을 취하기 때문에 그들의 의사소통 스타일이 '또래 같은' 것이기보다는 '어른 같은' 것이 된다.[31]

3-3. 자폐증/전반적 발달장애

1) 진단기준

자폐증은 전반적 발달장애의 한 종류로 그 특징은 사회적 상호작용과 의사소통 기술이 손상되어 있으며, 비정상적인 언어발달, 제한된 행동 양식과 관심을 보이는 것이다. 그 진단기준은 다음 <표 4>와 같다.

30 Charles Wenar & Patricia Kerig, 앞의 책, 310~311쪽 참조.
31 Charles Wenar & Patricia Kerig, 앞의 책, 310~311쪽 참조.

<표 4> 전반적 발달장애의 DSM-IV 진단 기준[32]

A. (1), (2), (3)에서 총 6개 (또는 그 이상)항목, 적어도 (1)에서 2개 항목, (2), (3)에서 각각 1개의 항목이 충족

(1) 사회적 상호작용에서 질적인 장애가 다음 항목들 가운데 적어도 2개 항목으로 표현

(a) 사회적 상호작용을 조절하기 위한 눈 맞춤, 얼굴표정, 몸자세, 몸짓과 같은 다양한 비언어적 행동을 사용함에 있어 현저한 장애

(b) 발달수준에 적합한 친구 관계 발달의 실패

(c) 자발적으로 다른 사람들과 기쁨, 관심, 성공을 나누지 못한다.
(예: 관심의 대상을 보여주거나, 가져오거나, 지적하지 못함)

(d) 사회적으로나 감정적으로나 서로 반응을 주고받는 상호교류의 결여

(2) 질적인 의사소통장애는 다음 항목들 가운데 적어도 1개 항목으로 표현된다.

(a) 구두발달 언어의 지연 또는 완전한 발달 결여

(b) 적절하게 말하는 경우, 다른 사람과 대화를 시작하거나 지속하는 능력의 현저한 장애

(c) 상동증적이고 반복적인 언어나 괴상한 언어의 사용

(d) 발달수준에 적합한, 자발적이고 다양한 가상적 놀이나 사회적 모방 놀이의 결여

(3) 제한적이며 반복적, 상동증적 행동이나 관심, 활동이 다음 항목들 가운데 적어도 1개 항목으로 표현

(a) 강도나 초점에 있어서 비정상적인, 한 가지 이상의 상동증적이고 제한적인 관심에 집착

(b) 특이하고 비효율적인, 틀에 박힌 일이나 의식에 고집스럽게 매달림

(c) 상동증적이고 반복적인 동작성 매너리즘(예: 손이나 손가락으로 딱딱 때리거나 틀기, 또는 복잡한 몸 전체 움직임)

(d) 대상의 부분에 대한 지속적인 몰두

B. 다음 영역 가운데 적어도 한가지 영역에서 기능이 지연되거나 비정상적이며, 3세 이전에 시작된다. (1) 사회적 상호작용, (2) 사회적인 의사소통에서 사용되는 언어, (3) 상징적 또는 상상적 놀이

C. 장애가 Rett's Disorder 또는 소아기 붕괴성 장애로 잘 설명되지 않는다.

---

32 미국정신의학회 편, 『정신장애의 진단 및 통계편람 제4판 DSM-IV』(서울: 하나의학사, 1994), 103~104쪽.

2) 원인과 유병률

자폐 스펙트럼 장애의 유병률은 학령기 아동 중 0.5~1.0% 범위에 있다. 핵심적인 자폐장애는 이들 중 약 1/3을 차지하고, 나머지 중 대부분은 아스퍼거증후군/비전형적 자폐장애이며, 소아기 붕괴성 장애는 거의 없는 결과를 보이고 있다. 칸너(Kanner, 1943)는 주요한 특징을 공유하는 환자 집단에게 자폐증이라는 용어를 처음 사용하였다. 그 특징은 첫째, 자폐적 고립, 둘째, 행동의 동일성 유지에 대한 병적 요구, 셋째, 언어발달의 지연, 반향증, 작은 외딴섬 같은 증상 등을 보인다는 것이다. 그는 초기보고서에서 자폐증은 선천적인 특징을 가지며, 부모-자녀 간 상호작용에서 뚜렷한 결함을 보인다고 하였다. 특히 자폐아동의 부모 대부분이 직업적으로 성공한 사람들이라는 점에 주목했다. 그의 이런 주장은 자폐의 발병을 설명하는 이론으로 이용되었으며 자폐아동의 치료를 위해 '차가운("냉장고") 부모'의 비정상적 양육습관을 교정하기 위해 노력을 하였다. 그렇지만 현재는 비정상적인 양육방식 때문에 자폐증이 생기는 것은 아니라는 근거들이 많이 제시되고 있다.

3) 일반적 특징

자폐장애는 대부분의 경우 생후 1~2년 내에 나타난다. 언어발달의 지체, 사회적 관계 형성의 실패(unrelatedness), 또는 환경에 대한 비정상적인 민감성이 가장 흔히 보이는 증상들이다. 칸너는 자폐증이 출산 때부터 나타나거나 출산 후 단시간 내에 나타나지만 몇 달 후에 혹은 몇 년 후 정상적인 발달을 보일 수도 있다고 믿었다. 자폐증후군을 보이는 아동을 둔 부모 중 약 1/4은 그들의 자녀가 몇 개의 의미 있는 단어를 배우고 나서 말하기를 멈추거나 사회적 능력이 퇴행했다고 보고하였다. 자폐증을 조기에 발견해 치료하면 호전될 수 있다는 결과도 있기 때문에 조기 진단은 중요하다.

자폐증 아동의 약 절반 정도는 정신지체의 특징을 보인다. 지능 검사 결과에서는 영역에 따른 편차가 크게 나타나는 경우가 많고, 특정한 두 영역에서 뛰어남을 보이는 경우도 있다(예, 기계적 기억 또는 토막짜기). 자폐증이 있는 몇몇 사람들은 실제로 현저하게 분리된 능력 또는 '분열한 기술'[33]을 보인다. 예를 들어, 음악적인 재능이나 미술적인 재능 또는 몇 년 후의 날짜가 무슨 요일인지 말할 수 있는 것과 같이 기억에 있어서 매우 우수한 능력을 보이기도 한다. 그렇지만 대부분 유아기부터 인지적인 손상을 보이기 시작하며, 취학 전 발달검사를 했을 경우 영역에 따른 편차를 보인다. 일반적으로 자폐증이 있는 아동은 운동과 지각-운동 기술이 포함되는 과제를 가장 잘하고, 상징적 정보와 언어적 기술이 포함되는 과제를 가장 못한다.[34] 자폐증 아동은 별다른 흥미를 느끼기 어려운 자극에 대해서 민감하게 반응하다가 부모의 목소리와 같은 사회적 단서에 대해서는 반응을 보이지 않는다. 손뼉치기나 발끝으로 걷기, 물건을 빙글빙글 돌리기 같은 목적 없는 반복적인 움직임도 흔히 관찰할 수 있다. 놀이 기술은 정상에서 상당히 벗어나 있으며 특히 상상 놀이에서의 손상이 심각하다.

4) 예후

자폐 장애로 진단을 받은 아동이 시간이 지난 이후 진단이 바뀌는 경우는 많지 않다. 전형적인 자폐를 가진 아동 대다수는 성장한 이후에 일, 활동, 주거문제를 해결하기 위해 다른 성인에게 지속적으로 의존하게 된다. 어렸을

33 서번트증후군은 사회성이 떨어지고 의사소통 능력이 낮으며 반복적인 행동 등을 보이는 여러 뇌 기능 장애를 가지고 있으나 특정한 부분에서 우수한 능력을 가지는 증후군이다. 특정 행동을 반복하며 간질 발작을 보이기도 한다. 전체적으로 지능이 떨어져 있으나 특정 영역에서 매우 우수한 능력을 가지고 있다. 기억, 암산, 예술적인 부분에서 천재적인 능력을 가지고 있다.

34 Eric J. Mash & David A. Wolfe, 『Abnormal Child Psychology(4th/E)』, Belmont, Calif. : Wadsworth/ Cengage Learning, 2008, 송영혜, 김귀남 역, 『아동이상심리학』(서울: 센게이지 러닝 코리아, 2011), 241~242쪽.

때부터 충분한 치료와 교육을 받은 사람 중 몇 퍼센트만이 20~40세에 완전히 자립할 수 있는 것으로 알려졌다.[35] 전형적으로 그들은 수용할 수 있는 행동의 규칙을 빈틈없이 고수함으로써 인생을 극복해나간다. 그들은 일과 놀이 모두를 완전히 이해해서, 변화시키거나 자유롭게 임기응변할 수가 없고 기계적으로 학습되는 것과 똑같은 성질을 가진다고 본다. 그들은 감정이입이 결여되어 있고, 대개는 성적인 면에 무관심하다.[36] 5세까지 의사소통적 언어를 말하지 못하며, 다른 의학적 장애, 혹은 사고로 인해 사망률은 일반인에 비해 높은 편이다. 자폐 장애를 가진 아동들 중 다수가 청소년기에 심각한 증상 악화를 보이는 것으로 나타났다.

3-4. 말/언어장애

1) 진단기준

대뇌의 언어 중추 발달이 늦어서 말이 늦되는 것으로 표현성 언어 장애(expressive language disorder), 혼재 수용-표현성 언어 장애(mixed receptive-expressive language disorder), 음성 장애(phonological disorder), 말더듬증(stuttering) 등 네 가지로 분류할 수 있다. 그 진단기준과 구음, 표현성 및 수용성 언어 능력의 정상적인 발달은 다음의 <표 5> 및 <표 6>과 같다.

35 Eric J. Mash & David A. Wolfe, 앞의 책, 368쪽.

36 Paul, 「Natural history」, D. J. Cohen, A. M. Donnellan & R. Paul (Eds.), 『Handbook of Autism and Pervasive Developmental Disorders』(New York: Wiley, 1987), 121~130쪽.

<표 5> 언어관련 장애에 대한 DSM-IV 진단기준[37]

▸ 음성학적 장애

A. 나이와 말씨에 적합한, 발달적으로 기대되는 언어음을 사용하지 못함(예: 음의 생성, 사용, 표현, 또는 이것에만 국한되는 것은 아니지만, 한 음을 다른 음으로 대치하기 (target에서 /t/ 대신 /k/), 마지막 자음과 같은 음의 생략 등 음의 구성에서 잘못)
B. 언어음 생성의 장애가 학업적, 직업적 성취나 사회적 의사소통을 방해한다.
C. 만약 정신지체, 운동성 언어 결함, 감각성 언어 결함, 또는 환경적 박탈이 있다면, 말하기 장애는 통상적으로 이러한 문제에 동반되는 정도를 초과해서 심한 정도로 나타난다.

▸ 표현성 언어장애

A. 개별적으로 실시된 표현성 언어 발달의 표준화 검사 점수가 비언어적 지적 능력과 수용성 언어발달의 표준화 검사 점수보다 현저하게 낮다. 장애는 현저하게 제한된 어휘, 시제에서의 오류, 단어 회상이나 발달 수준에 맞는 긴 문장이나 복잡한 문장을 만드는 어려움과 같은 증상으로 나타난다.
B. 표현성 언어 장애가 학업적, 직업적 성취나 사회적 의사소통을 방해한다.
C. 만약 정신지체, 운동성 언어 결함, 감각성 언어 결함, 또는 환경적 박탈이 있다면, 언어장애는 통상적으로 이러한 문제에 동반되는 정도를 초과해서 심한 정도로 나타난다.

▸ 혼재 수용-표현성 언어장애

A. 개별적으로 실시된 수용성 언어 발달과 표현성 언어 발달의 표준화 검사 점수가 비언어적 지적 능력의 표준화 검사 점수보다 현저하게 낮다. 증상은 표현성 언어장애의 증상뿐만 아니라, 단어, 문장, 또는 공간 용어 등 특정 유형의 단어를 이해하는 어려움과 같은 증상도 포함된다.
B. 수용성 언어와 표현성 언어의 장애가 학업적, 직업적 성취나 사회적 의사소통을 방해한다.
C. 광범위성 발달장애의 진단기준에 맞지 않는다.
D. 만약 정신지체, 운동성 언어 결함, 감각성 언어 결함, 또는 환경적 박탈이 있다면, 언어장애는 통상적으로 이러한 문제에 동반되는 정도를 초과해서 심한 정도로 나타난다.

37 미국정신의학회 편, 『정신장애의 진단 및 통계편람 제4판 DSM-Ⅳ』(서울: 하나의학사, 1994), 87~93쪽.

<표 6> 구음, 표현성 및 수용성 언어 능력의 정상적인 발달[38]

Typical age	구음	표현 언어	수용 언어
1세	계속적으로 옹알거림 단어들과 옹얼거림의 혼재. 음조 음의 높이(pitch)를 흉내 냄.	2~3개의 단어를 의미 있게 사용(명확하게 발음하지 못할 수 있음). 간단한 질문들에 대답함. 제스처를 사용 (가리키기, 보이기). 요청에 의해 혹은 자발적으로 몇 단어를 반복함.	3~50개의 단어들을 이해함. 제스처가 수반된 간단한 지시를 따름. 자신의 이름을 알아들음. '안 돼'에 대한 반응으로 행동을 억제함. '잘 가', '안녕'에 응답함.
2세	50% 정도 이해할 수 있는 말(speech)을 생성함. 70%의 정확한 자음 사용. 몇 가지 자음을 사용: 모음-자음을 사용한 음절과 두 음절 단어들.	200~300개의 단어를 사용. 두 단어를 함께 넣어 사용. 대부분의 일상적인 사물들에 이름을 지음. 상당수의 전치사, 대명사, 복수형을 사용하지만 항상 정확하지는 않음. '이게 뭐지?'라는 의문을 갖고 질문함.	제스처가 수반되지 않은 간단한 요구(명령)에 따름. '나에게 보여줘'라는 말에 대한 반응으로 사물을 가리킴. 익숙한 행동 동사들을 이해함. 간단한 질문들을 이해함.
3세	75% 정도 이해할 수 있는 언어(speech)사용을 가족들은 대부분 이해함. 간단한 운(rhymes)의 사용이 시작됨. 복잡한 발음들의 간소화.	900~1,000개의 단어들을 사용. 3~4개의 단어로 간단한 문장 생성함. '어디', '누구', '무엇' 등의 질문에 대답함. '아니야'라는 말을 사용. 명사의 소유격 형식을 사용을 함.	'무엇', '왜', '누구' 질문들을 이해함. 일반적인 공간적 용어를 이해함. 두 단계를 거치는 명령을 따름.
4세	발음 간소화가 감소됨. 타인에게도 대부분 이해되는 말(speech)을 사용.	1,500~1,600개의 단어들 사용. '어디', '어떻게' 질문을 사용.	기본적인 색, 모양, 사이즈들에 대한 단어를 이해함. '언제', '어떻게' 질문을 이해함.

		문장을 연결하는 데 접속사를 사용. 최근의 과거로부터 이야기와 사건들을 열거함. 미래의 사건(일)을 표현함.	주변 환경에 관한 대부분의 질문들을 이해함. 두 가지 연관성 없는 명령을 수행함.
5세	비록 소소한 실수가 있지만, 100% 이해가능한 말 사용. 단어들을 음절 단위로 분할함.	2,100~2,300개의 단어들 사용. 최소한 두 절로 된 혼합 또는 복잡한 문장들을 사용. 단축형 사용 감정을 이야기함. 자신의 이름을 씀.	몇몇 문자 이름과 숫자를 앎. 세 단계의 명령을 수행함. 수동태 문장을 이해함. 공간과 시간을 지칭하는 대부분의 전치사들을 이해함.
6세	단어들을 음소 단위로 분할함. 말하기에서 거의 오류가 없음.	5,000개의 단어들을 사용. 언어의 모든 부분이 잘 구성된 복잡한 문장 사용(명사, 접속사, 부사 등). 주소와 전화번호를 이야기함. 일상의 경험들과 간단한 농담들을 이야기함. '왜' 질문에 설명과 함께 대답함.	읽기에서 문자와 소리(발음)의 연합을 이해함. 기본 문법 규칙에서의 예외를 이해함.
8세	거의 성인과 같은 방식으로 말함. 복잡한 단어에서 때때로 실수.	생각들과 문제들을 쉽게 언어적으로 표현함. 비유적인 언어를 사용.(은유, 관용어, 속담 등)	간접적인 요청들을 이해함.(예: '여긴 춥구나'를 창문을 닫아달라는 요청으로 이해함) 다중적인 의미를 지닌 몇몇 단어를 이해함. 취미로 간단한 책을 읽음.
10세	복잡한 단어를 정확하게 생성.	설명, 대조, 설득, 조르기 위해서 언어를 사용함.	세부적인 단어와 새로운 정보를 문서로 된 자료를 통해 획득함. 일반적인 관용어를 이해함.

38 조선미, 『2013년 한국임상심리학회 연수회 및 수련생 공동교육 자료집』, 한국임상심리학회, 2013, 170~171쪽.

2) 원인과 유병률

언어장애에 대한 유병률을 알아보는 연구에서 방법론적 차이로 정확한 추정은 힘들지만 학령전기 아동의 7~15%가 언어지연을 보인다, 이 중 남아가 8%, 여아가 6%라고 알려졌다. 학령기 아동 중에서는 4~7%가 관련 장애와 겹치는데 학령 전기에 언어장애를 보였던 아동들은 학령기가 되면 학습장애나 난독증을 보이는 경우가 많다. 언어 이해보다는 표현 장애가 보다 일반적이지만, 표현능력에 손상이 있다면 수용성 언어에서도 어려움을 보이게 된다. 언어장애의 원인은 뚜렷하지 않지만 지금까지의 연구를 보았을 때, 유전적 요인과 빈약한 언어적 자극, 두뇌 이상, 신경발달적인 미숙, 청각 문제, 발음체계나 운동근육 문제 등의 가능성이 거론되고 있다.

3) 일반적 특징

정신지체 아동의 경우 첫 증후는 대체로 의사소통 기술의 문제를 보인다. 즉, 정상적인 시기에 말하기를 시작하지 않는다. 그렇지만 발달순서는 대체로 정상 아동과 같은데 이들은 정신연령과 비슷한 수준의 의사소통 능력을 보이기도 하지만 반수 이상의 아동이 그 수준보다 떨어진다. 언어장애를 가진 아동들은 영역별로 결함의 양상이 다를 수 있다. 표현력의 결함이 일반적이지만 표현 및 수용 둘 다에서 한계를 보이기도 하며, 대체로 음운적 오류가 많고, 화용적 기술은 또래 연령 아동과 유사하다.

4) 예후

교육현장에서는 학습장애를 전형적인 평생의 장애로 보고 있으며 학습장애에서 비롯된 문제가 학업적인 장면뿐 아니라 다른 장면에서도 나타날 것이라고 가정한다. 학교를 다니는 동안 성공적으로 치료되었다고 해도 특정 학습장애 문제는 이후까지도 보조와 치료를 필요로 한다는 것이다. 학습장애 성인을 대상으로 한 연구에서 이들은 학령기 이후에도 심각한 문제를 보인다. 학습장애는 아동기, 청소년기에 진단되는 여러 다른 장애들, 특히 주의력 결핍 및 파괴적 행동 장애와 함께 발병하는 비율이 높으며, 불안장애 및 우울증과도 함께 발생하는 경우가 흔하다. 그러나 학습장애의 가장 주요한 장애는 교육적인 성취영역에서 나타난다. 난독증은 읽고 쓰기뿐 아니라 작업 기억, 구조화, 시간관리 같은 능력이 요구되는 영역에서도 상당한 지장을 보이기 때문에 직장에서 스트레스를 받을 수 있다. 또한 난독증을 가진 성인 대부분이 고용주에게 장애를 드러내지 못하기 때문에 이에 필요한 지원을 받지 못하는 결과로 징계처분을 받거나 해고를 당할 수도 있다.

4. 연극치료 방법론

연극치료는 내담자가 치유의 의도를 가지고 드라마 과정에 참여하도록 독려하는 다양한 방법들이 있다. 이러한 방법론들의 차이는 드라마 과정에서 치료사의 개입정도, 접근성, 인지적`감정적 표현의 정도, 과거와 현재와 같은 시제의 사용, 스토리와 즉흥 등으로 다양하다. 연극치료자는 다양한 연극치료 방법론에 숙련되어 있어야하고, 내담자 그룹의 특성에 따라 드라마 작업을 선택하고 참여할 수 있는 숙련된 가이드여야 한다. 본고에서는 광범위한 연극치료 방법론들 중에서 본 연구 사례의 내담자그룹 특성에 적합한 사회극, 심리극, 수제닝스의 이론을 연구한다.

4-1. 사회극

사회극의 창시자인 모레노는 사람을 역할의 복합체로 보았다. 모레노는 역할을 문화적으로 승인되고 동의된 행동군이라고 하였다. 모레노가 주목했던 것은 각각의 역할이 집단적 · 개인적 구성요소를 모두 포함하고 있다는 것이다.[1] 모레노는 역할을 탐색하기 위한 두 가지 방법으로 집단적 역할의

---

1 Patricia Sternberg· Antonina Garcia, 『Sociodrama: who's in your shoes?』(Westport: Praeger Publishers, 2000), 조성희·김광운, 『사회극』(서울: 학지사, 2012), 26쪽.

탐색을 위한 사회극, 개인적 역할탐색을 위한 심리극을 고안하였다. 사회극과 심리극의 공통점은 참여하는 구성원들의 성장을 목표로 한다는 것이다. 차이점은 심리극이 내담자의 실제적 상황이나 개인의 꿈, 환상 등을 극으로 재창조하는 과정을 갖는 것과는 달리 사회극은 심리극에 비해 구성원들의 감정표출이 적고 실제 상황보다는 집단이 공유하는 이슈를 탐색하는 '예시적 상황' 혹은 '가상의 상황'을 극으로 만들게 된다는 점이다. 심리극이 개인의 역할이나 문제(개인의 이슈)에 초점을 맞추고 치료적 성격이 강하다면 사회극은 집단적 역할(집단 전체의 이슈)에 초점을 맞추고 교육적 성격이 강하다 할 수 있다.

심리치료와 교육과의 유사점은 교육자와 심리치료자 모두 내담자가 성장하고 변화하며 인간발달과 그들 자신과 세계에 대한 이해의 확장을 바란다는 점이다. 그러나 심리치료가 교육과 다른 점은 전자가 직접적으로 개인이 자신과 대상세계를 구분하는 방식에 초점을 맞춘다는 것이다. 치료는 개인이 성격의 모든 측면을 재충전하고 재통합하도록 돕는다. 이에 반해 교육자는 한 개인의 정신의 내적·상호작용적 상처에 초점을 맞추지 않으며, 이슈들의 훈습에 관여하지도 않는다. 교육자는 오히려 의사소통, 격려, 정보전달을 통해 인간의 발달을 전반적으로 돕는다.[2] 교육에서의 방식처럼 사회극은 한 개인의 내면에 초점을 맞추기보다는 집단의 역할에 관심을 갖는다. 사회극은 모든 연령대의 다양한 집단을 위한 작업이 가능한데, 학교, 종교기관, 회사, 기업, 심리치료 장면 등 상대방과 공유하는 역할을 다루는 사회극의 요소를 활용할 수 있는 모든 집단을 대상으로 한다. 사회극은 교육적 성격이 강하지만 연극치료 접근법 중 하나이며 집단의 특성에 따라, 집단 내의 상호작용방식에 대한 이해와 새로운 역할훈련 등의 방법으로 활용된다.

모레노는 1909년 빈의 공원에서 극화 놀이(dramatic play)를 시도했다. 그는 아이들에게 요정이야기 등의 잘 알려진 이야기와 연극을 공연하다가 이

---

2 Patricia Sternberg· Antonina Garcia, 앞의 책, 28쪽.

후 아이들과 모레노 자신의 상상에 의한 즉흥적인 연극을 하였다. 모레노는 아이들의 연극을 관찰하면서 역할과 역할연기의 교육적이고 치료적인 가치에 대한 가설을 만들기 시작했다. 1913년 빈대학의 의학도이던 모레노는 집단의 사회적 원동력을 탐구하기 시작했다. 어느 날 모레노는 프라터슈트라쎄(Praterstraße) 공원을 산책하다가 우연히 매춘부를 만나 서로 이야기를 주고받았는데, 갑자기 경찰이 나타나 그녀를 끌고 가는 것을 목격했다. 그녀가 석방된 후 그녀를 만난 모레노는 매춘부에게는 법의 보호를 받을 권리가 없고, 공공의료의 돌봄을 받을 자격도 부여되지 않고 있다는 것을 알게 되었다. 모레노는 이들이 인간의 존엄성에 대한 권리를 가져야 한다고 느꼈다. 그는 그들을 위한 의료행위를 하였으며, 그들의 처지에 관해 관심을 갖게 하고 법적인 도움도 주었다. 모레노는 매춘부 단체를 조직하여 집단 심리치료를 시작하고 그들의 제반사를 논의하기 위해 매주 만나면서, 그는 사람이 연기하는 모든 역할에는 집단적일 뿐 아니라 개인적인 면이 있다는 것을 인식하게 되었다. 매춘부 단체는 어려움을 공유하고 자신들의 공통점 때문에 서로 더 잘 소통할 수 있었다. 그들은 노화, 임신과 성병 등에 대해서 걱정하고 있었는데, 이것들은 집단적인 역할의 측면에서 공유하는 것들이었다. 또한 동시에 각 매춘부는 그녀 자신들의 개인적인 처지에서 비롯된 역할을 연기하는 방법을 알고 있었는데, 이것들은 역할의 개인적인 면이라고 할 수 있다.

1921년에서 1923년 사이 모레노는 자발성의 연극(theater of spontaneity)을 발전시켰다. 그는 연극이 대중들에게 없어서는 안 될 중요성을 가진 이슈를 다루지 않는다면 생명이 없다고 믿었다. 모레노는 일군의 전문적인 배우를 모으고, 자발적이 되는 것과 사회문제의 연구자로서 그들을 훈련했다. 그는 연기자와 관객이 문화의 현재 이슈에 대해 적극적으로 각성하기를 원했고, 배우와 관객이 무대에서 그 이슈를 탐색하고 가능한 해결책을 발견하면서 사회극은 탄생했다. 모레노의 사회극이 창시된 이후 역할극은 파생물로 발달했으며 사업과 교육에서 훈련형태의 기준이 되었다. 역할놀이(role play)는 매우 하기 쉽고 많은 훈련을 요구하지 않기 때문에 폭넓게 즐겨 사용되며 사회극의 많은 기술을 이용하지 않는다는 점에서 사회극과 다르다. 가장 놀이(simulation game) 또한 그 근원은 사회극이다.[3] 사회극은 전 인류를 치유한다는 모레노의 의도로 사람들을 변화시켜 왔으며 사회극은 현재 교육, 사업, 산업, 심리치료, 종교, 영성 등의 극에서 활용되고 있다.

사회극의 기본개념으로는 자발성, 역할이론, 사회측정학이 있다. 그 기본개념을 살펴보면 다음과 같다

1) 자발성(spontaneity)

모레노는 그의 저서『누가 살아남을 것인가?(Who Shall Survive?)』에서 자발성을 "새로운 상황에서 적절하게 반응하고 익숙한 상황에 새롭게(그리고 적절하게) 반응하는 것"으로 정의하였다. 새로움과 적절성은 순수한 자발성의 두 가지 기준이다. 삶의 순간마다 우리에게는 새로운 일들이 끊임없이 일어나고 우리는 그것에 대해 언제나 반응을 하게 된다. 이러한 반응의 순간에 새로움과 적절성으로 반응하게 된다면 순수한 자발성을 갖게 되지만, 남들에게 주목을 받기 위해 새롭지만 부적절하게 반응하는 것은 병적 자발성이 된다. 또한 적절하게 반응하지만 새롭지 않다면 상투적인 자발성이다. 모레노에 의하면 자발성-창조성은 심리학에서 가장 중요한 문제이다. 자발성은 창조성을 일으키는 촉매가 된다. 아이디어가 많은 사람들 중 성과를 내지 못하는 사람이 있다. 그 사람은 창조성은 가지고 있지만 그 아이디어를 실현할 수 있는 자발성이 부족하기 때문이다. 자발성과 창조성이 결합되면 보존성(conserve)이라는 결과를 낳는다. 보존성으로는 사회적제도와 사회적 고정관념인 사회적 보존성, 기술적 보존성, 문화적 보존성이 있다.

---

3 David Read Johnson, Renee Emunah (Eds.),『Current Approaches in Drama Therapy (2nd ed)』, NY: Thomas Publisher, LTD, (2009), 김세준, 이상훈 역,『현대 드라마치료의 세계-제2판』(서울: 시그마프레스, 2011), 507~508쪽.

<그림 1> 창조성 규범
자발성(S)-창조성(C)-문화보전(CC)-워밍업(W)

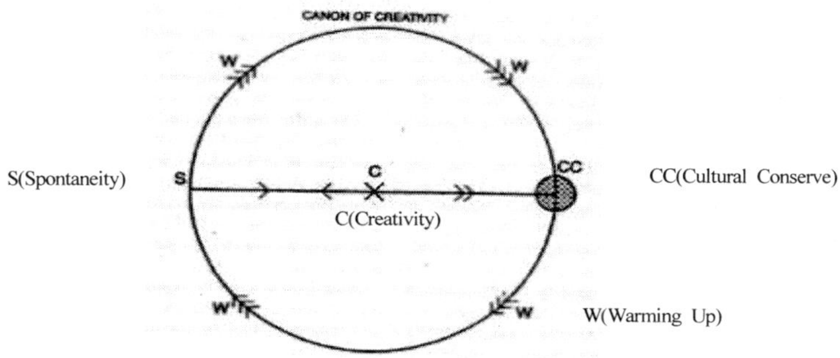

위의 <그림 1>에서 보듯 자발성은 창조성을 향해 나아가며 연속선상에서 창조성을 촉진한다. 자발성은 행위를 도약하도록 창조성을 자극한다. 이 둘의 상호작용의 결과가 보존성이다. 다시 보존성은 새로운 아이디어(C)와 그러한 아이디어를 실현시키는 추진력(S)으로 워밍업 된다. 자발성과 창조성의 과정을 이해하는 것은 사회극에 도움이 된다. 매 회기는 창조성의 규범을 모델로 해서 따라간다. 참가자들은 그들의 아이디어와 자발성에 대하여 워밍업이 된다. 그들의 자발성과 창조성이 상호작용하면서 사회극의 행위화(보존성)가 탄생한다. 모레노는 사람들의 자발성이 다양한 수준임을 알았다. 예를 들어 어떤 사람은 모임에서 위축되어 있는 반면 어떤 사람은 편안하게 돌아다니며 대화를 나눈다. 어떤 사람은 유용한 선택을 많이 할 수 있다는 것을 알고 있는 반면 어떤 사람들은 위축되어서 늘 선택의 여지가 없다고 느낀다. 모레노는 기술사회에서는 생활 스트레스가 너무 커서 그에 대처하며 매일 살다보니 사람들은 자신의 자발성을 워밍업 하기보다는 날마다 규칙에 따르고 지겨운 일상에 빠져서 오히려 자신의 불안을 워밍업 한다고 보았다. 때문에 모레노는 사람들의 상황에 대한 자발적 반응을 회복시키고 증진하고자 자발성 훈련을 개발하였다. 그리고 사람들의 순간적인 반응을 자극하도록 훈련할 수 있는 안전한 장소를 제공한다면 그들이 그 경험을 생활의 나머지 부분으로 일반화할 수 있을 것이라고 생각했다. 자발성 훈련은 사람들에게 가상적인 상황 속에서 즉각적으로(순간에) 반응하도록 허용하는 것이다.[4]

2) 역할이론(role theory)

모레노는 1913년 빈에서 매춘부를 대상으로 역할 및 역할과의 관계에 대해 연구하기 시작했다. 모레노의 역할이론은 사회극 활용의 기본적인 개념인데 그는 역할에 대해 다음과 같이 정의한다.

> 역할은 자신이 취하는 사실적이고 실체가 있는 형식으로 정의할 수 있다. 그러므로 타인 또는 대상이 관련된 특정한 상황에서 개인이 이에 반응하는 특정한 순간에 맡는 기능 형식을 역할이라고 정의한다. 개인 및 타인들이 인지하는 이 기능형식을 상징적으로 표현한 것을 역할이라고 부른다. 이 형식은 과거의 경험과 개인이 살고 있는 사회의 문화 양상에 의해 만들어지며 개인의 구체적인 생산성 유형으로 충족될 수 있다. 모든 역할은 개인적인 요소와 집합적인 요소를 혼합한 것이다. 모든 역할에는 두 가지 측면이 있으며 개인적인 측면과 집합적인 측면이다.[5]

역할은 역할범위에 대하여 사회적으로 합의를 본 것을 반영하는 행동의 구성부분이다. 밀집시킨 이 행동들은 역할이라 불리는 폭넓은 카테고리를 형성한다. 우리들 각자는 삶에서 많은 역할을 연기한다. 모레노는 사람이 연기하는 각각의 역할이 개인적인 구성요소와 집단적인 구성요소의 두 부분으

---

4 Patricia Sternberg· Antonina Garcia, 『Sociodrama: who's in your shoes?』(Westport: Praeger Publishers, 2000), 조성희·김광운, 『사회극』(서울: 학지사, 2012), 200~206쪽 참조.

5 David Read Johnson, Renee Emunah (Eds.), 『Current Approaches in Drama Therapy (2nd ed)』, NY: Thomas Publisher, LTD, (2009), 김세준, 이상훈 역, 『현대 드라마치료의 세계 -제2판』(서울: 시그마프레스, 2011), 509쪽 재인용.

로 나뉜다고 지적한다. 후자는 그것이 누가 연기하든 비슷한 공통되는 분모 또는 양상이다. 예를 들어 군인의 역할이 있다면 군인은 일반적인 군인의 역할을 수행한다. 그리고 그들은 같은 기준의 역할 프레임을 가지고 있기 때문에 서로 격의 없이 대화하기 쉽다. 그러나 그들이 그들 자신의 개인적 경험에 대해 논의하기 시작할 때 그들은 집단적인 것으로부터 개인적인 역할 구성요소로 옮겨갈 것이다. 역할의 개인적 요소는 타인이 역할을 수행하는 방식과는 다르게 개인적 특성으로 역할을 수행하는 것이다. 모레노는 특정한 역할을 수행하고 있는 집단과의 작업에서 구성원들이 서로 다르다기보다는 공통된 측면이 더 많다고 보았다. 집단적 역할 요소를 자극함으로써 구성원들은 공통적인 화제를 찾을 수 있고 의사소통, 동일시, 공감을 갖게 된다. 그래서 사회극은 집단구성원들의 개인적 요소보다는 집단적 요소를 중점으로 작업된다.

모레노는 역할을 신체심리적 역할, 사회적 역할, 사이코드라마적 혹은 심리 내적 역할 등 세 가지 유형으로 나누었다. 신체심리적 역할은 신체적 역할을 뜻하며 먹는 것, 배설하는 것, 우는 것 등과 같은 역할이다. 모레노는 우리가 태어날 때 자신과 타인을 구별하지 못한다고 하였다. 아이는 어머니가 '나(I)'가 아님을 알지 못하고 우리는 하나이고 모든 것은 우리라고 받아들인다. 어디까지가 나이고 어디서부터 타인인지 알지 못한다. 모레노는 이것을 '자아정체감의 모체(matrix of identity)'라고 했으며, 유아를 둘러싸고 있는 세계를 '최초의 우주(the first universe)'라고 불렀다. 2~3세가 되면 자신을 분리된 존재로서 인식하는 분열이 일어난다. 이 시점에서 아이는 '두 번째 우주(the second universe)'라고 말하는 나와 네가 분리되고 환상과 현실이 구분되는 세계에 진입한다. 이러한 분열로부터 사이코드라마적인 역할과 사회적인 역할이 발달한다. 사회적 역할은 타인, 즉 어머니, 친구 등과 교류하는 것이다. 인간의 첫 사회적 역할은 자신을 양육하는 사람들과의 상호작용에서부터 서서히 발달한다. 사이코드라마적 역할은 심리적·심리 내적인 것으로 사색가, 문제해결사, 발명가와 같은 내적 역할을 말하며 환상 속에 존재하는 역할이기도 하다. 사이코드라마적 역할은 우리의 삶 속에서 그 역할을 통해 심사숙고하게 하고 반추하고 창조하게 한다. 또한 환상적인 역할을 통해 휴식과 재충전의 에너지를 얻는다. 모레노는 우리가 때에 따라서 역할을 바꾸어가며 워밍업 된다고 보았다.[6]

모레노는 역할을 맡는 세 가지 방법을 이야기하고 있다. 바로 역할 취득(role taking), 역할 연기하기(role playing), 역할 창조하기(role creating)인데, 역할 취득은 가장 고정된 판에 박힌 형식이다. 역할을 취득할 때 전혀 일탈 없이 정확히 역할의 지침을 따른다. 역할 연기하기는 폭 넓은 자유와 책임을 제공하고 역할 행위 안에서 편안함을 내포한다. 역할 창조하기는 가장 최대치의 자발성과 창의성을 제공한다. 누군가 역할을 창조할 때 그 사람은 역할에 새로운 것을 추가하거나 완전히 다른 역할을 창조한다. 우리가 능숙하게 연기하는 모든 역할에는 이 세 가지 즉 역할 취득, 역할 연기하기, 역할 창조하기가 들어있다. 새로운 역할을 배울 때 보통은 역할 받아들이기부터 시작한다. 그리고 보다 완전히 역할을 배워서 그것에 편해짐으로써 역할 연기하기로 이동하고, 마지막으로 역할을 연기하기 위한 새로운 방법을 찾는 역할 창조하기로 이동한다. 사회극을 통해 우리는 우리가 연기하는 다양한 역할들을 탐색할 수 있고 새로운 역할을 시도함으로써 우리의 역할 레퍼토리는 증가하게 된다. 우리는 유연하게 일상의 역할을 연기하는 방법을 시험하고 실행할 수 있고 우리 자신의 삶을 다루는 우리 내면의 창의성을 자극할 수 있다.[7]

3) 사회측정학(sociometry)

사회측정학은 사회적인 선택들을 측정하는 것이다. 일생 동안 우리는 끊

6 Patricia Sternberg· Antonina Garcia, 『Sociodrama: who's in your shoes?』(Westport: Praeger Publishers, 2000), 조성희·김광운, 『사회극』(서울: 학지사, 2012), 193~195쪽 참조.

7 David Read Johnson 외, 『CURRENT APPROACHES IN DRAMA THERAPY』(NY: Charles C. Thomas publisher LTD., 2008), 202쪽 참조.

임없이 대인 관계적 선택과 집단 내에서의 선택을 하게 된다. 모레노는 이러한 선택현상에 대한 연구를 위해 사회측정학을 개발하였다. 모레노는 사람들이 선택하거나, 관계하거나, 배제하게 되는, 그리고 그것들이 보여지기도 하고, 보여지지 않기도 하는 네트워크 방식에 흥미를 가졌다. 그는 어떤 사람이 다른 사람들에 대해 선택할지, 거절할지, 중립적으로 남아있을지에 대해 개인적인 기준이 있다는 것을 인지했다. 모레노는 그래서 사회적 선택에 동기를 부여하는 환경과 이유를 연구하기 위해 사회측정학을 개발했다. 그는 사회측정학에서 현재 있는 그대로의 사회적 네트워크를 기술하는 것이지만, 그것은 미래의 긍정적인 변화를 만드는 방향을 제공하기 위한 기회로 간주했다.

모레노는 사람들 사이의 사회적 선택과 상호 관계를 나타내기 위해서 소시오그램 (sociogram), 스펙트로그램(spectrogram), 사회적 지표(social barometer), 사회적 원자(social atom)를 포함하는 몇 개의 측정도구를 개발하였다. 소시오그램은 그룹이 특정한 기준에 기초를 두는 사회적 선택의 도식적인 표상이다. 사회극 진행자는 집단원들에게 집단의 주제를 나타낼 수 있는 질문을 제시하게 된다. 이를 통해 진행자는 예를 들어 집단의 리더가 누구인지? 누가 무시당하거나 배척당하는지 등을 보게 된다. 이때에 진행자는 사회극 진행 과정을 통해 내담자들이 사회측정학의 가치를 공유하고 긍정적인 변화의 기회를 갖도록 돕는다.

소시오그램이 사람을 선택하는 특정한 기준이라면, 행위 스펙트로그램(action spectrogram)은 사람들이 '매우 좋아하는' 것과 '별로 좋아하지 않는' 것을 측정하는 사회측정도구이다. 행위 스펙트로그램은 내담자들에게 장소나 사물, 혹은 추상적 개념에 대하여 바닥에 가상의 선이 있다 생각하고 자신이 해당하는 위치에 서게 한다. 예를 들어 진행자가 특정한 음식, 운동 등의 선호도에 대한 질문을 하였을 때 내담자들이 가상의 선에서 '매우 좋아함', '매우 안 좋아함' 사이의 위치를 정하게 되고, 진행자와 질의 응답함으로써 내담자들은 자신이 무엇을 어느 정도 좋아하는지에 대해 구체성을 갖게 된다. 내담자들은 정해진 위치에서 진행자와 그곳에 선 이유에 대해 이야기를 하게 되고 그들과 가까이에 위치하고 있는 사람은 누구이고, 비슷한 생각을 갖고 있는 사람은 누구인지에 대해 파악하게 된다. 또한 집단에 대해 지속적으로 질문을 하고 답을 찾는 과정을 통해 사회극에서 집단이 탐색할 만한 이슈가 드러나게 된다. 사회적 지표(social barometer)는 스펙트로그램의 변형이며 사회적인 문제에 대해 '찬성' 혹은 '반대' 사이에서 집단이 갖는 느낌에 초점을 맞춘다. 사회적 원자(social atom)의 개념은 우리는 각자 사회원자의 중심이면서 다른 사람들의 사회 인자의 일부가 된다는 것이다. 사회 원자는 각자의 삶 속에서 중요한 사람들로 구성되며 그들에게 긍정적인 감정 또는 부정적인 감정을 가질 수 있다. 모레노는 도해를 만들어서 그 실체를 쉽게 탐색하고 대인관계의 패턴을 한눈에 볼 수 있도록 하였다. 사회극에서 진행자는 일반적인 질문으로 내담자들이 개인적인 부분에 초점을 두지 않고 집단이 공유하고 있는 이슈를 찾도록 하여야 한다.

4) 사회극의 목표

사회극의 목표 세 가지는 카타르시스, 통찰, 역할 훈련이다. 이 목표들은 행위와 공유를 통해서 달성된다. 사회극에서 카타르시스는 회기 동안 관객과 역할자 모두에게 일어나는 정서의 표출이다. 이러한 감정의 순화와 표출은 슬픔이나 분노와 같은 감정뿐만 아니라 기쁨, 사랑과 같은 감정에서도 있을 수 있다. 참가자가 억제된 정서를 표출함에 따라 모두는 위안을 받고 그 상황을 새로운 방식으로 자유롭게 바라보게 된다. 사회극 치료자는 역할자들이 자신의 정서적 자발성을 보여주도록 격려하며, 이 과정을 여러 방식으로 도와주게 된다. 정서에는 옳고 그름이 없다는 것을 참가자에게 주지시키면서 비(非)판단적인 분위기를 조성하는 것이다. 수용적인 분위기를 유지하면서 카타르시스를 촉진하는 기법 중 하나는 이중 자아 기법으로 역할자가 깊은 정서를 느끼는데 이를 표현하지 않는 경우 다른 사람이 이중 자아 역할을 한다면 역할자는 자신의 느낌을 인식하고 거리낌 없이 말할 수 있는 자신감을 갖게 될 것이다. 독백과 방백 역시 카타르시스를 촉진하는 기법이다.[8]

통찰은 어느 상황에 대한 급작스러운 이해나 깨달음으로 "아, 나 지금 이해했어!"의 느낌을 경험하는 것이다. 그것은 자신이 말했거나 또는 다른 누군가가 자신에게 말했던 어떤 것의 배후에 있는 의미를 완벽하게 이해하는 "아하!"의 순간이다. 이 새로운 이해는 우리들에게 문제를 보거나 파악하는 새로운 방법을 갖게 한다. 사회극에서의 통찰은 행위(action)를 통해 몸 전체에서 일어나는 체험이기 때문에 깊고 완전한 경험이 된다.

역할 훈련은 미래 삶의 상황을 위한 예행연습이다. 역할 훈련은 새로운 행동을 시도해볼 필요를 느끼거나, 새롭고 친숙하지 않은 상황에 대비하기 위한 행위의 연습이다. 대부분의 경우에는 새로운 환경에 놓이기 전에 역할을 연습하는 기회를 갖지 못한다. 모레노는 그러한 기회를 가져야만 한다고 느꼈기 때문에 안전한 환경에서 새로운 역할과 상황을 시도하는 사람들을 위한 역할 훈련을 주장했다. 사회극은 실생활 상황에서 일어나는 내담들의 감정적이고 정서적인 반응을 재창조하는 것으로 역할 훈련은 어떤 주어진 상황에서 다양한 행동을 연습하는 방법을 제공한다. 다른 그룹 구성원의 도움을 받아 훈련생은 그들의 어떤 행동 영역이 가장 효과적이고, 어떤 행위가 가장 효과적으로 문제를 해결하는지에 대한 피드백을 받을 수 있다. 구성원들은 역할 훈련을 통해 역할 안에서 안전하다고 느끼고 그들의 방법에 어떤 도전이 오더라도 준비되었다는 확신이 될 때까지 행위를 반복할 수 있다. 역할 훈련에서는 삶의 상황, 바람직한 행동 또는 한 가지 선택된 행위를 위한 예행연습을 제공한다. 또한 사회극에서 역할 훈련은 구직 면접 기술을 예행연습하는 것부터 위기개입 훈련에서 폭탄협박을 처리하는 것까지 다양한 목적에 도움이 된다. 발달장애인들에게 사회극은 잠재적인 문제나 어려운 상황, 사회에 적응할 수 있도록 돕는 교육에 효과적이며 그들이 부딪치게 될

---

8 Patricia Sternberg· Antonina Garcia, 『Sociodrama: who's in your shoes?』(Westport: Praeger Publishers, 2000), 조성희 · 김광운, 『사회극』(서울: 학지사, 2012), 126~127쪽.

가능성 있는 문제들을 탐색하고 준비할 수 있게 한다.

사회극은 심리치료 안에 존재하며 사용되기도 한다. 그러나 사회극이 심리치료적 형태이기보다 더 사회 치료적인 이유는 사람들 사이의 소통과 불화를 화해시키는 데에 도움이 되기 때문이다. 사회극은 한 사람의 개인보다 오히려 그룹 이슈에 초점을 맞추고 긍정적인 변화를 위해 진행된다. 연극치료와 사회극의 유사점은 비유적이고 비개인적인 소재의 행위에 있다. 연극치료 작업에서는 심리극적 접근과 같이 개인적인 이슈로 작업되는 경우도 있지만, 삶의 장면을 직접적으로 연기하기보다 오히려 은유나 역할을 통해서 개인의 이슈에 초점을 맞추어 행위한다. 때문에 그동안 지속적으로 연극치료자와 싸이코드라마티스트(psychodramatists), 소시오드라마티스트(sociodramatists) 사이에 많은 융합이 있었고, 많은 연극치료자들은 심리극과 사회극 테크닉의 요소를 작업에 넣어 구성한다. 사회극과 심리극이 약간의 차이는 있지만 기법들을 공유하기 때문이다.

본 연구의 사례들에서 사회극작업은 다양하게 적용되고 있다. 예를 들어 일반학교의 특수학급에 소속되어 학교 부적응의 문제를 안고 있는 내담자들의 경우 학교환경에서 발달장애를 갖고 있음을 이해받지 못하고 지속적으로 언어적·물리적 폭력을 당하는 경우가 빈번하다. 때문에 이러한 내담자들에게는 스스로 자기보호를 할 수 있는 훈련이 요구되었고, 교우관계의 문제를 해결할 수 있는 방안을 찾는 집단적 학습과정으로 사회극적 접근이 시도되었다. 내담자들은 사회극의 주제와 상황 안에서 자신들의 문제를 인식하고 새로운 행동을 모색하며 연습할 수 있는 기회를 가진다. 그리고 사회극 작업을 통해 자신의 행동을 객관화시키며 자신의 위치를 알 수 있게 되고, 새로운 인식을 바탕으로 타인과의 만남을 새로운 방식으로 시도하며 집단적인 지지의 힘을 경험하게 된다. 이것은 그동안 자신들이 해오던 역할을 확장하여 문제해결을 탐구하는 방법인데, 다양한 역할들을 탐색하고 새로운 역할을 시도함으로써 역할 레퍼토리는 증가되고, 이러한 레퍼토리의 증가는 일상생활에서 역할을 연기하는 방법을 시험하고 실행할 수 있게 한다. 본고의 연구

사례에서 내담자들은 사회극 작업을 통해 자기보호와 자신의 의견을 주장할 수 있는 방안들을 탐구하였다. 내담자들은 사회극 안에서 연기하는 구체적인 감정의 이해와 자발적인 자신의 감정 표현으로 카타르시스를 경험하였고, 문제를 파악하는 새로운 이해를 통한 통찰과 역할 훈련으로 자신들이 원하는 미래의 삶을 예행연습을 할 수 있었다.

4-2. 심리극

현대 연극치료의 시작은 모레노(J. L. Moreno, 1889~1974)에서 비롯되었다. 모레노는 정신과 의사과정을 밟았지만 연극에 끊임없는 관심을 가졌고, 1920년 독자적으로 빈(Wien) 극장에서 자발성 연극을 개발하였다.

심리극은 정신분석적 접근 방법으로 심리적인 문제에 빠르게 접근한다. 역할전환, 더블링, 빈 의자 기법, 독백 기법 등의 활용을 통해 언어적 반영에 의지하는 것보다는 행동적인 치료를 선호하는 집단에 유용하다.

연극치료와 심리극의 차이는 심리극의 치료자가 내담자를 지시하는 경향이 있다면 연극치료의 치료자는 환자를 따르는 경향이 있으며 내담자 자신이 장면을 주도적으로 만들어 나가기를 기다린다. 그러나 연극치료의 정신분석적 접근방법에서 자발성이 강조되는 드라마와 심리극의 기법은 종종 혼용되어 사용된다.[9] 즉흥성이 핵심인 연극치료는 과정에 중점을 두며 기분전환과 신체지각연습, 동작, 비언어적 행위와 팬터마임, 상상의 상연 등으로 시작하기도 하지만 소리, 이미지, 그림 등의 양식을 선택하여 작업하기도 하고 이러한 작업은 언어로 상징하는 의사소통 양식으로 이동할 수 있다.

모레노는 심리극의 네 가지 초석을 개발하였는데, 역할이론, 사회측정학

---

9 David Read Johnson, Renee Emunah (Eds.), 『Current Approaches in Drama Therapy (2nd ed)』, NY: Thomas Publisher, LTD, (2009), 김세준, 이상훈 역, 『현대 드라마치료의 세계-제2판』(서울: 시그마프레스, 2011), 284~285쪽.

(sociometry), 자발성/창의성이론, 심리극의 중재개념이다. 그것들 각각은 다른 것과 서로 얽히고 조화를 이루며 독립적으로 사용될 수 있으며, 모레노는 이 네 가지를 유기적 통일체의 상호의존적인 부분으로 창조하고 구상했다.[10] 모레노의 비전은 적극적으로 우주를 창조한 예술가로서의 신(神)에서 시작된다. "그것은 착상의 순간에서 세상과 자기 자신을 창조하기까지 안식일 이전의 신의 상태"라고 하였다. 신, 곧 창조자는 인간적 창조력의 은유이며, 모레노에게 창조적 잠재력의 해방은 심리극을 통해 일어난다.[11] 모레노는 심리극에서 자발성과 창의성이 가장 중요하다고 보며 모든 성공은 자발성을 보이는 능력과 연결된다고 하였다. 자발성은 행동에 대한 준비, 창의성은 생각에 대한 준비이다. 즉, 새로운 상황에서 적절하게 반응하고, 익숙한 상황에서 새롭게 반응하는 것이며 새로움과 적절성은 순수한 자발성의 두 가지 기준이 된다.

심리극의 진행은 'deep action' 방법으로 평소 일상에서 표현되지 않는 감정을 표현하는 가운데 사람들은 새로운 그들의 생활, 꿈 또는 환상 장면의 상연을 통해 새로운 이해와 통찰력을 얻고, 창조적이며 새롭고 더 만족적인 행동들을 연습하게 된다. 모레노는 인간 모두에게 신체, 정신, 감정과 개인의 한계를 넘어선 갈망이 존재한다고 하였고, 정신치료(psychotherapy)가 이러한 모든 요인에 개입할 수 있다고 믿었다.

심리극의 목표(psycho dramatic goals)는 정서, 행동, 인지 영성(靈性)에 있다. 첫째로, 정서 영역의 목표는 감정 정화(catharsis)이다. 감정 정화는 자신이 경험했던 과거의 기억으로 돌아가 그 당시에 느꼈던 감정을 다시 경험함으로써 감정적인 카타르시스를 경험하게 된다. 또한 현재의 내가 과거의 행위를 다시 경험하고 감정을 표현함으로써 과거의 행위에 대해 이전에는 알

---

10 David Read Johnson, Renee Emunah, 앞의 책, 469쪽 참조.

11 Robert J. Landy, 『The Couch and the Stage: Integrating Words and Action in Psychotherapy』, 이효원 역, 『카우치와 무대: 심리치료에서 말과 행동을 통합하기』, 199쪽 재인용 및 참조.

지 못했던 새로운 통찰을 갖게 된다. 과거의 행위에 대해 새로운 이해를 갖게 되는 통찰을 통해 내담자는 과거의 행위에 대한 의미를 재구성하고 새로운 감정표현으로 행위를 하게 되며 이것은 변화된 통합적인 카타르시스가 된다.

둘째로, 행동 리허설은 새롭고 더 만족스러운 상황으로 처리하는 방법을 연습한다. 내담자들은 현실에서 기존에 해오던 행동방식을 변화시키는 것을 어려워하거나 두려움을 갖게 되기도 한다. 심리극은 현실이 아닌 극적 환경 안에서 안전하게 자신이 원하는 행동양식들을 표현해보고 수정해보는 과정을 반복해보며 역할연습을 하게 된다. 이때에 중요한 것은 내담자가 자신의 내면을 일방적으로 표출하는 것이 아니라 사회적 균형을 갖도록 하는 것이다.

셋째로, 인지적 관점이다. 심리극 과정을 통해 내담자는 새로운 깨달음, 통찰을 얻게 된다. 이때에 내담자는 놀라움을 감추지 못하게 되는데 이것은 행동 통찰의 결과로 지각의 개편이 일어나기 때문이다.

넷째로, 영성이다. 심리극의 과정은 개인의 한계를 넘어선다. 집단의 경우 그룹원은 심리극 상황 안에서 주인공 주변의 특정한 역할을 연기하거나 주인공의 보조자아로 참여하며 그들 또한 배우고 성장하게 된다. 관찰자로 남아있던 관객들도 주인공의 삶을 통해서 자신의 삶을 반추하게 된다.

모레노는 심리극이 단순한 심리치료가 아니기 때문에 극적인 용어를 사용하였다. 환자라는 말 대신에 실연에서 핵심적인 문제를 갖고 있는 사람을 주인공(protagonist)이라 부르고, 실연을 진행하는 사람을 디렉터(director)라고 한다. 보조배우로서 도움을 주는 사람들은 보조자(auxiliaries)가 되고, 그 실연을 지켜보기 위해 참석한 사람들은 모두 관객(the audience)이라고 한다. 그리고 심리극이 이루어지는 장소는 실연이 진행되는 동안에는 무대(stage)가 된다.[12]

---

12 Adam Blatner,『Foundations of PSYCHODRAMA』(New York: Springer Publishing Company, 2000), 박희석 외 역,『심리극으로의 초대』(서울: 시그마프레스, 2007), 13쪽 참조.

· 주인공

심리극이 실연되는 동안 공연의 주체가 되는 사람이다. 주인공은 과거의 상황으로 돌아가 행위를 재 경험하고 새로운 통찰로 대안적인 행위를 발견하며, 현재에서의 그 의미를 재구성한다. 주인공은 이중 자아의 역할을 통해 자신의 내면에 억압되거나 감추어져있던 생각이나 정서를 표현해보기도 하고, 역할 바꾸기를 통해 상황 안에서 자신과 관계를 맺었던 타인의 역할을 해 봄으로써 상대의 입장을 이해하게 되기도 한다. 집단의 주인공 선정 방법은 체계, 디렉터, 그룹, 자기-선정 등의 방식이 있으며 집단의 유형에 따라 고려되어야한다.

· 디렉터

디렉터는 분석가, 연출가, 치료자, 그룹의 리더 역할을 한다. 디렉터는 주인공의 상황 안에서의 행위와 대인관계를 분석하고 탐구할 수 있도록 이끌며 주인공과 구성원에게 이해와 확신을 주는 공감자의 역할을 한다. 또한 주인공에게 치료적 개입이 될 수 있는 적절한 방식의 드라마를 계획하는 연출가의 역할을 하고, 주인공이 이외 구성원들의 참여를 독려하여 심리극에 참여하는 전체 구성원들이 지지적인 관계를 형성하고 함께 성장할 수 있도록 돕는다.

· 보조 자아

보조 자아는 심리극에서 주인공에게 필요한 다양한 역할을 맡아 연기한다. 보조 자아는 심리극 보조 자아 역할을 훈련받은 이들이 역할을 맡기도 하고, 주인공이 구성원들 중에서 선택하여 특정한 역할을 맡기거나 디렉터가 역할을 맡기기도 한다. 보조 자아는 주인공 역할이나 주인공 내면의 일부를 연기하기도 하고, 주인공의 사회적 네트워크에 관계된 사람, 혹은 죽었거나 존재하지 않는 사람, 생명이 없는 무생물의 역할을 하기도 한다.

· **관객**

심리극의 실연과정을 지켜보는 관찰자로서의 내담자이지만 심리극의 진행방식에 따라 관객 중의 한명이 심리극의 주인공이 되기도 하고 보조자아로서 역할을 맡게 되기도 한다. 관객으로서 주인공의 삶을 지켜보며 자신의 삶을 반추하고, 주인공에 대한 공감과 동일시를 통해 자신이 갖고 있는 문제에 대한 통찰을 갖게 되기도 한다. 관객은 주인공에게 실존확인 및 객관적인 확인을 제공하고 윤활유와 자극제가 되고 공동체로서 소우주의 역할을 한다.

· **무대**

심리극이 실연되는 장소이다. 모레노는 3층 계단의 발코니가 있는 원형무대를 고안하였는데 이것은 준비-행위-정화의 3단계와 천상을 의미하는 것이었다. 그러나 대부분의 심리극은 이러한 양식적인 공간보다는 비형식적인 공간에서 이루어지는데, 이때 상상 속의 무대공간과 현실의 공간은 반드시 구분되어야 한다. 조명, 음향, 소품 등은 심리극 진행에 도움을 줄 수 있다. 모레노는 심리극의 결과에 따라 건강한 사람은 더욱 효과적으로, 아픈 사람을 고통을 견디는 법을 배울 것이고, 죽음은 삶속에 있는 것으로 받아들이게 될 것이라고 하였다. 주인공, 디렉터, 보조 자아가 공간으로 들어갈 때 그들은 일상 현실에서 떠나 잉여현실의 세계에 들어간다.

심리극의 치료적 요인은 내담자들이 치료자와의 치료과정을 통해 긍정적인 변화에 대한 기대감을 갖게 한다. 잉여현실로 남아있는 과거의 기억이 보다 긍정적인 방식으로 다루어질 수 있는 장면들을 창조하여 문제를 다루는 기술을 개선하고 발전시키는 것이다. 이러한 과정을 통해 감정의 정화가 이루어지고 구성원들의 지지를 경험하며 집단에서 수용 받고 있음과 소속감을 갖게 되는 강력한 경험을 하게 되는 것이다.

심리극의 치료적 과정의 진행시간은 30분에서 3시간 정도 걸리는데, 세션은 다음과 같이 워밍업(warming up), 행동단계, 쉐어링(sharing) 3개 부분으로 나뉜다.

· **워밍업(warming up)**

워밍업은 개인이나 집단의 자발성을 높이고 행위화를 위해 단계적인 준비를 제공한다. 집단의 목표, 한계 등에 대해 구성원들과 논의를 하고 구성원들이 서로 친숙해지도록 한다. 워밍업 과정에서 경험한 것들에 대한 토론과정을 통해 개인이나 집단의 공통된 주제가 발견되기도 한다. 워밍업 과정은 내담자가 바라보고 싶어 하지 않는 곳으로 이끌어가기 보다는 이 과정을 통해 내담자가 스스로 자신을 만나도록 도와주어야 한다.

· **행동단계**

주인공이 선정된 후에 활동 단계는 시작된다. 이 단계에서도 걷기와 말하기의 워밍업, 보조 자아의 역할 훈련, 장면 설정이 포함된다.[13] 이러한 활동들은 주인공을 워밍업시키고 나아가 집단을 드라마 속에서 밝혀질 특정 주제와 관계에 열중하게 한다. '걷기와 말하기'는 주인공이 선정된 후에, 디렉터와 주인공은 나란히 걸으며 드라마를 위한 약속을 의논하고 디렉터와 주인공 간의 공감을 깊어지게 한다. 주인공과 그룹이 드라마에 집중하도록 하며 드라마를 진행하기 위한 적절한 범위와 계획을 짠다. 드라마 진행에 대한 합의가 진행된 후에 첫 번째 할 일은 드라마의 비역을 정하는 것이다. 일반적으로 주인공이 각 역할에 어울릴 것 같은 집단 구성원을 선택하기도 하고 주인공이 배역 선택에 어려움을 가질 때에는 디렉터가 제안할 수도 있다. 그러나 이때 집단 구성원은 어떤 역할에 선택되어도 거절할 권리를 갖는다. 각 역할이 정해지면 역할훈련을 한 후에 장면을 설정하게 되는데 장면 설정은 디렉터가 주인공에게 질문을 통해 장면이 일어나는 장소와 시간을 설정한다.

---

13 David Read Johnson, Renee Emunah (Eds.), 『Current Approaches in Drama Therapy (2nd ed)』, NY: Thomas Publisher, LTD, (2009), 김세준, 이상훈 역, 『현대 드라마치료의 세계-제2판』(서울: 시그마프레스, 2011), 491쪽.

드라마를 위한 장면 설정은 주인공을 그 시간과 공간에 놓이게 한다는 점에서 중요하다.

· **쉐어링(sharing)**

구성원들은 주인공이 펼쳐놓은 드라마를 지켜본 후에 자신들의 경험을 나누고 드라마가 자신들에게 어떻게 영향을 미쳤는지, 또한 주인공과의 여정을 통해 자신의 삶에 대해 무엇을 배웠는지를 함께 나눈다. 디렉터는 구성원들이 주인공의 상황이나 입장에 대해 각자 자신의 입장으로 비판하거나 해석하지 않고 무조건적인 공감적 반응을 하도록 권장한다. 구성원이 주인공의 입장에 공감하지 못하고 판단하거나 충고하려고 한다면 구성원이 주인공의 입장에 공감하기보다는 주인공과 관계된 다른 역할의 입장에 동일시하고 있기 때문이다.

심리극의 행위단계에서는 주인공이 자신의 갈등상황을 장면으로 만들게 된다. 주인공은 행위화의 과정을 통해 자신의 사고와 감정을 표출하고, 억압되어있던 감정을 표출함으로써 감정의 정화와 자신의 문제에 대한 통찰을 갖게 된다. 주인공은 갈등이 드러나는 구체적인 상황을 장면으로 만들어 연기하게 되는데, 이때 디렉터는 주인공이 갖고 있는 상황들을 탐구하기 위한 다양한 심리극적 기법들을 활용하여 장면들을 진행시키게 된다. 심리극의 일반적인 활동기법은 다음과 같다.

· **독백**

독백은 주인공의 사고를 밖으로 나올 수 있게 하여, 주인공의 마음속 생각을 관객이 들을 수 있게 한다. 독백은 장면의 처음 또는 엔딩에서 중개의 역할로 가장 자주 이용되고 있다. 주인공은 장면을 진행한 후 장면에서 벗어나 장면에서의 경험을 독백으로 말한다. 주인공이 말하고 움직이는 것을 제외하면 정신분석의 자유연상기법과 유사하다.

· **방백**

혼잣말이지만 반드시 두 사람 이상의 관계 도중에 사용되고, 방백의 내용을 상대방이 듣지 않는 것으로 가정하고 상대방으로부터 고개를 돌리거나 입을 가리고 짧게 내면의 생각을 표현한다. 방백의 근거는 인간이 완전히 정직해질 수 없다는 데 있다.[14] 방백이 필요한 상황인지 알아볼 수 있는 것은 주인공의 행동이 그가 말하는 것과 다르거나 주인공이 사회적 관습 때문에 말을 하지 못하는 경우이다.

· **이중 자아**

심리극에서 가장 많이 사용되는 기법이다. 이중 자아 기법을 통해 주인공에게 이전에는 충분히 개발되지 못했던 의식과 자신의 영역(감정, 마음, 육체와 정신 등)에 대한 인식과 통합을 제공하는 것이다. 정서적 이중 자아, 인지적 이중 자아, 신체적 이중 자아, 확대하기(조용한 주인공을 위해 큰 소리로 말하기), 이중 자아 담기가 가장 일반적이다. 보조자(이중 자아)들은 주인공이 시작한 말과 행동에만 반응한다. 주인공이 말을 하지 않고 이중자아의 말을 듣기만 하는 것은 주인공에 대한 냉대이며 마술적 사고를 강화시킨다. 주인공은 내면의 경험을 심화시키기 위해서 이중 자아의 말을 포함하고 변화시키거나 거부해야 한다.[15] 이중 자아는 주인공이 표현하지 못했던 그의 생각과 느낌을 표현한다. 가장 좋은 이중자아는 설명은 직접적이고 간결하며 주인공에게 답을 떠올릴 수 있도록 하는 것이다.

· **역할 전환(role reversal)**

역할 전환은 심리극 기법에서 필수 요소이다. 역할 전환은 주인공이 다른

---

14 최헌진, 『사이코드라마-이론과 실제』 (서울: 학지사, 2003), 583쪽.

15 David Read Johnson, Renee Emunah (Eds.), 『Current Approaches in Drama Therapy (2nd ed)』, NY: Thomas Publisher, LTD, (2009), 김세준, 이상훈 역, 『현대 드라마치료의 세계 -제2판』(서울: 시그마프레스, 2011), 494쪽.

배역과 역할을 바꾸는 것으로 다른 배역을 하였던 보조 자아가 주인공 역할을 하고 주인공은 다른 보조자아의 역할로 바뀌는 것이다. 역할교대는 정보 획득의 목적, 자신을 돌아보게 하는 목적, 상대의 입장을 이해하기 위한 목적, 타인에게 중요한 질문이나 타인으로부터 꼭 듣고 싶어 하는 말이 있을 때, 주인공의 저항을 극복하기 위한 수단 등으로 사용된다.[16]

· **거울 기법**(mirror)

거울기법은 자신의 모습을 거울에 비추어 보거나 자신의 행위를 비디오로 촬영해서 보는 것과 같이 주인공이 장면에서 연기하였던 것을 이중 자아가 재연하는 것이다. 거울기법을 통해 주인공은 자신의 행동을 거리를 두고 볼 수 있게 되고 타인의 관점으로 자신을 보게 된다. 주인공이 위축되어있거나 충분히 워밍업이 안 된 경우, 다른 사람과 적절하게 상호작용을 하지 못할 때, 주인공이 지금의 상황에 대해서 무언가 새로운 시각이 필요하다고 판단될 때 거울기법을 사용한다. 거울기법은 저항을 극복하기 위한 한 방법이지만 잘못 사용하는 경우 오히려 사용하지 않은 것보다 해로운 결과를 가져올 수도 있기 때문에 이 기법은 반드시 주인공의 이해와 승낙이 있는 경우에 사용하여야 하고 시기도 적절해야 한다.[17]

· **빈 의자 기법**

모레노가 처음 사용하기 시작한 이 기법은 프릿츠 페를스(Fritz Perls)에 의해 게슈탈트(Gestalt) 치료기법으로 알려지게 되었다. 주인공이 빈 의자에 사람 또는 사물이 있다고 상상하고 상상되는 사람 또는 사물을 향해 보다 자유롭게 자신이 하고 싶었던 대화를 하는 것이다. 무대 위에 하나의 빈 의자가 놓여있다는 그 자체로 상상력을 불러일으키게 되는데, 주인공은 누가 앉아

---

16 최헌진, 앞의 책, 537~540쪽 참조.

17 최헌진, 『사이코드라마-이론과 실제』(서울: 학지사, 2003), 582쪽.

있는지? 어떤 사람이 떠오르는지? 그의 표정은? 그의 기분은? 지금 이 순간 만나고 싶은 인물, 보고 싶은 대상, 부딪히고 싸워야 하는 인물, 감사하거나 오해를 풀어야 하는 인물 등과 대화를 나누게 된다.

· **미래투사기법**(future projection)

미래의 어떤 한 특정한 순간을 장면으로 만들어 봄으로써 두려워하는 결과나 현실, 예측이 불가능한 미래 상황에 대한 불안을 감소시키며 막연한 불안감을 구체화시킨다. 미래투사기법을 통해 대비되지 못한 미래의 상황을 처리할 수 있는 능력이나 태도 및 그 결과를 검증하고 연습하여 자신감을 갖게 한다. 주인공이 선택한 미래의 순간이 현실을 바탕으로 한 것인지를 점검하는 것이 중요하다.

심리극의 치료적 요인은 내담자들이 치료자와의 치료과정을 통해 긍정적인 변화에 대한 기대감을 갖게 한다. 잉여현실로 남아있는 과거의 기억이 보다 긍정적인 방식으로 다루어 질 수 있는 장면들을 창조하여 문제를 다루는 기술을 개선하고 발전시키는 것이다. 이러한 과정을 통해 감정의 정화가 이루어지고 구성원들의 지지를 경험하며 집단에서 수용 받고 있음과 소속감을 갖게 되는 강력한 경험을 하게 되는 것이다.

심리극과 연극치료의 경계에 대한 논의도 현재까지 지속되고 있다. 심리극과 사회과학은 개인이나 집단의 문제를 일차적으로 역할의 관점에서 정의하며, 역할에 초점을 맞춘 구조와 기법으로써 교정을 진행한다. 심리극과 연극치료 사이에는 역할활용의 측면에서 유사점이 있으나 심리극이 역할의 관점에서 진행된다면, 연극치료에서는 이와 달리 문제가 역할의 양상으로 제시될 수도 있지만 그 문제나 주제를 다루고 표현하는 방식을 찾아내기 위해 다양한 극적 과정과 표현 언어를 고려한다. 연극치료자는 가면, 즉흥극, 대본쓰기, 기존 희곡의 활용, 희곡의 상연, 의상이나 무대 만들기 등을 활용하여 내담자의 문제를 탐험하거나 해결할 수 있게 돕는다.[18] 역할은 연극치료자가 작업하는 부분 중 하나이며 내담자나 집단의 요구에 상응될 때에 활용하게 된다.

4-3. 수 제닝스

발달적 관점에서 볼 때 삶의 단계들의 문제는 한 단계에서 다른 단계로 옮겨가야 한다는 것이다. 그러므로 치료자의 주된 과제는 개인과 집단에게 무슨 일이 일어나는지를 관찰하고 발달적 흐름을 촉진함으로써 이러한 이행을 돕는 데 있을 것이다.[19] 발달적 접근에서는 발달과정에서의 정지나 고착이 삶의 문제를 초래하는 것으로 본다. 데이비드 리드 존슨은, "다른 패러다임은 뭔가가 결여되고 균형이 깨진 데서 인성의 문제가 발생한다고 보고 그를 바로잡으려 한다면 발달적 관점은 인성의 장애를 발달 과정상의 정지나 고착으로 간주한다. 따라서 치료는 내담자가 발달의 어느 지점에 머물러있는지를 진단하는 데서 출발한다. 그런 다음 치료자는 길동무이자 안내자로서 내담자와 함께 그 여정을 다시 시작한다"[20]고 하였다. 연극치료에서 내담자에 대한 진단은 가장 우선시되어야 한다. 진단내용에 따라 발달장애인의 장애 정도, 비(非)발달장애인의 발달단계의 고착상태 여부 등을 파악하여 내담자들의 현재 지점을 발견하고 발달적 이행을 위한 작업이 진행되어야 한다.

발달단계는 아동기에만 국한되는 것이 아니라 전 생애에 걸친 모든 변화의 양상과 과정을 의미한다. 나중에 심리학적 접근에 대한 연구에서 자세히 살펴보겠지만 피아제는 아동은 성장함에 따라 감각운동기, 전조작기, 구체적

---

18 Phil Jones, 『Drama as Therapy: Theatre as Living』(London: Routledge, 1996), 이효원 역, 『드라마와 치료』(서울: 도서출판 울력, 2005), 330쪽.

19 수 제닝스 외, 이효원 역, 『연극치료핸드북』(서울: 울력, 2010), 67쪽.

20 수 제닝스 외, 위의 책, 51쪽 재인용.

조작기, 형식적조작기의 네 단계로 정신구조가 인지적 발달을 한다고 보았다. 또한 심리사회학적 접근으로 에릭슨은 출생에서 죽음에 이르기까지 전 생애의 발달단계를 이론적으로 신뢰성 대 불신감, 자율성 대 수치심, 주도감 대 죄의식, 근면성 대 열등감, 자아정체성 대 정체성 혼미, 친밀성 대 고립감, 생산성 대 침체성, 통합감 대 절망감으로 체계화하였다. 이외에도 프로이트의 성적 발달 등 인간의 발달단계에 대한 연구는 다른 학문에 미치는 영향에서와 같이 연극치료의 극적 발달 패러다임에도 지대한 영향을 주고 있다.

1) EPR

수 제닝스의 극적 발달 패러다임인 EPR은 초기 유아기의 감각 놀이에서 아동기의 극적 놀이까지 세 개의 발달단계를 뜻한다. 즉 E는 체현(Embodiment), P는 투사(Projection), R은 역할(Role)을 말하는데, 각 개념들은 심리학에서 사용되어오던 개념들로 수 제닝스는 이를 인간의 극적 발달과 연결 짓는 개념으로 발전시켰다. EPR은 아동 발달과정의 초석으로서 심리적이거나 신체적이거나 정서적인 발달이 아니라 그 모든 것의 모태가 되는 극적인 발달이다. 극적 발달은 신체적으로, 투사적으로 그리고 역할로 자기와 타자의 존재를 확립하고 분별할 수 있게 해주며, 우리의 신체와 정신 및 우리가 맺는 관계 모두에 영향을 미친다. 자기와 타자의 정체성 없이는 다른 사람과의 관계를 형성할 수 없기 때문이다. 즉 EPR은 정체성을 뜻하며 정체성은 심리적 차원을 넘어선 사회적 구조체를 의미한다.[21]

· 체현

체현-투사-역할의 과정은 아동의 발달단계와 일치한다. 피아제와 에릭슨

21 Sue Jennings, 『Introduction to Dramatherapy: Theatre and Healing』(London: JKP Ltd., 1998), 이효원 역, 『수 제닝스의 연극치료 이야기』(서울: 울력, 2003), 80쪽.

에 의하면 두 살까지 유아는 씹고, 빨고, 맛보고, 느끼는 것과 같은 신체적인 감각에 최초로 관심을 갖는다. 이것은 피아제가 말한 '운동/감각지각 발달단계'이고, 에릭슨이 말한 '신뢰 대 불신' 단계이다. 유아는 주변의 감각적인 세계를 언어가 아닌 몸으로 탐험하면서 체현놀이를 즐긴다. 얼굴에 우유를 바르고 접시를 숟가락으로 두드리며 배설물을 문지르면서 즐거워하는 것 등이다. 유아는 앉고, 기고, 걷기 시작하면서 접촉 범위가 넓어지고 그에 따라 감각적 세계 역시 확장된다. 감각적 세계의 최초 경험은 자기에 대한 감각과 물리적 세계에 대한 쾌감의 기초를 형성한다.[22] 체현단계는 아동들이 처음으로 자신을 자각하게 되는 매우 중요한 시기이다. 신체적으로 발달상의 문제가 있거나 이 단계를 충분히 탐험하지 못한 아동들은 이 단계에 고착화된다. 때문에 아동들에게 자기 탐험의 기회와 감각놀이를 통한 즐거움을 재발견할 수 있는 시간을 제공하는 것이 중요하다. 이를 통해 아동들은 다음 단계로 발달해 나갈 수 있게 된다. 방치와 학대로 고통을 받은 아이들은 때로 발달단계 사이를 왕복하게 되지만 이들이 다음 발달단계로 이행을 할 수 있도록 돕는 일이 중요하다. 체현단계에서 아동들은 자신의 신체를 알게 되고 감정을 인식하며 그 감정을 객관화할 수 있다. 많은 세션들이 투사와 역할 단계로의 작업을 진행하기 전에 체현단계의 작업부터 시작하는데 이러한 작업방식은 아동들이 세션을 편안하게 받아들이고 참여하게 한다.

· **투사**

아동들이 자신과 타인을 분리하여 구분하게 되는 시기는 대략 2세부터이다. 이 시기는 선택적 사고 단계로 피아제가 말하는 전조작기의 단계이고, 에릭슨에 따르면 주도성 대 죄의식, 근면성 대 열등감의 단계이다. 이 시기의 아동들은 바깥세계를 알게 되는 변화를 경험한다. 물체나 인형들을 가지고 놀며 이야기하는 것에 익숙해지며, 연극을 만들고 과거를 다시 말하거나

22 수 제닝스 외, 이효원 역, 『연극치료핸드북』, (서울: 울력, 2010), 52쪽.

미래를 탐험하는 데 익숙해질 수 있다.[23] 주변에 있는 사물을 탐험하기 시작하면서 아이들의 세계는 더욱 확장된다. 위니컷은 유아가 처음으로 '내가 아닌' 소유물로서 특정한 의미를 부여하는 사물을 첫 번째 특별한 대상물이라고 말한다. 이 첫 번째 대상은 대개 냄새가 밴 담요귀퉁이로 어디를 가든 늘 가지고 다닌다. 그것이 특별한 이유는 '내가 아닌 다른 것'이라거나 '내가 아닌 것'에 있는 것이 아니라 전이대상으로서 환상의 영역에 위치하기 때문이다. 이 전이대상에서 놀이 활동으로 발달이 진행된다. 아이는 장남감과 자기 외부의 사물을 탐험하기 시작하고 이 외부 매체의 사용 경험을 연기하기 시작한다. 이는 아동이 최초로 하나의 대상이 다른 대상으로 재현할 수 있음을 깨닫기 시작하는 상징적 놀이의 시작이기도 하다. 피아제는 상징적 놀이가 아동에게 필수 불가결하다고 말한다(1962). 상징적 놀이는 아이가 현실에 적응하는 것이 아니라 강제나 금기 없이 현실을 자기에게 동화시키는 활동 영역으로서 아동의 정서적이고 지적인 균형을 유지하게 해준다는 점에서 그렇다. 놀이가 동화를 통해 현실을 자기 필요에 따라 변형시키는 장이 되는 것이다.[24]

작은 인형들, 동물들, 사람, 인물, 그리고 물체들과 함께하는 투사 놀이는 아동을 진단하는 데 매우 유용하다. 아동이 자신과 가족, 친구 혹은 자신에게 중요한 다른 사람들을 표현하기 위해서 사물을 선택하고 연행하는 과정을 통해 훈련받은 치료자는 내담자 아동의 특별한 상황과 현재 가지고 있는 어려움들을 알 수 있게 된다. 또한 아동의 개념적 능력에 따라 투사된 물체들 뒤에 숨어있는 문제들에 대해 더 많은 이야기를 만들어 낼 수도 있다. 이 단계에서 아동은 상상력을 사용하기 시작하는데, 투사적 놀이에서 표현된 상상력을 통하여 아동이 느끼고 있는 희망과 공포를 탐색할 수 있다. 또한 미래의 가능성을 리허설하고 탐색할 수 있으며 과거에 대해 이해하는 것을

23 Penny McFarlane, 『Dramatherapy: Developing emotional stability』(London: David Fulton Publishers, 2005), 6쪽.

24 수 제닝스 외, 이효원 역, 『연극치료핸드북』(서울: 울력, 2010), 52~53쪽 참조.

시도할 수 있다. 많은 아동들에게 그들의 과거는 연결되지 않는 사건들로 혼란스럽게 뒤섞여있으며 때로는 비극적이며 혹은 폭력적이다. 예를 들어 아이의 과거 속의 특정한 인물들을 대신하는 피규어(figure)를 사용함으로써 아동은 자신의 기억 속 이야기를 꺼내놓을 수 있고, 투사물로 선택된 피규어로 연행을 하는 과정을 통해 자신의 과거 혹은 미래를 탐색할 수 있다.

인형놀이는 투사적 놀이와 역할 놀이 사이의 범주에 들어간다. 아동들은 인형을 가지고 놀면서 살아있는 존재처럼 인형과 함께 이야기를 주고받는다. 이때 아동은 인형에게 자신의 경험을 투사하게 되는데, 인형놀이가 아동들에게 중요한 것은 사회적 상호작용을 배우는 소꿉놀이로의 발전을 위한 단계가 되기 때문이다. 또한 인형놀이는 역할을 수행할 수 없거나 수행하지 않으려는 아동들에게 유용한 매개체가 될 수 있다.

투사는 연극치료 작업에서 가장 핵심적인 부분이다. 연극치료는 심리극과 달리 내담자가 겪고 있는 상황을 직접적으로 표현하기보다는 상징적인 물체, 역할 등에 자신의 이슈를 투사하고, 이를 탐험하는 과정을 통해 통찰을 갖게 한다. 안전한 가상의 치료 공간 안에서 내담자는 억압되어있던 자신의 정서를 표출하거나, 무의식을 의식화하는 과정 동안 대안적 사고를 갖게 된다. 그리고 이것은 일상에서 영향을 갖게 한다. 자신의 문제를 직접적으로 드러내게 하는 것이 아니라 투사물을 통해 가상의 안전한 공간에서 간접적으로 탐색하게 하는 과정은 내담자들에게 위협적이지 않다.

· 역할

아동들은 투사적 놀이를 발전시켜 나가며 점차 더욱 연극적인 것을 자신들의 놀이에 넣기 시작한다. 아동이 역할 놀이를 할 수 있는 시기는 약 7세부터이다. 피아제에 따르면 이 시기에 아동은 다른 관점을 가질 수 있는 능력을 갖기 시작하며 다른 사람들처럼 자기 자신을 보기 시작한다. 에릭슨은 이 단계를 '정체성 대 역할' 혼란의 시기로 본다.[25] 아동들은 자기 재현의 하나로서 '가장놀이'를 시작하며 다른 아이들과 함께 장난감과 여러 가지 대상을 가지고 놀면서 점차 다른 사람들이 된 듯 연기하는 법을 배우게 된다. 이때 역할 맡기는 자기를 유지하면서도 맡은 역할에 완전히 동일시한다는 점에서 단순히 모방이라고 할 수 없다. 4세 무렵이 되면 역할 연기를 좀 더 세련되게 발전시켜 아이들은 역할놀이와 다른 아이들의 가장놀이를 조합할 수 있다. 이 단계에서 아동은 자신의 역할에 몰입하면서도 함께 놀기와 혼자 놀기의 감각을 모두 갖고 있으며 협상기술과 사회적 상호작용의 복합적인 규칙을 익힘에 따라 놀이 또한 극적 교환의 복합성을 두루 갖춘 극적 놀이로 발전시킨다.[26] 역할단계에서는 투사를 통해 아동들이 만들어낸 이야기를 발전시킨다. 이때에 이야기는 개인이 만들 수도 있고 집단이 함께 만들어낸 이야기일 수도 있다. 아동들과의 역할 놀이에 모방, ~체하기, 의인화, 역할 취하기 등이 있으며 역할 장면을 연기하거나, 이야기 극화에서 역할의 반전, 이야기의 끝부분을 새롭게 만들기 등을 시도할 수 있다.[27] 역할이라는 매개체를 사용하여 아동들의 행동이나 숨겨진 감정과 동기에 대해 탐색할 수 있도록 하는 많은 기법들이 있는데, 이러한 테크닉 중 하나는 역할 바꾸기이다. 이것은 내담자들이 다른 관점을 보게 하고, 이해력을 고취시키고, 또한 인식되지 않은 기술 혹은 지식을 얻게 하는 결과를 가져올 수 있다. 또 다른 기법은 심리극의 기법 중 하나인 빈 의자 기법이다. 빈 의자 기법은 아동이 자신의 이야기에서 마치 다른 사람이나 창조물이 된 것처럼 말하게 한다.

연극적인 놀이는 아동의 성장에 결정적인 영향을 준다. 수 제닝스(1995: 98)는 연극적인 상상력은 살아가는 데 아주 중요하다고 말하고 있으며, 그것 없이는 우리는 상상할 수도 가설을 세울 수도 없다고 한다.[28] 체현-투사-역할 세 단계의 정상적인 진행은 아동의 건강한 발달을 기대할 수 있게 해준

25 Penny McFarlane, 7~8쪽 참조.

26 수 제닝스 외, 이효원 역, 『연극치료핸드북』(서울: 울력, 2010), 53쪽.

27 연극치료방법론 EPR에 대한 연구 중 위의 내용은 본 연구자가 『한국교육연구』제25집에 발표한 사례에서의 이론적 연구를 인용하였다.

28 Penny McFarlane, 7~8쪽 참조.

다. 그리고 일생 동안 이 단계들은 되풀이되고 자신이 선호하는 특정한 단계에 귀착되게 된다. EPR 단계는 아동에게만 국한된 것이 아니라 성인들과의 작업에서도 유효하다. 치료 작업에서는 성인의 경우에도 어린 시절 발달단계를 제대로 밟지 못하였거나 정신적 외상으로 인해 특정한 단계에 고착되어 있는 경우를 발견하게 된다. 체현단계를 건너뛴 내담자의 경우에는 내담자가 부담을 갖지 않도록 투사와 같은 간접적인 단계의 작업을 하고, 체현활동의 경우에는 가급적 세션이 어느 정도 진행된 후에 작업하거나 비교적 부담이 적은 활동으로 시작하는 것이 좋다.

2) 치유의 연극

체현-투사-역할의 패러다임은 이후 수 제닝스가 치유의 연극이라고 이름을 붙인 '현실보다 큰 드라마'로 발전되었다. 치유의 연극은 아르토에게서 영감을 얻은 의식적 연극치료이다. 현실보다 큰 '치유의 연극'은 다음 네 가지를 원칙으로 한다. 첫째, 소리와 움직임을 통한 새로운 언어의 추구, 둘째 현실보다 큰 이미지와 거대 인형의 사용, 셋째 대립물과의 대화와 화해, 넷째 승리와 절망, 질서와 혼돈, 그리고 마지막으로 형이상학의 통합을 통한 해결이다.[29]

· 소리와 움직임을 통한 새로운 언어의 추구

대부분의 심리치료와 정신분석은 언어에 의존하고 있지만 몸과 목소리에 대한 집중적인 작업을 통해서 새로운 소통수단을 찾아낼 수도 있다. 몸과 목소리의 발달은 체현단계에 속한다. 수동적이기보다는 참여적인 치유의 연극을 경험하려면 기술의 습득이 요구된다. 기술을 훈련한 뒤에야 새로운 소통양식을 찾고 실험할 수 있기 때문이다. 발리댄스, 마임, 라반 테크닉[30] 등 움

---

29 수 제닝스 외, 이효원 역, 『연극치료핸드북』(서울: 울력, 2010), 168쪽.

직임의 체계에는 여러 가지가 있으며, 그 움직임의 형태와 패턴은 창조성을 북돋운다. 치유의 연극은 체현기법 혹은 움직임과 발성의 기술로부터 출발하여 상상적 행동으로 이동하고 그 상상적 행동은 다시 움직임과 소리로서 창조의 과정으로 움직여 간다.

라반은 동작이나 행위로써 사람들은 특별한 목적과 결과를 얻으려 한다고 하였다. 인생의 어떠한 상태나 인간 운명의 결말 등을 특징적으로 골라 뽑아낸 신체 형태, 그리고 '에포트'(effort: 라반은 여덟 가지 기본적인 몸짓을 예로 들어 나타내면서, 그러한 몸짓을 내측으로부터 추진하는 힘을 '에포트'라고 함)를 배우는 알아야 한다고 하였다. 그리고 배우가 그것을 모른다면 그가 전하고 싶어 하는 가치는 인식이 불가능해진다고 한다.[31] 치유의 연극은 인생의 가치를 발견하기 위함이 우선이 아니다. 가치를 발견하기 위해 소리, 행동의 유형을 훈련하고 이를 통해 어떻게 개인과 세계가 만나고 있는지를 창조해가는 과정이다. 신체나 발성기관의 운동을 사용하여 개인의 가치 추구와 그로 인해 생기는 갈등을 표현하게 되는 것이다. 이러한 자기 반영의 과정을 통하여 인간적 책임과 행동의 자유에 눈뜨게 하는 가능성이 생성된다. 가치추구의 충동은 표현적 운동을 통해 신체 운동과 정신 운동으로 표현된다.

---

30 Rudolf Laban(1879~1958). 독일무용이론가. 무용을 운동에 의해 공간을 창조하는 예술로 보고 운동을 과학적으로 분석함으로써 '키네토그라피' '라바노테이션'으로 불리는 무용표기법을 개발했다. 이것은 운동 방향뿐 아니라 지속시간도 기록할 수 있는 획기적인 것으로 오늘날 널리 활용되고 있다. 또한 운동의 내적 추진력으로 '에포트'의 개념을 도입하여 운동의 연구영역을 확대했다.

31 Paul Valery 외, 심우성 편역, 『신체의 미학』(서울: 현대미학사, 1997), 26쪽 참조.

<표 7> (축소되고 확장된) 연극치료 발달적 패러다임과 EPR[32]

	실제보다 작은	실제 크기	실제보다 큰
체현	손가락 놀이, 신체부위/ 노래 부르기 게임	신체화 춤	신체화 확장된 움직임
투사	미니 조각상 '작은 세상'	신체와 의자 조각상 그림 그리기	큰 인형 서사적 조각상 대형 가면
역할	손 인형과 인형놀이 이야기	역할놀이 극화 즉흥연기	의식 신화 형이상학적 드라마

· **현실보다 큰 이미지와 거대 인형의 사용**

수 제닝스의 실제보다 큰 이미지라는 아이디어는 인형 조종자인 존 필립스(John Philips)에게서 힌트를 얻은 것이다. 세인트엘번대학에서 연극치료를 소개하면서 그는 폐품을 사용하여 집단인형을 만들어보도록 하였다. 집단은 하나의 이미지를 만들어내는 과정에서 서로 협력하며 사회성을 훈련할 수 있었다. 거대하게 만들어진 이미지나 인형은 움직일 수 있어야 하고 조정이 가능해야 했다. 학생들은 집단별로 만들어진 여러 개의 이미지들을 가지고 즉흥극을 통해 이야기를 연결하였다. 실제보다 큰 이미지로 작업을 하면서 학생들은 거대하게 만들어진 강렬한 이미지와 자신들을 동일시하며 창조적 에너지를 발휘하여 그 이미지에서 이야기를 끌어내었다. 현실보다 크거나 작은 인형을 만드는 것은 전문적인 기술이 요구되지만 실제보다 큰 이미지로 작업을 하면 내담자들은 실제 크기의 인형을 가지고 작업을 할 때보다 훨씬 더 모험적이고 창조적으로 변한다. 축소와 확장은 상징적인 과정이다. 실제보다 큰 접근법에 대한 이론적 설명은 첫째, 조각상의 물리적 구체화는 원초적 차원(체현)과 소통한다. 둘째, 인물의 연기는 선택의 기회와 해결책을 제공한다(투사와 역할). 그와 더불어 가면이 극적 거리와 참여를 허용하였고

32 수 제닝스, 이효원 역, 『수 제닝스의 연극치료 이야기』(서울: 울력, 2003), 263쪽.

내담자들의 허약한 방어막은 구조에 의해 강화된다.[33] 거대 인형의 이미지는 내담자들에게 확장된 움직임과 정서를 갖게 한다. 확장된 움직임은 정서에 영향을 주고, 정서의 극대화는 더욱 확장된 움직임으로 표현되어 서로를 반영한다. 내담자는 거대 인형이라는 가면으로 자신의 내면이 가려졌다는 안전함을 갖고 억압된 정서를 끌어내게 된다. 이는 자신이 투사된 거대 인형이라는 물체로 자신을 가림으로써 오히려 내면의 숨겨진 얼굴을 극대화하여 드러내게 되는 것이다.

가면에는 '가림'과 '드러냄'의 특성이 있다. 가면을 착용함으로써 내담자는 자신의 내면의 문제를 안전하게 꺼낼 수 있게 된다. 가면을 착용한 내담자는 가면에 문제를 투사하고 극적 거리를 두고 바라봄으로써 내면을 치유하게 된다. 연극치료에서 가면의 치유적 기능은 첫째 무의식의 발현, 둘째 적절한 미적 거리의 획득, 셋째는 극적 탐험의 경험이다. 가면을 사용함으로써 우리는 다른 시각으로 우리 자신을 바라보게 된다. 그럴 때 가면은 '위험한 자기'나 '위험을 느끼는 자기'를 안전하게 보호하는 그릇이 된다.

· **대립물과의 대화와 화해**

치료자가 만나는 사람들 중에는 자기가 극단적인 상황이나 극단의 정서상태만을 가지고 있다고 편향적으로 생각하는 사람들이 많이 있다. 이런 경우 병원에서는 정신질환이나 인성장애, 신경증 등의 진단을 내릴 것이다. 그러나 진단명이 없는 경우에도 교도소의 수감자들 중 위와 유사한 사고의 편향성을 나타내기도 한다. 철저하게 자신이 나쁜 사람이라고 생각하거나 착한 사람 콤플렉스를 가지고 있다거나, 완전히 미쳤다거나, 전혀 가망이 없다고 생각하기도 한다. 이러한 자기 이미지를 가지고 있는 내담자들에게는 대립물을 만나게 해줄 필요가 있다. 대립물의 극적 이미지를 빌어 자기 이미지와 반대 극에 있는 이미지와 만나게 하고 대화하게 하는 것이다. 신화와 드라마

---

33 수 제닝스, 앞의 책, 264~267쪽.

의 대부분은 이러한 대립되는 양극에서 구축된다. 선함/악함, 빛/어둠, 천국/지옥, 태양/달 등 대립하는 양극은 흔히 동일한 것의 서로 다른 양상이라기보다는 상호배타적인 것으로 간주된다.[34] 치유의 연극에서는 선함과 악함과 같은 전형적인 장면을 현실에서보다 큰 표현으로 만들기 위해 어떤 자세와 어떤 소리가 적절할지를 찾고 과장되게 만든다. 그리고 선함과 악함, 양극의 다른 이야기에 귀를 기울이게 한다. 이 과정에서 배타적인 양극단의 이미지는 서로 다른 것이 아니며, 선함은 악함에 의해 존재하고 빛은 어둠이 있기 때문에 존재하게 된다는 것을 발견하게 된다. 자신의 내면에 자리 잡고 있는 자아의 다른 측면을 발견하고 자신 안에 또 다르게 존재하는 그림자를 통합하는 것이다.

융(Carl Gustav Jung, 1875~1961)의 분석심리학적 정신치료에서는 '변증법적 자세'의 치료를 중요시한다. '변증법적 방식'은 내가 아직 모르는 어떤 개인과 나라는 개인과의 대화이다.[35] 내담자가 자기 내면의 또 다른 측면을 발견할 수 있도록 하는 변증법적 대화를 시도할 때 치료자는 자신이 내담자를 지배하고 영향을 주고 있다는 마음을 버려야 한다. 융의 분석심리학적 정신치료는 환자 개인의 무의식을 의식화하는 과정으로 개성화를 지향하며, 인간을 철저하게 대극의 존재로 파악하고 이해하려는 관점을 가지고 있다. 융은 인간의 심리는 의식과 무의식, 자아와 그림자, 외적 인격(페르소나)과 내적 인격(아니마/아니무스)[36]이라는 정반대의 성질을 가진 두 개의 극으로 이루어져 있으며, 인간의 생리현상도 이 양극 사이에 흐르고 있는 심리적 에너지 때문에 가능하다고 하였다. 이것을 리비도라고 하였는데, 프로이트가 리비도를 성적인 영역에 국한시켰던 것에 반해 융은 리비도를 인간의 의식과 무의식 사이에서 보상원리에 의해 스스로를 조절해 나갈 수 있는 심리적 에너지로 그 개념을 확대하였다. 그리고 그 리비도는 의식과 무의식, 자아와

34 수 제닝스 외, 이효원 역, 『연극치료핸드북』(서울: 울력, 2010), 175쪽.

35 이부영, 『분석심리학』(서울: 일조각, 2009), 238쪽 참조.

36 아니마는 간단히 말해 남성의 무의식속에 있는 여성적 요소이며, 아니무스는 여성의 무의식 속에 있는 남성적 요소이다.

그림자 등 인간 정신의 대극들 사이에서 어느 한쪽이 일방적으로 강화되지 않도록 적절하게 조정된다고 하였다.

프로이트에게 무의식은 개인적인 성질이다. 잊혀지고 억압된 내용의 저장처이며 실제적 의미를 갖는다. 프로이트는 내담자의 마음속에는 증상의 의미를 숨기고 있는 명확한 무의식적인 과정이 있고, 그 의미가 무의식적이기 때문에 증상이 나타난다는 것이다. 그는 무의식적인 과정을 의식으로 끌어내면 증상이 사라지고 이를 통해 정확한 치료방법을 찾을 수 있다고 하였다.[37] 프로이트에게 의식은 알거나 느낄 수 있는 경험과 감각을 말한다. 그러나 의식하고 있는 순간이 지나거나 다른 곳으로 주의를 돌리면 그 의식의 내용은 전의식이나 무의식으로 들어가게 된다. 전의식은 의식과 무의식 사이를 연결하는 통로이다. 바로 의식되지는 않으나 노력을 통해 의식화할 수 있으며, 무의식의 내용은 전의식을 통하여 의식으르 나타나게 된다. 무의식은 의식되지 않고 있지만 의식적 사고와 행동을 통제한다. 의식에서 억압된 경험이나 기억이 무의식으로 들어가고, 잠재된 것들이 어떤 충동이나 일과 연상되면 불안을 느끼고 무의식적인 갈등이 일어나게 된다. 프로이트는 무의식을 의식화하기 위해서 자유연상 기법을 사용하였다.

융은 어느 정도 표면에 있는 무의식의 층은 명백히 개인적이며 그것을 개인적 무의식이라고 불렀다. 그러나 이 개인적 무의식은 개인의 경험이나 습득에 의하지 않고 태어날 때부터 가지고 있는 더 깊은 층위의 토대에 있다. 이보다 더 깊은 층은 집단적 무의식이다. 집단적이란 표현은 무의식이 개인적인 것이 아닌 보편적 성질을 가지고 있기 때문이다. 그것은 개인적 정신과는 달리 모든 개인에게 똑같은 내용과 행동양식을 가지고 있으며, 모든 인간에게 동일하게 존재하는 초개인적 성질을 지닌 보편적 정신의 토대를 이루고 있다.[38] 개인적 무의식의 내용이 개인적 정신생활에서 친숙한 콤플렉스[39]

37 Sigmund Freud, 최석진 역, 『정신분석 입문』(서울: 돋을새김, 2009), 196쪽.

38 Carl Gustav Jung, 『Grundwerk C. G. Jung Archetyp und Unbewubtes』(Olten: Walter-Verlag, 1984), 융 저작번역위원회 역, 『원형과 무의식』(서울: 솔출판사, 2002), 105~106쪽.

39 이미지, 원상(images) 그리고 생각들의 집합이다. 콤플렉스가 작용하기 시작하면, 개

라면, 집단적 무의식의 내용은 원형(原型)이다. 원형은 인간을 인간답게 하는 가장 기본적인 조건이며 문화적인 전통과 가치관의 차이를 넘어서는 것이다. 원형은 시간과 공간, 인종의 차이를 넘어 태곳적부터 현대에 이르기까지 반복되고 있는 인간의 선험적인 행동유형이다. 죽음, 사랑과 미움, 남성과 여성 등, 태초로부터 느끼고 생각하는 모든 것들이며, 그 존재는 언제 어디서나 발견되는 이야기의 핵인 신화와 민담의 세계에서 발견할 수 있다.

융은 의식의 중심으로서의 자아는 정신의 의식된 부분에 불과하므로 그것이 나의 전체를 통괄하고 자각하려면 무의식적인 것을 하나씩 깨달아가는 의식화의 과정이 필요하며, 그 과정에서 제일 먼저 부딪치게 되는 무의식의 내용이 그림자[40]라고 하였다. 그림자는 자아의식의 무의식적인 부분을 말하며, 아직은 어둠 속에 가려져 잘 보이지 않는 자아의 일부분이다. 원형적 그림자는 누구나 마음속에 가지고 있는 것이고, 그 그림자가 개인의 의식을 지배하고 제어할 수 있는지 없는지의 차이가 있을 뿐이다. 원형성이 갖는 선함/악함, 빛/어둠 등은 고정불변의 것이 아니고 서로 바뀔 수 있다. 선함은 사람들의 일반적인 기준인 '좋다'라고 인식하는 것에 있지 않으며 악함 또한 무조건 피할 수 있는 것이 아니다. 선과 악은 둘이 합쳐져 전체를 이루는 것이다. 극단적인 사고 편향을 갖고 있는 사람들에게 대립물을 만나게 하고 대립물과의 대화와 화해를 하는 과정은 자기실현의 과정이 된다. 그림자의 존재를 깨닫는 것은 내 안에 나 스스로가 싫어하고 비난하는 열등한 성향이 있다는 것을 인식하는 것이다. 그러나 나의 그림자를 인식하는 것만으로 그림자를 나의 일부로 수용할 수 있는 것은 아니다. 그림자가 나의 일부가 되려면 그동안 자신의 내면 중 좋지 않다고 생각하였던 부분을 적극적으로 체험해 보아야 한다. 이 과정은 도덕적 갈등을 일으키게 할 수도 있다. 자신을 선한 존재라는 울타리로 한정짓고 있는 사람들은, 자신의 내면 한 측면에 자리하

인이 의식하든 하지 않든 행동과 정동에 영향을 미친다. 한 개인의 다양한 경험, 특히 유아기와 아동기의 개인적인 구성 요소와 원형적인 구성 요소를 연결시켜 준다.

40 이부영, 『분석심리학』(서울: 일조각, 2009), 60쪽.

고 있지만 스스로 부정하고 있는 악함을 수용하는 것이 쉬운 일일 수는 없다. 그러나 자기실현이을 하려면 도덕적 규범과의 갈등을 이겨내는 용기가 필요하다. 그림자를 의식적으로 표출함으로써 그림자에 의한 무의식적인 지배를 막을 수 있고 그림자를 통해 그 속에 담겨있는 창조성을 일깨울 수 있다. 자기실현의 과정 중 그림자를 의식화하는 다음 단계에는 심혼(아니마), 심령(아니무스)의 의식화가 뒤따른다. 이러한 과정을 통해 인간은 자기실현을 하게 되는데, 자기실현 또는 개성화(個性化)란 결국 자기 전체의 인격을 실현하는 것을 말한다. 융은 인간은 누구나 자기실현을 할 수 있는 가능성을 갖고 있다고 생각한다. 그는 정신적인 질환인 노이로제[41]는 그 의미를 아직 발견하지 못한 마음의 병이며, 개성화 방법의 원칙이 무너진 불균형 상태에서 온다고 보았다. 그 불균형은 한 개인이 과도하게 본능적 충동의 지배를 받는 경우와 또 하나는 그 균형이 명확한 의식을 선호하는 쪽으로 너무 기울어져 있는 경우라 하였다.

· 승리와 절망, 질서와 혼돈

수 제닝스는 재소자 집단을 대상으로 태양의 이미지와 달의 이미지로 가면을 만드는 작업은 흥미로운 조합이 되었다고 하였다. 가면 속에 드러난 것은 승리/절망과 질서/혼돈에 가까웠다. 한 가면은 약물, 술, 절정, 아찔한 재미와 같이 공허하고, 입을 크게 벌리고 돈으로 만든 치아가 붙어있는 전체적

---

41 여러 가지 의미로 쓰이는데, 신경증 또는 심적 반응의 한 형(形)을 말하는 경우와 정신병질 또는 이상성격의 한 형으로 쓰이는 경우로 크게 나눈다. 신경증의 한 형으로는 심적인 갈등의 해결을 수의운동(隨意運動) ·지각 ·의식의 장애나, 여러 가지 기관의 기능장애 등 가지각색의 신체적 증세를 일으키는 현상에서 전환하여 벗어남으로써 회피하려고 하는 메커니즘이 확실한 것을 가리킨다. 그러나 벗어나려는 의도는 물론, 때로는 심적 갈등 그 자체조차 환자 자신에게는 의식되지 않는 경우도 있으나 쉽게 감지될 수 있는 경우도 적지 않다. 히스테리라는 말이 정신병 또는 이상성격의 한 형으로 사용되는 경우는 자기중심적으로, 항상 남의 이목을 집중시키는 것을 바라고, 오기가 있고, 감정의 기복이 심한 성격, 또는 현시성(顯示性)인 병적 성격을 가리키는 일이 많다.

으로 절망의 느낌을 주는 것이었다. 또 다른 가면 역시 온통 검은 칠에 '악함의 종기'를 가진 절망에 가까운 가면이었으며 집단 역시 그렇게 인식했다. 세 번째 가면은 길을 잃고 물음표를 달고 있었다. 그리고 양측(따뜻함/차가움)의 위험을 담은 마지막 가면은 의기양양한 모습이었고 움직임을 통해 현재의 상태를 다른 상태로 옮겨가는 모험을 감행했다. 가면을 만들었던 사람들은 가면 작업을 통해 다른 사람들뿐 아니라 자기 자신을 신뢰하는 법을 배워야 했다고 한결같이 고백했다.[42]

· **형이상학의 통합을 통한 해결**

치유의 연극에서 의식(儀式) 드라마를 사용하는 것은 합의에 이르거나, 행위화한다거나, 문제해결과 같이 단순히 기능적인 차원뿐 아니라 마땅하게 느끼는 것, 다시 말해 특정한 극적 형식이 자신에게 최선의 방식임을 느끼고 또 그러한 것으로 인식하는 것이다.[43] 치유의 의식연극은 연극치료 형식을 통해 스스로 통합을 인식하는 것이다. 대극의 통합인 자기실현의 과정에는 자아의식의 형성과 강화 그리고 페르소나도 포함되어 있다. 그것은 자아가 사회적 역할에만 충실하게 동일시하는 것, 또는 사회규범을 무시하고 세속을 떠나거나 개인지상주의를 말하는 것이 아니다. 자기실현은 사회적 규범과 필요성을 인정하고 때로는 능동적으로 사회에 참여하고 때로는 자기 안의 세계에 자신을 맞추는 것이다. 자기실현은 자기와의 일치가 가장 강한 사람이 행하는 것이며 그 사람은 가장 평범한 사람의 모습을 갖춘다.

---

42 수 제닝스 외, 이효원 역, 『연극치료핸드북』(서울: 울력, 2010), 176~177쪽 참조.
43 수 제닝스 외, 위의 책, 179쪽

5. 연극치료에서 전반적으로 적용되는 심리학

이번 장에서는 연극치료에서 전반적으로 적용되고 있는 심리학 이론들에 대해 소개한다. 심리학이론 중 인지발달이론과 행동주의 이론, 인본주의 심리학은 연극치료 전반의 접근방법에 영향을 주고 있다. 피아제의 인지적 발달단계에 대한 연구는 드라마 발단단계와 연결되는데, 연극적 행위를 발달단계의 개념으로 사용하는 것은 인간의 성장과정을 놀이 드라마의 발달개념으로 바라보는 것이고 이를 통해 발달단계를 이해할 수 있기 때문이다. 행동주의적 접근은 강화와 처벌, 주장훈련과 사회기술훈련, 현실 생활에 기초한 방법 등에 대해 연구한다. 인본주의 심리학은 매슬로우와 칼 로저스의 이론을 통해 연극치료에서 내담자를 존중하는 치료환경을 설명한다.

5-1. 인지발달

인지는 사람이 지식을 획득하게 되면서 사물을 알게 되는 과정, 지식을 활용하여 문제를 해결하고자 하는 정신적 활동을 말하며 이런 인지과정을 통하여 사람은 주위세계를 이해하면서 적응할 수 있게 된다. 인지발달이란 개인이 연령에 맞게 발달해 가면서 이에 따르는 인지의 변화를 말한다.[1] 연극치료에서 발달적 접근은 인생의 각 단계별로 특정한 주제가 있음을 드라마가 발달되어 가는 과정을 통해 이야기하고 있다.

본장에는 피아제의 인지발달단계를 리차드 코트니의 드라마 행위의 발달단계, 필 존스의 놀이-드라마 연속체 개념과 연관하여 논의한다. 피아제의 인지적 발달단계는 아동의 연령과 놀이의 유형을 연결짓는다. 놀이는 아동의 지적 발달과 성장, 그리고 사고과정과 영향을 주고받기 때문이다. 이러한 인지적 발달과정을 리차드 코트니는 드라마 행위의 발달단계로, 필 존스는 발달상의 놀이와 드라마의 개념으로 놀이-드라마 연속체와 연관짓는다.

리차드 코트니의 드라마 행위의 발달단계, 필 존스의 놀이-드라마 연속체 개념 외에도 수 제닝스의 극적 발달 패러다임인 EPR 까지 연극치료의 발달적 접근은 모두 심리학에서 사용되어오던 개념들로 심리적, 신체적, 정서적, 도덕적, 감정이입적 발달을 포함한 모든 것의 모태가 되는 극적인 발달을 의미한다. 연극치료에서 발달적 접근은 아동의 총체적 발달에 기초한 이론들이며 각 학자들마다 발달단계의 분류는 상이하지만 인간의 성장과정을 놀이 드라마의 발달개념으로 바라본다는 것은 공통적이다.

본 장에서는 피아제의 인지적 발달을 연극치료의 발달적 접근 중 리차드 코트니의 드라마 행위의 인지적 발달단계와 필 존스의 놀이-드라마 연속체 개념의 인지적 발달과 연관지어 연구하였다.

그러나 연극적 행위를 발달단계의 개념으로 사용하는 것은 인지적 발달뿐만 아니라 정서적, 사회적인 발달 단계가 통합된 내담자들의 발달상 단계를 이해하는 것이고, 연극치료에서 내담자의 극적 발달단계의 변화는 인지적이거나 사회적인 변화를 동반하게 된다.

---

1 Daniel L. Schacter & Daniel T. Gilbert & Daniel M. Wegner, 『Psychology』(New York: Worth Publishers, 2008), 민경환 외 공역, 『심리학 개론』(서울: 시그마프레스, 2011), 337~339쪽.

1) 피아제 인지발달

피아제[2]는 인지발달 연구에 큰 공헌을 한 심리학자이며 지능이란 무엇인지, 지식은 어디서부터 오는 것인지에 대한 답을 찾기 위해 인간이 기본적인 지적 능력을 획득하는 과정에 대해 연구하기 시작하였다. 그는 인지구조의 변화가 여러 단계를 거쳐 이루어진다고 보았다. 각 단계는 선행된 단계의 구조가 다음 단계로 이행하면서 그다음 단계의 구조로 합쳐져, 통합된 사고의 도식을 지니게 된다는 것이다. 이러한 단계가 나타나는 순서는 누구에게나 일정하지만 각 단계에 맞게 도달할 수 있는 연령은 개인의 경험과 스스로의 동기 수준, 사회·문화적 환경에 따라 다를 수 있다고 하였다.

피아제의 이론에 따르면 경도 정신지체아동들은 비장애 아동에 비해 발달은 느리지만 발달단계에 따른 발달이 이루어지는 것으로 추측된다. 대부분의 정신지체아가 피아제의 발달단계에서 처음 두 단계를 벗어나 자연스럽게 발달하는 것처럼 보이지 않지만 성장은 나타난다. 성장을 위해서는 일반적으로 아동에게 사회적·인지적 발달을 최대화할 수 있는 환경을 제공하는 조기교육이 중요한데, 가족구성원의 참여와 자극이 인지발달의 많은 부분과 관련되어 있다. 그러나 정신지체 아동들에게는 일반적인 자극만을 제시함으로써 또래와 같은 효과를 얻을 수는 없다. 더욱 특별하고 자극이 있는 특정한 경험들이 제공될 때 정신지체 아동의 인지발달이 보다 효과적으로 이루어질 수 있다. 이러한 특정한 경험을 통하여 정신지체아동은 개념을 발달시키며 사건을 상징과 언어로 상징화시켜나간다. 정신지체아들은 비장애 또래

---

2 Piaget Jean(1896~1980): 그의 연구의 특징은 임상법에 있다. 정신병 환자의 임상진단 방법을 응용하여, 어린이와 대화를 나누면서 어린이의 사고과정의 하부구조를 밝히는 것이다. 그의 연구에서 밝혀진 것은 어린이의 사고가 자기중심적이라는 사실이었고, 인간의 지식과 생물학적 지능의 본질에 관한 독창적인 견해는 과학적 접근방법이라는 데 특징이 있었으며 과학으로서 인식론을 창시하였다. 감각운동적 지능 단계로부터 시작하여 표상적 사고의 단계, 구체적 조작의 단계를 거쳐 형식적 조작의 단계에 이르는 발달과정을 밝혔다.

들과 유사한 발달 경향을 보이지만 그 속도가 느리다. 경도의 학령기 정신지체아동은 성인이 될 때까지 전조작적 수준에 도달할 수 있을지 모르지만 구체적 조작기의 가장 초보적인 단계에 도달하지 못할 수도 있다. 중도, 최중도의 정신지체아동은 감각운동기와 전조작기에 고착되고 다음 단계의 인지발달로 나아가지 못할 수도 있다.[3] 피아제는 인지 발달단계를 네 단계로 나누고 다시 각 단계를 하위단계로 세분하였는데 내용은 다음과 같다.

(1) 감각운동기(출생~2세)

유아는 태어나서부터 2년 정도까지는 언어적 기능보다는 빨기, 보기, 잡기, 밀기 등의 감각-운동적 조절에 의해 외부환경을 받아들이고 적응해 나가기 때문에 이 시기를 감각운동기라 부른다. 이 시기의 발달은 매우 빨라서 초기에는 반사행동으로 움직이다 적응반응을 반복하면서 그 후에는 감각-운동적이지만 지적인 행동도 어느 정도 할 수 있게 된다. 감각운동기에는 대상영속성(아래 <표 7> 참조)이 형성되는 시기이며 이때 형성된 인지적 구조는 이후에 나타나는 인지발달의 기초적 역할을 하게 된다. 피아제는 이 감각운동기를 다시 6단계로 나누고 있으며 각 단계는 다음 <표 8>과 같다.

<표 8> 감각운동기의 하위 6단계[4]

하위 단계	적응행동	대상영속성
1단계 반사단계 (0~1개월)	타고난 반사행동(예: 빨기, 보기, 잡기)	대상이 사라지면 무시한다.
2단계 1차 순환 반응단계	간단한 습관형성의 단계 영아 자신에게 우연하게 일어난 신체적 반응을 스스로 반복한다 (예: 손가락을 폈다 오므렸다 하는 행동을 반복)	대상이 사라진 장소를 쳐다본다.

3 최중옥·박희찬·김진희, 『정신지체아 교육』(경기도: 양서원, 2002), 103~106쪽 참조.

(1~4개월)	여러 행동의 협응이 나타난다(예: 물건을 보고 그것을 잡고 입에 넣는 행동)	
3단계 2차 순환 반응단계 (4~8개월)	순환 반응이 환경의 사물로 확대되어 사물의 반복되는 활동을 좋아한다. 유아의 행동에 어떠한 반응결과를 가져올 때 그것의 흥미를 느끼며 순환반응을 한다(예: 딸랑이나 장난감을 요람 밖으로 내던지기)	대상이 일부분 감추어져 있으면 찾아낼 수 있으나 완전하게 감추어지면 찾지 못한다.
4단계 2차 순환반응의 협응단계 (8~12개월)	목표 지향적이고 의도적인 행동을 하기 시작한다.(예: 나무토막을 가지고 놀던 영아가 싫증이 나서 그것을 옆으로 밀어놓고 다른 장난감이 있는 곳으로 기어간다. 영아는 장난감을 헤치며 고무공을 잡는다. 이때 헝겊인형이 공 위에 떨어지면 그 인형을 밀치고 그 공을 다시 잡는다.)	숨겨진 대상을 찾아낸다. 그러나 어떤 대상을 일정한 곳에 숨겼다가 이를 이동시키면 첫 번째 숨겼던 장소에서 그 대상을 찾는다.
5단계 3차 순환 반응단계 (12~18개월)	흥미로운 결과를 재연하기 위해 창의적이고 실험적인 행동을 되풀이하면서 새로운 방법을 탐색하고 발견하는 단계이며 의도적인 모방도 점차 정확해진다.	유아가 대상을 이동시키는 것을 목격하였을 경우에는 숨겨지는 장소가 여러 번 바뀐다 해도 그것을 찾아낸다. 하지만 보지 못하게 이동했을 때에는 이전 장소에서 찾는다.
6단계 내적 표상 시작단계 (18~24개월)	사물을 정신적 심상을 통해 표상하여 머릿속에서 그려 볼 수 있게 되며, 과거에 관찰했던 행동을 모방하는 지연모방이 가능해진다. 정신적인 수준에서 시행착오를 경험하지 않고 문제를 해결한다.	보이지 않게 이동했을 때에도 숨겨진 대상을 찾아낸다.

4 Margaret Boden, 『Piaget』(London: Harper Collins Publishers Ltd., 1994), 서창렬 역, 『피아제』(서울: 시공사, 1999), 69~94쪽 참조.

(2) 전조작기(2세~7세)

사물에 대해 표상하는 능력이 향상되었지만 문제를 풀거나 논리적인 사고를 할 때 조작적 사고를 할 수 없기에 이때를 전조작기라 부른다. 이 시기는 전개념적 사고기와 직관적 사고기로 나눌 수 있는데, 전개념적 사고기는 2~4세경 상징적 기능이나 추론이 점차 보이는 시기이며 직관적 사고기는 4세경부터 시작되고 좀 더 유추적 논리와 판단을 하게 되면서 피아제가 직관이라고 부르는 전논리적 표상능력을 갖는다.

전조작기의 유아들은 먹을 것이 눈앞에 없을 때에도 마음속에 먹을 것을 생각하고 그것을 요구한다. 이같이 눈에 보이지 않는 사물을 생각하여 사물을 나타내는 상징을 만들어 낼 수 있는 기능이 발달되기 때문에 언어사용이나 그림 등을 인지과정에서 사용할 수 있게 되는 것이다. 이 시기에는 감각운동기 마지막 단계에서 시작되는 지연모방이 급격하게 증가하며, 소꿉놀이를 하면서 엄마가 되거나 나무토막을 비행기로 여겨 가지고 노는 등 놀이 속에서 자신이나 다른 물건들을 현실과 다른 것으로 받아들여 노는 상징적인 놀이를 할 수 있게 된다. 또한 전조작기의 유아들은 다른 사람의 생각이나 감정을 충분하게 이해하기 어렵고 자신의 입장에서만 세상을 바라보는 경향이 있는데 이를 자기중심성이라고 한다. 이러한 자기중심적 사고로 인해 주위환경에 대한 이해가 제한적이기 때문에 이때에는 마음의 생각이 실제로 존재한다고 믿는 실재론, 무생물도 살아있는 존재라 생각하는 물활론적 사고특성이 나타난다.

(3) 구체적 조작기(7~12세)

전조작기에서보다 더 성숙한 인지구조가 형성되어 구체적인 사물과 행동을 다루는 데 논리적이지만 형식적조작기에서만큼 추상적 사고와 같은 복잡한 인지적 수준에는 도달하지 못한다. 가족, 또래친구들과의 사회적인 경험이 늘어나고 언어의 사용이 활발해지면서 전조작기의 자기중심성은 감소하여 탈중심화 능력이 생기게 된다. 이에 따라 자신의 생각과 또 다른 생각을 할 수 있다는 것을 알게 되면서 사고과정의 폭이 넓어진다.

구체적 조작기에는 머릿속에서 조작을 거꾸로 수행할 수 있음을 이해하는 가역성을 획득하기 때문에 논리적으로 사고의 조작이 가능해진다. 논리적 조작은 사물을 특정 기준들에 의해 나눌 수 있는 분류, 모양이 변했더라도 변하기 이전과 같은 대상이기 때문에 질이나 양이 변화된 것은 아니라는 것을 알 수 있는 보존, 목표하는 기준에 따라 배열하는 서열 등에서 나타난다. 또한 수평, 수직개념을 획득하여 공간조작도 가능하게 된다.

(4) 형식적조작기(12세 이상)

인지발달 중 마지막 단계로 구체적인 대상이 없어도 추상적 사고를 할 수 있는 능력이 있으며 피아제에 의하면 인지적인 성숙이 이루어지는 시기이다. 형식적조작기에는 가설 연역적 추리의 능력이 생겨 문제에 대한 가능성 있는 해결방법들을 생각해보고, 체계적으로 그 방법들을 평가하여 결정할 수 있게 된다. 이 시기의 청소년들은 자신의 직접적인 지각이나 과거의 경험, 지식에 구애받지 않고 사물을 바라볼 수 있으며 새로운 가능성의 세계를 찾아 상상이 가능하게 된다. 즉, 실제로 경험하지 않아도 논리적 행동을 계획할 수 있으며 수학 및 이론적 과학의 이해가 가능해지는 것이다. 형식적 사고는 사춘기 시기의 청소년들에게 자신의 인생에서 경험할 수 있는 것이 어떠한 것이 있는지 생각하게 하고, 안정된 자아정체감을 형성할 수 있도록 하며, 타인에 대한 심리적 조망이 가능하도록 해준다.[5]

5 최경숙, 『아동발달심리학』(서울: 교문사, 2006), 131~155쪽 참조.

2) 리차드 코트니[6] 드라마 연령 발달단계

리차드 코트니는 인지적 발달과정은 인간이 성장함에 따라 연극적 행위에서 나타난다고 한다. 우리는 감각(시각, 청각, 촉각, 미각, 후각)을 통해 지각하고 정신은 지각한 것을 가지고 이미지를 창조한다. 이미지는 사고나 이미지화를 구성하는 이미지들과 결합한다. 즉 자신의 인식적인 구조(스키마)에 동화시키며 이미지화를 하게 된다. 이것은 인간의 사고와 행동을 이끌게 된다. 이러한 인간의 사고와 행위는 발달단계마다 다르게 나타나는데 특정한 연령집단 안에는 확실하게 공통된 패턴을 보인다. 심리학자들은 연극적 행위를 발달단계의 개념으로 사용하는데, 연극적 행위를 통해 특정한 발달단계를 명백하게 이해할 수 있기 때문이다.

연극적 행위는 인간이 성장함에 따라 발달하고 연극적 행위가 발달함에 따라 삶의 각 단계에서 다르게 나타난다. 피아제에 의하면 어린이는 갈등과 흥미, 충분한 대화와 토의, 자유, 그리고 스스로 선택한 과제를 적절하게 독창적인 방법으로 배운다. 이것은 드라마와 매우 밀접하게 연관된다.[7]고 하였다. 인간의 행위는 총체적인 인간 존재의 발달을 보여주고, 행동은 모든 발달 형태의 요소와 연관된다. 예를 들어 어머니에게 혼난 네 살 아이는 몇 시간 후에 놀이 속에서 자신의 인형을 혼내주고 있다. 그 아이의 극적 행동은 사건(인식)에 대한 자신의 지식과 추리, 타인과 함께하는 감정(정서), 타인에 대한 감정이입, 선별감(미학적인)을 반영하고 있다. 행위는 삶에 있어 모든 형태의 발달 통합체라고 할 수 있다. 리차드 코트니는 드라마 행위[8]는 다음과 같은 발달단계에 따라 성숙한다고 하였다.

---

6 Richard Courtney, 교육연극과 드라마와 치료 그리고 예술교육의 세계적인 권위자이다.

7 Richard Courtney, 『The Dramatic Curriculum』, 황정현 역, 『교육연극 교육과정론』(서울: 박이정, 2010), 91~93쪽 참조.

8 Richard Courtney, 앞의 책, 101쪽.

1. 동일시 단계(0~10개월)
2. 인격화(체현) 단계-배우로서의 아이(10개월~7세)
   - 최초행동(10개월)
   - 상징놀이(1~2세)
   - 순차놀이(2~3세)
   - 탐구놀이(3~4세)
   - 확장놀이(4~5세)
   - 유연놀이(5~7세)
3. 모둠드라마 단계-계획자로서의 어린이(7~12세)
4. 역할 단계-소통자로서의 학생(12~18세)

'최초 행동'의 단계에서 '상징놀이'의 단계로 발달되면 아이들은 '마치~인 것처럼' 생각한다. 행하고 싶은 것을 상상하는데, 예를 들어 자신이 마치 비행기인 것처럼 행동할 수도 있다. '순차놀이'의 단계에서 아이들은 행동의 순서를 결정하고 문장을 발달시키고 부모의 일상을 재현한다. '잠깐'과 같은 기초적인 시간의 개념을 이해하고 관찰한 내용의 모방을 즉시적이지 않고 시간이 경과한 후 모방하기도 한다. 숨바꼭질 놀이, 소꿉놀이가 시작되는 단계이다.

'탐구놀이'의 시기에 아이들은 끊임없이 '왜?'라는 질문을 한다. 이 시기의 아이들은 역할을 맡아 모둠놀이를 하고 옛날이야기를 연기한다. '확장놀이' 단계에서는 자신의 경험과 능력을 확장하고 상상적인 역할을 발달시킨다. 인형을 사용하고 문장이 발달하여 이야기를 만들어낼 수 있다. '유연놀이' 단계에서는 사회적 역할을 연기하고 모방하는 연기를 한다. 이 시기의 아이들은 유치원에서 있었던 일들을 집에서 '유치원 놀이'로 할 수 있다. 실제 있었던 상황을 드라마로 변형함으로써 상황에 대한 이해를 하고 이전에 있었던 경험들과 연관짓게 된다. '모둠드라마' 단계에서 아이들은 공동체를 이루고 자신과 타인이 할 일들을 계획한다. 구조적인 행동을 만들기 위해 즉흥이 시도되는데 이는 공연극의 시작이기도 하다. 역할에 대한 정서가 생기고 자신의 우월감을 나타내는 이야기가 나타난다. '역할단계'의 전반기에는 즉흥극을 할 때 추상적 사고를 할 수 있는 형식적조작기의 특성을 나타낸다. 이 시기에 추상적으로 사고하는 능력은 실제의 나와 이상적인 나를 상상할 수 있다는 것을 의미하고 창의적인 글쓰기와 짧은 대본이 만들어질 수 있다. 후반기의 작업에서는 드라마 작업에서 자신의 인격과 역할의 인격 간의 의사소통이 주된 관심사이며 대본들을 보며 실제의 문제를 탐구하게 된다.

인간의 행위는 삶에 있어서 발달적 통합체로서 드러난다. 리차드 코트니는 인간의 발달적 통일체로서의 행위를 지각을 이미지/이미지화하고 인지발달, 정서발달, 도덕발달, 감정이입발달, 미적발달, 심리-조작의 발달 정도에 의해 행위 되는 드라마발달단계로 제시하고 있다.

<표 9> 발달단계의 비교[9]

나이	드라마	인지적	정서적	도덕적	감정이입적
0-10개월	동일시	감각-조작기	신뢰/ 불신	자기중심적	확산된 감정이입
10개월-7세	인격화:배우				
	10개월 최초 행동	감각-조작기	신뢰/ 불신	자기중심적	감정이입적 고통
	1-2세 상징놀이	감각-조작기	신뢰/ 불신	자기중심적	역할수행
	2-3세 순차놀이	전조작기	신뢰/ 불신	자기중심적	역할수행
	3-4세 탐구놀이	전조작기	자율성/ 수치 및 의심	자기중심적	역할수행
	4-5세 확장놀이	직관적 조작기	자율성/ 수치 및 의심	자기중심적	역할수행

9 Richard Courtney, 『The Dramatic Curriculum』, 황정현 역, 『교육연극 교육과정론』(서울: 박이정, 2010), 103쪽.

	5-7세 유연놀이	직관적 조작기	주도성/ 죄악감	자기중심적	정체성 지각
7-12세	그룹 드라마: 계획자	구체적 조작기	근면성/ 열등감	개인주의	복합 역할 감정이입적 동정
12-18세	역할: 의사소통자				
	12-15세 역할 "외형"	형식적 조작기	자아정체감/ 역할 혼미	간(間) 개인적	감정이입적 동정
	15-18세 역할 "진실"	형식적 조작기	친밀감/ 고립감	사회적 제도	감정이입적 동정

리차드 코트니는 드라마행위의 발달을 인지적 단계는 피아제의 인지적 발달단계, 정서적 단계는 에릭슨의 정서발달단계, 도덕성의 발달은 콜버그의 도덕성 발달단계, 그리고 호프만의 감정이입단계와 연관 짓는다.

인지적 발달은 피아제가 말한 대로 어린이의 연령과 놀이의 유형을 연결 짓는 인지적 발달단계, 감각운동기-연습놀이, 전조작기-상징놀이, 구체적 조작기-규칙이 있는 게임과 같은 발달단계로 구분되고 발달 이행된다. 이러한 드라마적 행동의 발달단계가 내담자들의 자연스러운 성장에 맞추어져 진행되어야 하는 것은 중요한 일이다. 그러나 실제 작업 현장에서는 인간의 드라마적 성장에 맞추어지지 않은 드라마행위의 발달단계가 진행되기도 한다. 이것은 아동들의 발달단계보다 높은 단계의 드라마 수준이 적용되었을 때 아동들이 보다 차원 높은 연극을 경험하게 된다는 입장으로 이는 아동들의 성장단계에 초점을 맞추지 않은 것이다.

3) 필 존스 놀이-드라마 연속체

필 존스는 발달상의 놀이와 드라마의 개념으로 놀이-드라마 연속체의 개념을 이야기한다. 놀이-드라마 연속체 개념의 발달단계는 감각운동놀이단계→모방놀이→가장놀이→극적놀이→드라마 단계로 구분되어진다. 놀이-드라마 연속체 개념에서 개인은 가장 먼저 자기의 몸을 발견하고 부모와 같은 중요한 타인과 관계를 맺는다. 이 단계에서 놀이는 각 신체 부위와 신체의 발견 그리고 중요한 타인과의 접촉에 관련된다. 그리고 이후에는 구체적인 사물과 그 물리적인 특징과의 관계(구르기, 쥐기, 떨어뜨리기 등)를 형성하는 것으로 발전한다. 그다음에는 뭔가를 재현하는 놀잇감이나 개인적인 의미를 담은 상징으로서 사물을 가지고 노는 상징놀이의 발달이 뒤따른다. 처음에는 혼자서 놀거나 중요한 어른과 함께 놀고 혼자서 하는 단독놀이 다음에는 병행놀이가 온다. 병행놀이는 놀잇감을 가지고 옆의 다른 아이와 비슷하게 놀지만 함께 어울려 놀지 않는 것을 말한다. 그다음 단계가 협동놀이로 사물놀이나 간단한 사회극놀이(짧은 시간 동안 다른 정체성을 연기하는 활동)가 여기에 속한다. 그리고 극적 놀이에서 드라마 단계로 전환되는 단계가 온다. 드라마 단계는 다른 사람들과의 관계를 유지하면서 하나의 정체성을 취하여 연기하는 보다 지속적인 활동이다. 그리고 이 단계에서는 다른 사람들에게 활동을 보여주고 벌어지고 있는 것들의 의미를 소통한다는 점에서 의식적이다.[10]

<표 10> 놀이-드라마 연속체[11]

감각운동 놀이	운동놀이와 사물의 물리적 특성의 사용. 상징적이지 않은 방식으로 사물을 사용하는 감각 자극에 대한 반응과 신체적 움직임 - 소리와 움직임(자기 몸과 신체 부위를 탐험한다) - 사물에 대한(물리적 탐험과 접촉) - 운동(구르기, 기기, 서 있기, 걷기) - 신체적 접촉(다른 사람과의)
모방놀이	현상의 간단한 모사. 동작, 소리, 표정, 사물의 움직임에 즉각적인 모방반응 신체적 몸짓과 얼굴 표정의 모방은 내담자들 사이의 관계를 발전시키고 상호접촉의 구조와 언어를 확립하는 통로가 된다. - 몸짓의 즉각적인 모방 - 소리의 즉각적인 모방 - 얼굴표정의 즉각적인 모방 - 물체 움직임의 즉각적인 모방

10 Phil Jones, 『Drama as Therapy: Theatre as Living』(London: Routledge, 1996), 이효원 역, 『드라마와 치료』(서울: 도서출판 울력, 2005), 295~296쪽.

가장 놀이	재현을 위한 사물의 사용과 가장놀이의 시작. 상상적 가장 놀이는 감정표현의 수단이며 작업을 풀어나갈 수 있는 언어를 제공, 투사의 첫 단계이다. - 어떤 사물을 나타내기 위해 다른 사물을 조합하여 사용 (예: 조약돌을 케이크로 사용) - 단일한 가상의 행동 연기하기(예: 물마시기, 땅파기) - 상징적 놀잇감의 기능적 사용(놀잇감 전화기 사용) - 누군가 모방하는 것을 표시하기 위해 다른 사람의 옷을 걸치는 것 (예: 아빠를 나타내려 아빠의 모자를 쓰는 것) - 실제로 존재하지 않는 사물 표현을 위해 마임을 하는 것 (예: 손으로 사과를 만들어 보인다)
극적 놀이	환상을 유지하고 다른 사람의 역할을 연기함. 짧은 시간 동안 인물을 연기하고 상상의 현실에 참여할 수 있으며 다른 관점을 경험할 수 있다. - 다른 존재들 사람이나 동물의 지속적인 묘사 (예: 여우로서 일련의 활동 지속) - 사물을 가지고 복합적으로 놀기 (다른 사람들이 사물을 사용하다는 것을 이해하고 상호작용한다) - 대근육과 소근육을 능숙하게 조절하여 물체를 표현하고 사용하기 - 신체를 이용하여 다양한 가상의 현실을 표현하는 능력 - 자신이아 다른 사람으로서 5분미만의 꾸며낸 상황 연기하기 - 상황의 일부로 사물을 사용하는 가장 놀이에서의 소품 활용 능력 - 정체성(예: 농부와 농부 아내)을 연기하는 것과 관련된 간단한 게임 - 놀이하는 동안 다른 사람들과 적절하게 반응하기
드라마	이 단계 이른 내담자는 연행의 종류를 일정하게 유지하고 자기의 극적 재현에 복합적인 몰입을 지속할 수 있다. 관객을 의식하며 연행을 지속한다. - 자신이나 다른 존재로서 5분 이상 가상의 상황 (일련의 사건들)을 연기하기 - 역할을 유지하고 다른 사람들과 적절하게 상호작용할 수 있는가? - 맡은 역할과 관련된 다른 사람들과 일련의 상상의 사건을 전개할 수 있는가? - 관객/배우의 공간과 그 관계를 사용하고 의식하기 - 연행을 위해 주제를 정하고 플롯을 준비할 수 있는가? - 대본을 활용하는 능력 - 드라마를 만드는 과정에서 역할의 배분 (연출자/배우 역할) - 극적 산물을 다른 사람들과 소통하는 것

드라마 발달단계가 집단의 연령과 반드시 일치되는 것은 아니다. 발달상의 진전이 필요한 집단의 경우에는 더욱 그러하다. 연극치료에서 놀이-드라마 연속체의 개념은 내담자가 어느 단계에서의 작업이 가능한지를 진단하는 도구가 된다. 발달장애인의 경우 연령과 인지적 발달의 과정이 부합되지 않기 때문에 놀이-드라마 연속체의 개념은 내담자들의 인지적 발달단계를 진단하는 과정이 된다. 그리고 진단된 단계에 적절한 작업을 계획하고 다음 단계로의 발달적 이행을 위한 작업을 하게 된다. 때문에 놀이-드라마 연속체의 개념은 내담자의 사전평가와 사후평가로 변화 과정을 측정하는 도구가 되기도 한다.

5-2. 행동주의

행동주의는 심리학의 제2세력이라 할 수 있으며, 인간행동을 연구하는 심리학으로서 20세기 후반을 지배해 왔다. 행동주의자들은 관찰될 수 있는 행동만이 과학적으로 심리학의 연구주제가 될 수 있다고 하였다. 행동치료는 1950년대 말 심리적 장애에 대한 평가와 더불어 치료에 대한 체계적 접근으로서 대두되었다.

초기 행동치료는 고전적 조건형성[12]과 조작적 조건형성[13]의 원리와 절차

11 Phil Jones, 『Drama as Therapy: Theatre as Living』(London: Routledge, 1996), 이효원 역, 『드라마와 치료』(서울: 도서출판 울력, 2005), 297~304쪽.

12 행동주의 학습이론으로 고전적 조건형성이라고 한다. 파블로프는 개를 대상으로 종소리(중성자극)와 먹이(UCS, 무조건 자극)를 짝짓게 하여 타액분비와 무관하던 종소리(CS, 조건자극)에 대해 개가 타액을 분비(CR, 조건반응)하게 하는 실험을 하였다. 이러한 현상은 인간생활에서 자주 경험할 수 있는 것으로, 왓슨(watson)은 불안이나 공포 등의 정서학습이 고전적 조건형성에 의해 유발된다고 보고 공포를 일으키는 과정과 공포를 제거하는 학습과정에 대해 실험하였다.

13 인간은 외부자극에 기계적으로 단순 반응하는 것이 아니라 스스로 환경을 조작함으로써 반응한다고 본 것이다. 조작적 조건형성은 왓슨(watson)의 행동주의에 영향을 받았는데 이는 자극보다는 결과가 유발된 행위에 있다는 이론이다. 스키너는 학습자가 획

를 바탕으로 한다. 현대 학습이론을 적용해 임상적 문제를 치료하는 손다이크[14]가 확립한 도구적 조건형성은 스키너[15]의 조작적 조건형성의 전조라 할 수 있다. 이는 유기체가 시행착오학습을 통해 반응하는 경향성을 갖게 되거나 상실하게 되는 법칙을 학습한다는 것을 말한다. 따라서 스키너는 '행동은 그 결과에 의해 조성되고 유지된다'고 강조하였으며, 인간에 대해 기계론적인 입장을 취한다. 또한 방어기제와 무의식 개인의 특질 등의 개념은 관찰될 수 없기 때문에 심리학이 과학적 영역에 포함될 수 없다고 주장하였다. 그는 인간의 행동에 대한 보편적인 법칙을 발견하기 위해 자극과 반응 간의 관계를 설명하는 고정불변하는 것을 찾고자 하였고, 개인에게 반응을 유발하는 자극이 서로 다르기 때문에 사람들 간에 개인차가 있을 수 있는 것이라고 여겼다.[16] 이를 바탕으로 한 행동치료적 접근을 살펴보면 응용행동분석, 신행동주의적 매개적 자극-반응모형, 그리고 사회인지이론 등이 있다.

응용행동 분석은 스키너의 '행동은 그 결과의 함수다'[17]라는 기본 가정을

득해야 할 행동은 조작적으로 조건화될 수 있다고 보았다. 스키너의 조작적 조건형성은 프로그램학습, 행동 수정기법, 내장 반응(심장박동, 혈관 팽창) 등에 적용되었다.

14 Edward Lee Thorndike (1874~1949): 미국의 심리학자. 동물의 학습실험에서 연합(聯合) 과정을 분석하고 시행착오에 의한 우연의 반응이 올바른 결과를 가져오며 만족을 주기에 따라 그 반응은 그때의 사태와 연합을 강하게 한다는 '효과의 법칙'과 반응과 사태의 반복에 의해 한층 더 연합이 강해진다는 '연습의 법칙'을 주장했다. 그의 주장은 그 후의 행동연구와 학습이론에 큰 영향을 주었다. 그는 동물실험뿐 아니라 인간의 학습과 교육 면에도 깊은 관심을 두고 교육측정·어휘연구 등에 개척자적인 업적을 남겼다. 중요 저서로는 『동물의 지능(*Animal Intelligence*)』(1898), 『교육심리학(*Educational Psychology*)』(1913), 『학습의 원리(*Fundamentals of Learining*)』(1943)가 있다.

15 B. Fredrick Skinner(1904~1990): 미국의 심리학자. 조건 반사의 원리에 입각해서 학습을 연구하여 독특한 경지로 발전시켰으며 흔히 알려져 있는 'Skinner Box'는 바로 그의 창안에 의해서 제작된 것이다. 이 상자는 쥐가 빗장을 누르고 문을 열게 마련한 학습 실험의 상자이다. 그가 주장하는 조건화에 있어서의 골자는 반응과 작동적 행동은 엄격히 구별하려는 의도이다. 1953년 『과학과 인간행동(*Science and Human Behavior*)』을 출판했으며, 이는 『유기체의 행동(*The Behavior of Organisms: An Experimental Analysis*)』(1938)과 더불어 행동주의 심리학의 고전으로 읽히고 있는 저서들이다.

16 노안영, 강영신, 『인간 이해 및 성장을 위한 성격심리학』(서울: 학지사, 2003), 368~369쪽 참조.

17 B. F. Skinner, 『Science and Human Behavior』(New York: Macmillan., 1953), Raymond J.

내세우며, 이러한 조작적 조건을 바탕으로 급진적 행동주의를 확장하였다. 따라서 외현적 행동과 그 결과 사이에 관계가 반드시 있다는 가정 하에, 이를 변화시키는 것에 치료적 중점을 둔다. 응용행동 분석은 강화, 소거, 벌, 자극통제 그리고 실험연구에서 나오는 다른 절차들을 이용한다. 인지과정은 개인적 사건으로 인식되기 때문에 과학적 분석을 하기에는 부적합하다고 간주된다.

신행동주의적 매개적 자극-반응모형은 학습이론에서 파생된 것으로 고전적 조건형성 원리를 응용한 것이다. 내현적 과정은 외현적 행동을 지배하는 학습법칙을 따르게 된다는 것이다. 주로 체계적 둔감화[18]와 홍수법[19] 같은 기법들을 사용하는데, 이는 공포장애의 기저에 있는 불안을 소거하려는 방법이다. 내담자에게 불안을 일으키는 사건과 심상이 이 접근의 필수적인 부분이다.

사회인지이론은 행동이 외적 자극사건, 외적 강화 그리고 인지매개과정

& Corsini Danny Wedding, 『Current Psychotherapies』(F. E. Peacock Publishers, 2001), 김정희 역, 『현대심리치료』(서울: 학지사, 2004), 312쪽 재인용.

18 체계적 둔감화(systematic desensitization)는 행동치료 기법의 하나로, 특정 자극이나 상황에 대하여 비정상적으로 강한 불안이나 공포를 나타내는 사람(또는 환자)을 치료하기 위해 사용된다. 구체적으로 문제가 되는 불안이나 공포와 양립할 수 없는 근육 이완(과 같은 반응)을 문제가 되는 자극과 역조건 형성시키는 절차를 따르게 되는데, 흔히 불안이나 공포를 덜 일으키는 자극으로부터 시작하여 점차 더 강한 불안이나 공포를 일으키는 자극을 심상으로 유발시켜 역조건 형성시킴으로써, 최종적으로 특정 자극에 대해 나타내던 비정상적인 불안이나 공포 반응을 완전히 제거 또는 치료하게 된다. 단계적 둔감법, 단계적 둔감화, 체계적 감강법, 체계적 감도 감강법, 체계적 둔감법 등이라고도 한다.

19 홍수법(flooding)은 두려운 자극에 장기간 노출시켜 두려움을 제거하는 방법이다. 행동수정 초기에 두려워하는 자극이 있는 곳에 오랫동안 계속 노출시킴으로써 피험자는 처음에는 불안 수준이 높아지게 되기도 하지만 시간의 경과에 따라 소거의 과정을 거쳐 불안의 수준이 경감되게 된다. 주로 두려워하는 상황이나 사물에 반복 노출시킴으로써 이를 극복하도록 하는 방법이다. 체계적 둔감법은 두려운 자극에 체계적으로 노출시키는 방법이 사용되나 홍수법은 공포나 두려움을 느끼는 상황에 단번에 직접적으로 환자를 노출시키는 방법이 사용된다. 따라서 홍수법을 사용하기 위해서는 전문가들의 특별한 고려가 필요하다.

세 가지로 분리되어 있으면서도 상호작용하는 조절체계에 기초한다는 이론이다. 반두라는 개인적 요인과 환경적 요인은 독립적으로 기능하는 것이 아님을 강조하였다.[20] 사람들은 자신의 행위를 통해서 그 행동에 영향을 주게 되는 환경적 조건을 만들어 낸다는 것이다. 자신의 행동에 의해 생성된 경험들은 사람들이 기대하고 행동할 수 있는 것을 일부분 결정하게 하며, 이것은 또다시 자신의 후속 행동에 영향을 준다. 따라서 사회인지이론은 자기-지시적 행동변화에 대한 능력을 강조한다.

발달장애아동들 중 자폐아의 부적응적 행동을 개선하는 데에는 행동치료가 가장 일반적으로 적용되고 있다. 행동치료에서는 조작적 조건형성과 모방학습을 통해 자폐아에게 말하는 것, 다른 아이들과 노는 것, 타인의 말에 주의를 기울이는 것 등을 학습시키고 반향언어증적 행동, 공격적 행동이나 기이한 몸동작 등을 교정한다. 로바스(lovaas)는 19명의 자폐아를 대상으로 조작적 조건형성을 사용하여 매주 40시간의 집중적인 프로그램을 2년 이상 실시하고 그 결과를 평가하였다. 이 프로그램에서는 자폐아들이 덜 공격적이고 더 협조적이거나 다른 아이들과 얘기하거나 함께 노는 행동과 같이 사회적으로 적절한 행동을 보일 때 강화를 주었으며 부모들도 치료를 받아 거의 하루 종일 치료가 이루어졌다. 그 결과 자폐아의 치료 전 평균 IQ가 55였으나 치료 후에는 평균 IQ가 83으로 향상되었다. 치료에 참여한 19명 중 1명의 IQ는 정상범위에 도달하였으며 이들 중 9명이 초등학교 2학년 때 일반학교에 들어갈 수 있었다.[21] 이러한 결과는 자폐아동들에게 행동치료가 효과적이라는 것을 입증하고 있다. 그러나 행동치료의 조작적 조건형성은 치료세션 내에서의 교정만으로는 한계가 있다. 부모와의 협력관계를 구축하여야 하고 세션 내에서 형성된 조건이 가정에서도 연결되어 교육될 수 있도록 하여야 한다. 이를 위해서는 부모에게 치료기술을 교육하는 것이 필요하다.

---

20 A. Bandura, 『Social Learning Theory』(NJ: Prentice-Hall), 변창진, 김경린 역, 『사회적 학습이론』(e-book: 내일을 여는 지식, 1977), 13~14쪽.

21 권석만, 『현대이상심리학』(서울: 학지사, 2012), 515쪽 참조.

1) 강화와 처벌

행동치료에 기초가 되는 중요한 학습이론으로는 파블로프[22]의 고전적 조건형성(classical or respondent conditioning), 스키너의 조작적 조건형성(operant conditioning)을 들 수 있다. 파블로프의 고전적 조건 형성에서는 자극이 곧 강화이며, 그것은 행동보다 앞선다고 한다. 이에 반해 스키너의 조작적 조건 형성에서는 행동의 효과가 곧 강화이다. 그러므르 강화는 행동 뒤에 나타난다. 강화의 유형으로는 정적 강화(positive reinforcement)와 부적 강화(negative reinforcement)가 있다. 정적 강화는 정적 강화물에 의해 행동이 뒤따르며, 이에 대한 반응의 빈도가 증가하는 것을 말한다. 부적 강화는 행동 뒤에 오는 혐오자극을 제거하여 이에 대한 반응의 빈도가 증가하는 것이다. 처벌의 유형에도 정적 처벌(positive punishment)과 부적 처벌(negative punishment)이 있으며, 정적 처벌은 혐오자극에 의해 행동의 빈도가 줄어드는 것을 말한다. 그리고 부적 처벌은 행동 뒤에 따르는 긍정적 자극을 제거함으로써 행동의 빈도가 따라서 감소하는 것을 말한다.

<표 11> 강화와 처벌의 차이

	결 과 / 과 정	강화 행동의 증가	처벌 행동의 감소
정적	제공	정적 강화물 : 칭찬, 상, 음식, 용돈 등	정적 처벌물 : 야단치기, 체벌 등
부적	제거	부적 강화물 : 과제 줄여주기, 청소 당번 면제 등	부적 처벌물 : 게임시간 축소, 노는 시간 줄이기 등

22 Ivan Petrovich Pavlov(1849~1936): 러시아의 생리학자. 초기에는 주로 순환생리, 소화생리에 관한 연구를 하였고 소화액 분비의 신경 지배를 해명한 업적에 대해 생리학자로서는 최초로 노벨상을 수상하였다. 1890년경부터 위나 침샘의 누공 수술을 한 개의 심리적 자극 효과에 주목하여 조건 반사학의 새로운 분야를 개척하였다. 만년에는 수면 기구, 이종 본능 간 경쟁 시에 생기는 반응, 신경증의 원인 등을 연구하였다.

장애아동에게 강화제를 사용할 경우에는 어떤 강화제가 효과적인지 먼저 발견하는 것이 필요하다. 효과적인 강화제를 발견하는 전략은 다음과 같다. 첫째, 다른 아동들에게 이미 효과적이었던 강화제를 사용한다. 둘째, 부모, 가족, 기타 아동을 잘 아는 사람에게 물어본다. 셋째, 일정한 시간, 또는 아동이 좋아하는 활동을 하는 동안 아동이 잡거나, 조작하거나, 찾는 물건이 무엇인지 관찰한다. 넷째, 다양한 상황에서 아동에게 어떤 강화제를 사용한 후 아동의 반응을 기록한다. 가장 바람직한 강화제의 유형은 특정 행동을 하는데 있어 인위적이지 않고, 자연스런 환경에서 일어나는 것이 좋다. 몸단장을 깨끗이 잘했을 때 받을 수 있는 가장 자연스런 강화는 멋있어 보인다는 다른 사람들의 칭찬일 것이다. 특정 아동에게 효과적인 강화제를 발견하는 것과 마찬가지로 중요한 것은 강화의 사용이다. 강화는 올바른 행동을 한 직후에 제공되어야 아동이 자신이 한 행동과 자극 사이의 관계를 인식할 수 있다. 그리고 강화제를 줄 때에는 자연스럽게 왜 강화를 받는지에 대해서 이야기해 준다. 음식 음료와 같이 물질적인 강화제는 되도록 줄여나가는 것이 좋다.[23]

정적 강화물로 제공되는 효과적인 강화제의 예는 칭찬하기와 상을 들 수 있다. 칭찬하기는 문제행동이 감소되거나 변화되었을 때 이를 강화시키기 위한 전략의 하나로서 내담자들이 수업에 집중하지 못하고 상동행동을 반복하는 경우, 또는 책상 위에 엎드려있는 등의 문제행동이 지속되는 경우 이에 대한 교정을 위해 시행한다. 문제행동이 발생하면 바른 행동에 대한 지시를 하고 이를 복구할 수 있도록 한다. 문제행동에 대한 복구가 이루어지면 긍정적인 행동에 대해 칭찬을 하거나, 칭찬판을 만들어 올려주는 전략을 사용한다. 칭찬하기의 다른 예로는 매 세션이 마무리되는 시점에 그룹원들이 서로에게 칭찬을 해주는 시간을 마련하는 방법도 효과적이다. 세션이 진행되는 동안 그룹원들은 특정한 내담자의 문제행동으로 인한 불편함을 겪게 되는데

---

23 최중옥 · 박희찬 · 김진희, 『정신지체아교육』(경기도: 양서원, 2008), 154~155쪽.

이러한 문제행동에 긍정적인 변화가 일어났을 때 함께 참여한 그룹원들이 이를 발견하고 칭찬을 해주는 것이다. 문제행동이 지속되었던 내담자의 경우 그룹원들이 올바른 행동으로의 변화를 감지하고 칭찬을 해주게 되면 이에 대한 감사의 마음을 갖게 되고, 칭찬을 해주는 내담자들도 다른 사람을 칭찬하며 스스로 자긍심을 갖게 된다. 이러한 과정은 그룹원들 간에 긍정적인 상호작용의 방법이 되기도 한다.

처벌의 대표적인 예로는 타임아웃의 적용이다. 타임아웃은 문제행동을 하지 못하게 하는 행동 수정의 한 형태이다. 배제된 타임아웃(exclusionary time-out)은 별도의 타임아웃 공간에 두거나, 생각하는 의자에 앉게 하는 방법 등이 있다. 타임아웃 공간에는 강화가 될 만한 것이 없어야 하며, 내담자가 평소 환경에 대한 강화가 많지 않았다면 타임아웃의 방법은 효과가 적거나 나타나지 않을 수도 있다. 그룹의 환경이 즐겁지 않은 경우 오히려 타임아웃으로 배제되는 것을 즐거워할 수도 있기 때문이다.

2) 심상을 이용한 기법

행동주의적 접근에서의 심리치료는 내담자에게 새로운 대처기술을 획득하게 하고, 의사소통 능력 향상을 목표로 한 치료방법으로 활용할 수 있으며, 부적응적인 습관을 최소화시키면서 자기 파괴적인 정서적 갈등을 극복하도록 돕는다. 이러한 교정적인 학습을 통해 최종적으로 인지적, 정서적, 행동적 기능에서 폭넓은 변화가 일어나게 된다.

체계적 둔감화에서 내담자의 비현실적인 불안과 관련된 사건과 내담자가 두려워하는 또 다른 상황들을 제시하게 한 뒤, 가벼운 스트레스를 주는 것에서부터 매우 위협을 주는 스트레스에 이르는 사건까지 자극의 위계를 구성한다. 어떠한 항목이 과도한 불안을 일으키게 되면 내담자는 그 특정 항목의 상상을 멈추고 이완의 느낌을 회복하도록 지시받는다. 그런 다음, 내담자가 불안을 경험하지 않고 장면을 상상할 수 있을 때까지 그 항목이 반복되거나 위계가 조정된다. 이 외에도 상상뿐 아니라 실제 생활노출이 선택되기도 한다. 혐오반응을 자극시키는 치료적 개입으로는 알코올 중독이나 노출증과 같이 바람직하지 못한 행동문제를 치료하기 위한 방법으로 내현적 민감화를 활성화할 수 있도록 만든다.

3) 주장훈련과 사회기술 훈련

주장훈련은 행동시연을 통해 치료자가 적절한 행동을 시범 보이고 내담자에게 점진적으로 유사하게 행동할 수 있도록 요구한다. 초기에 치료자는 신체자세, 발성훈련 및 시선접촉에 중점을 둔다. 이를 바탕으로 현실에서도 비주장적인 내담자가 자신의 생각과 정서를 적절히 표현할 수 있게 하고, 정당한 권리를 지킬 수 있도록 돕고자 한다. 따라서 행동치료는 흔히 개인치료뿐 아니라 집단에서도 행해진다.

행동주의적 접근에서의 심리치료에 해당하는 주장훈련과 사회기술 훈련이 연극치료에서 활용되는 방법으로는 사회극적 접근을 들 수 있다. 사회극은 오래되고 익숙한 역할을 검토하고 새로운 역할을 시험하는 안전한 장소이다. 사회극은 참가자들에게 자신의 역할을 탐색하는 장을 마련해주어 잘 수행하는 역할에 대해서는 인정해주고, 보다 만족스러운 방식으로 역할을 수행하도록 훈련시키는 장소이다. 역할 시도의 커다란 매력 중 하나는 참가자들이 사회극 안에서 보통 때와는 다르게 말하고 행동할 수 있는 기회를 갖는 것이다. 이러한 활동에 참여해 본 사람은 누구나 흥분감과 만족감을 느끼며 때로는 전적으로 자신의 경험 밖의 역할을 수행해 봄으로써 정화가 일어나기도 한다. 사회극에서 모의 환경을 경험함으로써 미래에 필요한 대인관계 기술을 훈련하고 능숙해지도록 돕는 것이다. 이러한 행동연습은 사람들에게 자신의 역할에 대해 확신하고 자신 있게 느끼도록 돕는다.[24] 1970년대

---

24 Patricia Sternberg · Antonina Garcia, 『Sociodrama: who's in your shoes?』(Westport: Praeger Publishers, 2000), 조성희·김광운, 『사회극』(서울: 학지사, 2012), 87~95쪽 참조.

초부터 발달된 사회기술훈련은 인간의 행동과 감정이 학습을 통해 나타난다고 보았던 행동주의학파에서의 사회 학습적 이론을 바탕으로 한 재활치료의 한 형태이다. 인간은 출생하면서부터 끊임없이 환경적 자극에 반응하고 적응하면서 성장하게 된다. 사회기술훈련은 내담자가 가진 기능의 수준을 유지하고 강화하기 위해 필요한 기술을 가르치며, 이를 위한 자원의 개발과 환경적 조건의 향상에 초점을 둔다. 가족관계나 대인관계에 어려움이 많은 내담자들에게 갈등을 풀어주는 효과적인 수단이 될 수 있으며, 발달장애아동이 지역사회에서 효과적으로 적응할 수 있도록 돕는 중요한 방법 중 하나이다.[25]

미국정신지체협회(AAMD)에서는 사회적응능력으로 정의한 5개 요인인 개인의 욕구충족, 지역사회의 충족, 개인과 사회적 책임, 사회적인 적응, 개인적인 적응을 기본으로 한 사회기술훈련 프로그램을 제안하였다. 사회기술훈련의 효과성에 대한 헤버의 연구[26]는 발달장애아동이 자조 및 위생관리, 사회적 행동에 결함이 있을 때 결국 제한적인 시설로 돌아오게 되는 현실을 발견하고 발달장애아동의 사회적인 적응능력향상을 위해서 대인관계, 지역사회이용, 의복관리 및 음식준비와 같은 몇 가지 기술 영역들을 포함시킬 수 있는 사회기술훈련프로그램을 개발하였다. 또한 부적응 행동, 영양관리 문제와 부적절한 가정 역시 사회적응능력의 실패와 관련이 있다는 것을 발견하였다. 헤버는 사회적응능력을 크게 독립적 기능과 사회적인 책임의 수행 두 부분으로 구분하여 사회기술훈련프로그램의 결과를 소집단 적용 후 그 효과성을 연구하였다.

마이스가이어(Meisgeier, 1981)는 정신지체 아동들의 문제해결, 개인적 책임, 의사소통 기술을 강조하는 프로그램을 개관했다. 아동들에게 공격적인 행동 대신에 주장 행동을 가르쳤다. 프로그램은 긍정적인 자기진술과 이완

25 김희자, 「통합학급에서의 사회기술훈련 프로그램은 통한 발달장애아동의 친사회적 행동 변화에 관한 연구」, 미발간, 현장특수교육연구보고서(개인), 2002.

26 R. Heber(1959), 「A manual on terminology and classification in mental retardation」, 『American Journal of Mental Deficiency』, 64쪽.

을 강조하는 일련의 구조화된 성공 경험으로 구성되어있다.[27]

발달장애 아동을 위한 사회적 기술 훈련의 체계는 다음과 같다.

학교의 규칙과 권위인정의 영역
- 학급의 규칙과 책임 이해하기
- 교사 이외의 다른 어른들의 권위 이해하기
- 문제가 생겼을 때의 대처방법 이해하기 등

긍정적 사회적 기술의 영역은
- 사회적 상황을 정확히 이해하기
- 긍정적인 성격 형성하기
- 가정에서 가족들과 함께 지내기
- 일상 예절 지키기 등

또래관계의 영역
- 다른 사람들과 함께 배우고 활동하기
- 친구 사귀기
- 친구 관계 유지하기 등

사회적 기술훈련을 할 때에는 내담자들의 정보 수집을 통해 사회적 기술의 이해 정도와 우선순위를 정한다. 우선순위를 결정할 때에는 내담자들과 부모님, 그리고 기관 담당자와의 면담을 통해 필요한 정보를 얻는다. 치료자는 면담을 통해 얻은 정보를 바탕으로 개별화 프로그램을 계획할 수 있다.

사회기술에 문제를 보이는 아동들에게는 아동들의 문제 특성에 따라 지도 방안을 선정하여 접근하는 것이 효과적이다. 첫째, 문제행동을 수반하지 않으나 사회적 기술을 습득하는 데 어려움을 보이는 아동은 다른 사람들과 적

---

27 정대영 · 한경임, 『발달장애 아동의 사회적 기술훈련』(경기도: 양서원, 2008), 18쪽.

절히 상호작용하는 데 필요한 사회적 기술을 획득하지 못하거나 사회적 기술의 중요한 단계를 학습하지 못한 아동들이다. 이런 아동들을 지도할 때에는 직접지도, 모델링, 행동시연, 코칭 등의 방법을 사용한다. 둘째, 문제행동을 보이면서 사회적 기술을 습득하는 데 어려움을 보이는 아동은 불안, 슬픔과 같은 정서적 반응이나 언어적 공격 및 지나친 움직임을 보이는 행동 문제로 인하여 사회적 기술을 학습하지 못한다. 불안자체가 아동의 행동을 억제하기 때문에 아동은 효과적으로 상호작용하는 방법을 하지 못할 수 있다. 불안으로 인하여 사회적 기술을 습득하지 못할 때에는 둔감법이나 범람법, 자기 유도법 등을 이용할 수 있다. 신체적 및 언어적 공격, 부주의, 과도한 움직임과 같은 행동장애로 인하여 사회적 기술을 습득하지 못한 경우에는 강화기법, 집단 후속 강화, 가벼운 혐오기법(꾸중, 격리, 반응대가, 과잉교정)과 같은 행동 감소 기법을 적용한다. 셋째, 문제행동을 수반하지 않으나 사회적 기술의 수행에 어려움을 보이는 아동은 그들의 행동 레퍼토리에 적절한 사회적 기술 행동이 들어 있기는 하지만 이러한 기술을 적절한 시기에 적절한 수준으로 수행하지 못한다. 넷째, 문제행동을 수반하면서 사회적 기술의 수행에 문제를 보이는 아동은 자신의 행동 레퍼토리에 사회적 기술 행동을 포함하고 있으나, 정서적 및 행동문제, 선행 및 후속 통제의 문제로 인하여 사회적 기술을 적절히 수행하지 못한다. 이들에게는 자기통제 방략, 자극통제 훈련, 후속 강화 등의 기법을 이용한다. 다섯째, 문제행동을 보이지 않고 사회적 기술의 강점을 지니고 있는 아동은 사회적 기술을 일관성 있게 보여주는 유형이다. 여섯째, 사회적 기술의 강점을 지니고 있으나 문제행동을 수반하는 경우는 그들이 지니고 있는 사회적 기술을 지속시키고 문제행동을 감소시키는 데 중점을 두어야 한다. 강화절차를 이용하여 바람직한 사회적 기술 행동을 격려하고 문제행동을 할 경우에는 무시, 반응대가, 격리(타임아웃) 등의 행동 감소기법을 적용한다.[28] 장애아동들의 문제 특성에 따른 사회적 기술훈련은 장애아동들이 통합 환경에 적응하기 위한 중요 점으로 강조된다.

---

28 정대영·한경임, 앞의 책, 51~52쪽.

즉 학교의 규칙에 따른 최소한의 행동 표준이 지켜져야 하고 또래집단에 효과적으로 대처하기 위한 적응능력이 훈련되어야 하기 때문이다.

4) 현실생활의 수행에 기초한 방법

교실장면, 지적 장애아동이나 정신증 환자에게 적용하는 행동치료적 방법 중 대표적인 것으로 토큰경제(token economy)의 사용이 있다. 토큰 강화 프로그램의 주 요소는 표적행동, 지원강화물, 지원강화물을 얻기 위해 필요한 토큰의 수와 교환규칙이다. 행동치료자는 내담자가 현실생활 장면에서 이를 잘 수행할 수 있도록 내담자와 가장 직접적으로 접촉하는 심리학적 조력자들을 잘 훈련시키고 지도받도록 하는 책임이 주어진다.

현실생활의 수행에 기초한 방법으로 행동치료적 방법 중 대표적인 토큰 강화전략의 예로는 칭찬판, 칭찬나무 전략 등이 있다. 칭찬판은 바르게 세션에 참여하는 그룹원들에게 토큰을 제공하는 방식으로 칭찬판이 단계별로 위로 올라가 목표점에 도달하면 지원강화물을 받게 되는 것이다. 본 연구자의 치료 작업 사례들에서 시도되었던 칭찬나무 강화전략은 그룹원들이 개별적인 목표를 정하고 내담자들이 개인목표에 상응되는 규칙을 지켰을 때 각자의 칭찬나무에 스티커를 붙여주는 것이다. 칭찬나무의 스티커를 모두 채우게 되면 내담자 스스로가 상 이름을 정하고 자신에게 상장을 수여하는 자기상장이 수여되었다. 본 연구자의 치료 사례들에서 칭찬나무 전략은 긍정적인 행동을 강화할 수 있게 하였고, 자기상장의 방식은 스스로를 격려하고 칭찬하는 정적 강화로서의 강화제가 되었다.

세션에서 규칙 바운더리에 대한 안내는 바람직한 행동을 독려할 수 있게 한다. 그룹원들이 규칙에 대한 이해와 모델이 되는 행동을 하였을 경우 규칙에 대한 이해나 동기가 부족한 그룹원들에게도 바람직한 행동을 할 수 있도록 도움을 준다. 합리적이고 지속적으로 시행되는 규칙이 없을 경우 문제가 없었던 그룹원들도 그룹의 규칙 한계점을 실험하게 된다.

Walker, Colvin과 Ramsey(1995)는 규칙은 명확하게 기술해야 하고, 기능적이며, 세션이 시작되는 첫날에 만들어야하고, 예행연습이 필요하며 지속적으로 연습되어야 한다고 하였다.[29] 규칙 바운더리는 명확하고 내담자들에게 긍정적으로 다가갈 수 있는 기능적인 용어로 표현되어야 한다.

본 연구자의 치료 사례들에서는 행동치료기법으로 정적 강화를 위한 강화제와 처벌, 토큰경제, 규칙바운더리 등을 통해 문제행동을 수정하고 긍정적 행동이 강화될 수 있도록 하였다.

5-3. 인본주의 심리학

인본주의 심리학은 연극치료에서 내담자를 존중하는 치료환경을 설명한다. 인본주의 심리학은 인간의 자유와 성장 잠재력을 강조하는 인간 본성에 대해 낙관론적인 입장을 취한다. 인본주의적 입장은 긍정적인 인간관에 근거하여 인간을 근본적으로 자기실현을 추구하고, 더 나은 진보를 고대하며, 실존적 선택에 관심을 두는 성장지향적인 존재로 본다. 인간이 이상행동과 정신장애를 나타내는 이유는 이러한 자기실현적 성향이 차단되거나 봉쇄되었기 때문이다. 부모가 어린아이의 유기체적 욕구나 성향을 충분히 수용하지 못하고 자신들의 가치와 기대에 맞추어 조건적인 수용을 하게 되면, 아이는 부모의 신뢰를 얻기 위해 자신의 유기체적 경험을 왜곡하거나 부인하게 된다. 이런 과정을 통해 자기개념과 유기체적 경험의 괴리가 점점 확대되면, 개인은 점점 더 심한 불안을 경험하게 되며 부적응 상태를 나타내게 된다. 인본주의적 심리치료자는 무조건적인 긍정적 존중, 공감적 이해, 진솔함을 바탕으로 내담자와 성장촉진적 관계를 형성하여 내담자가 그동안 왜곡하고 부인해왔던 자신의 진정한 모습을 자각하고 수용함으로써 자기실현적 성향이 활성화되도록 돕는다.[30] 인본주의 심리학에서는 특별한 치료기법을 다룬

29 Jim Larson · John E.Lochman, 김복석 · 박은진 · 박준성 · 배정훈 · 최범성 · 홍순범 공역, 『아동 · 청소년의 분노조절 사회기술훈련』(서울: 학지사, 2014), 83쪽 재인용.
30 권석만, 『현대이상심리학』(서울: 학지사, 2003), 108쪽.

다기보다는 치료자의 태도와 인간에 대한 존중이 핵심을 이룬다.

1) 매슬로우[31]

인본주의 심리학의 대표자로 여겨지는 매슬로우는 자아실현을 중요시하였다. 그는 결정론적 입장의 정신분석, 기계론적 입장의 행동주의를 비판하였다. 그는 환자를 대상으로 한 사례연구에서가 아니라 자신이 생각하기에 가장 건강하다고 생각되는 성격에 대한 연구를 하였다. 왜냐하면 심리학은 병리적인 측면이 아닌 건강한 본성에 더 관심을 가져야 한다고 믿었기 때문이다. 즉, 건강한 면을 이해할 수 있어야 정신적 병듦에 대해 알 수 있다는 것이 매슬로우의 이론이다. 따라서 그는 사람은 잠재력을 발달시키고 성장하며 완성에 이를 수 있는 본능적 욕구를 갖고 태어난다고 생각하였다. 이를 바탕으로 동기의 단계로 다음의 <그림 2>와 같은 욕구 위계를 제안하게 되었다.

<그림 2> 욕구의 위계

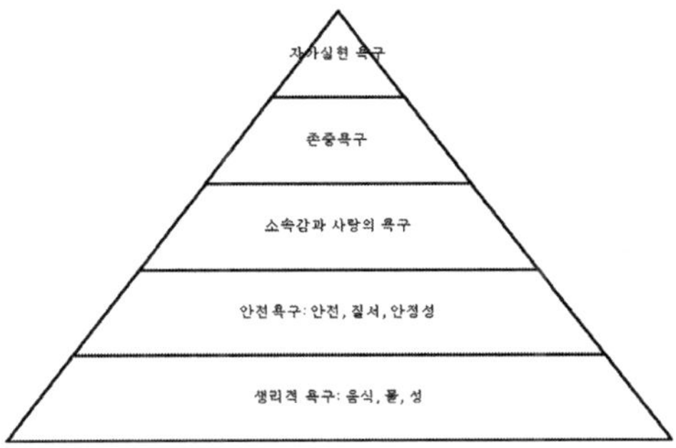

31 Abraham Maslow(1908~1970): 제3세력의 심리학인 인본주의 심리학은 매슬로우에 의해 주도 및 창설되었다. 기본적인 생리적 욕구에서부터 사랑, 존중 그리고 궁극적으로 자기실현에 이르기까지 충족되어야 할 욕구에 위계가 있다는 '욕구 5단계설'을 주장하였다. 이로 인해 '자아실현'의 개념이 널리 알려지기 시작하였고 자신의 운명이나 사명을 피하려는 인간의 성향을 '요나 컴플렉스'의 용어로 설명하고 있다. 그의 저서에는 『이상심리학 원리』(1941), 『동기와 성격』(1954), 『존재의 심리학』(1968), 사후 출간된 『최상의 인간 본성』(1971) 등이 있다.

(1) 욕구의 위계

· 생리적 욕구

생존과 관련된 가장 강력한 욕구로서 수면, 먹거리, 성 등에 관한 생리적 욕구라 할 수 있다. 이 욕구가 충족되지 못할 때 다른 위계의 욕구들이 완전히 차단될 수도 있다. 따라서 생존 자체가 가장 중요한 사람들에게는 생리적 욕구가 무엇보다 중요할 것이다.

· 안전 욕구

매슬로우는 안전에 대한 욕구가 유아뿐 아니라 신경증을 경험하는 성인에게 가장 중요하다고 생각하였다. 조직과 질서가 없이 완전하게 허용된 자유는 오히려 아이의 안전에 대한 욕구를 위협하기 때문에 아이에게 근심과 불안전한 감정을 일으킨다는 것이다. 따라서 아이에게는 자유도 중요하지만 적당한 수준의 제한과 통제가 있어야 하며, 또한 신경증 환자나 불안정한 성인도 조직과 질서를 필요로 한다. 기본적으로 모든 사람은 생리적 욕구 다음으로는 안전 욕구를 갈망하게 된다.

· 소속감과 사랑 욕구

생리적 욕구 및 안전에 대한 욕구가 충족되면 개인은 타인과의 친밀한 관계, 특별한 또래 관계, 연인관계를 가지길 원하게 된다. 사랑을 주고받는 욕구는 타인과의 긴밀하고 따뜻한 관계 안에서 충족될 수 있는데 매슬로우는 이런 사랑의 욕구를 성 욕구와 동일시하지는 않았다. 다만 성이라는 것이 사랑 욕구를 표현하는 것 중 하나라고 생각하였다.

· 존중 욕구

존중이란 자기 스스로에 대한 존중과 타인으로부터의 존경 두 가지를 모두 포함한다. 매슬로우는 개인이 자아존중을 이루기 위해서는 자신감, 유능함, 성취, 숙달, 독립과 자유를 갖는 것이 필요하다고 보았다. 이런 자아존중 욕구를 충족시킨 사람은 자신의 힘과 가치에 대해 확신을 가지지만 자아 존중이 결여된 사람은 다른 사람보다 자신이 부족하며 못났다고 생각한다. [32]

· **자아실현 욕구**

욕구위계 단계의 마지막 단계로 최고의 단계이다. 자아실현은 자신의 모든 능력과 잠재력을 인식하고 충족시키는 것이다. 매슬로우는 모든 사람은 자신의 잠재력을 충분히 만족시킬 만한 자아실현 기회를 가지고 있다고 여겼으며, 자아를 실현하기 위해 충족되어야 할 전제조건들을 다음과 같이 제안하였다. 개인은 사회와 자기 자신으로부터 자유로워야 하며, 하위욕구인 생리적 욕구와 안전에 대한 욕구를 충족시키는 데에만 매달리면 안 된다. 가족과 타인들에게 친밀감을 느끼고 다른 사람과 사랑을 주고받아야 하며, 선악 그리고 자신의 강점과 약점에 대한 현실적인 지식을 가져야 한다.[33] 매슬로우가 설명한 자아실현 욕구를 실현한 사람들의 특징은 다음과 같다. 첫째, 현실을 효율적으로 지각하고 주변 세계와 사람들을 명확하고 객관적으로 지각한다. 즉, 선입견에 치우치지 않고 있는 그대로 상황을 파악하는 것이다. 둘째, 자신, 타인, 환경에 대해 수용한다. 자신의 약점까지도 왜곡하지 않고 받아들이며 실패한 일들에 대해서도 지나치게 죄책감이나 부끄러운 감정을 갖지 않는다. 또한 타인이나 사회의 약점도 있는 그대로 수용한다. 셋째, 자아실현자는 개방적이고, 솔직하고, 자연스러운 행동을 하며 생각과 이상에 대한 주관이 뚜렷하다. 넷째, 자율적이고 독립적이기 때문에 때때로 자신만

---

32 노안영, 강영신, 『인간 이해 및 성장을 위한 성격심리학』(서울: 학지사, 2003), 302~314쪽 참조.

33 Daniel L. Schacter & Daniel T. Gilbert & Daniel M. Wegner, 『Psychology』(New York: Worth Publishers, 2008), 민경환 외 공역, 『심리학 개론』(서울: 시그마프레스, 2011), 200~202쪽 참조.

의 시간을 가지며 사색을 즐기고 타인의 애정이나 지지에 대해 집착하지 않는다. 다섯째, 늘 주변 세계에 대한 새로움과 경외심으로 현실을 받아들이고 경험한다. 여섯째, 사회적인 관심과 타인에게 자신의 형제를 대하듯 공감과 동정이 포함된 관심을 보인다. 이들의 우정은 일반적인 우정보다 매우 깊고 심오하여 그를 추종하는 주변인들이 모이는 경우가 많다. 또한 관대하고 수용적이기 때문에 종교적, 인종적 편견을 가지지 않는다. 그 외에도 자신의 분야에서 창의성과 독창성을 지니고, 독립적이고 자발적이기 때문에 일정한 틀에 맞추어 생각하고 행동하길 바라는 사회·문화적 분위기에 자유롭게 저항할 수 있는 특징을 가진다.

(2) 결핍과 성장심리학

매슬로우는 인간행동을 이해하기 위해 크게 두 종류로 나누고자 하였는데 결핍심리학(deficiency psychology)과 성장심리학(growth or being psychology)이 그것이다. 결핍심리학이 사람의 기본적인 욕구충족 영역에서 시작한다면 성장심리학은 가장 높은 욕구인 자아실현 욕구의 추구에서 인간 행동 및 경험을 탐색한다. 결핍 동기는 유기체가 자신에게 부족한 어떠한 것을 충족시키려는 욕구를 말한다. 좌절감 또는 불만족한 경험 때문에 현재의 상태를 변화시키고자 하는 욕구이다. 이에 대한 예로는 배고픔, 고통감, 공포심 등이 있다. 성장 동기는 현재의 상태에서 만족감을 경험하면서 더욱 긍정적인 가치를 추구하는 것을 의미한다. 그렇기 때문에 기본적 욕구가 충족된 후에 나타날 수밖에 없으며 독특한 개인의 삶을 향상시키는 쪽으로 지향되는 자아실현 동기라 할 수 있다. 즉, 우리의 경험을 확대시키고 삶을 더욱 풍부하게 하는 것이다. 결핍의 인지는 욕구가 강렬할 때 주로 나타나게 되는데, 사람은 강한 욕구를 지니게 되면 단지 욕구충족에 관련한 환경만을 자각하게 된다. 성장인지는 환경에 대해 보다 정확하고 효율성을 갖는 자각이다. 기본적 동기가 만족된 사람은 자신의 지각을 덜 왜곡할 가능성이 많다. 그렇기 때문에 비판단적이며 비교와 판단을 하지 않는다. 있는 그대로 인식하는 것이다. 외적 대상을 자신의 주관적 관심에 대한 관계에서보다 대상 그 자체로 가치를 부여한다. 34

매슬로우의 이론은 인간은 본래 선하며 성장가치를 지닌 자기실현의 욕구가 있다는 것이다. 욕구 위계인 생리적 욕구, 안전의 욕구, 소속감과 사랑의 욕구, 존중욕구, 자아실현의 욕구는 피라미드의 구조로 전 단계의 욕구가 충족되면 다음 단계의 욕구가 활성화되고 순차적으로 충족된다. 그리고 각 단계마다의 갈등은 개인의 선택에 따라 다르며, 욕구의 위계가 한 번 충족되었다고 완전히 소멸되는 것은 아니다.

연극치료 작업에 참여한 내담자들은 자신들이 처한 환경에 따라 저마다 다른 욕구의 위계를 표현한다. 그렇기 때문에 치료자는 내담자들이 표현하는 욕구의 위계에 민감하게 반응하고 이를 충족시킬 수 있는 치료방안을 강구하여야 한다. 생리적 욕구가 충족되지 않은 내담자의 경우에는 신체적 필요에 대한 욕구의 충족이 가장 필요하고, 생리적 욕구는 다른 모든 욕구들보다 우선된다. 그 상위 안전의 욕구는 신체, 도덕적인 안정과 가족, 건강 등의 욕구 표현이다. 위험, 고통, 신체적 위협 등으로 안전의 욕구를 지속적으로 표현하는 내담자들에게는 이에 대한 치료적 개입이 필요하다. 소속감과 사랑에 대한 욕구까지 1, 2, 3 단계의 욕구는 인간에게 가장 기본적인 욕구이며 이후 존중욕구, 자아실현의 욕구 위계를 실현하게 된다. 치료사의 주된 과제는 내담자들에게 무슨 일이 일어나는지, 무엇에 대한 욕구를 표현하는지를 관찰하고 발달적 흐름을 촉진하는 것이다.

34 Abraham Maslow (1943), 「A Theory of Human Motivation」, 『Psychological Review, 50(4)』, 370~396쪽 참조.

2) 칼 로저스[35]

연극치료에서 치료자의 개입은 내담자 중심의 치료가 주가 된다. 1940년대 초 로저스가 창안한 내담자 중심치료는 인본주의 심리학에 뿌리를 둔다. 로저스는 사람은 기본적으로 신뢰할 수 있으며, 스스로의 이해를 넘어서 문제까지도 해결할 수 있는 능력을 가지고 있다고 가정하였다. 그래서 상담자의 이론에 대한 지식보다는 상담자의 태도와 특성, 특히 내담자와 상담자 사이의 관계의 질이 치료결과에 중요한 요인이라고 강조하였다.[36] 내담자 중심의 치료가 주가 되는 연극치료에서 치료자의 개입태도는 내담자에 대한 지지적 환경을 조성하고 무조건적으로 긍정적인 관심을 보여야 한다. 그리고 내담자에 대한 공감적인 이해를 가져야 하며, 효과적인 질문을 통해 내담자 스스로가 자신의 장점과 자질을 알 수 있도록 하여야 한다. 또한 치료자는 내담자가 자기 자신을 표현하는 것을 두려워하지 않는 수용적인 분위기를 조성하여야 한다.

로저스의 이론 중 주요한 개념인 유기체, 자아, 실현화 경향성, 가치의 조건화는 다음과 같다.

· 유기체

로저스는 현상학의 영향을 많이 받아왔는데 이는 인간의 자각과 지각에 대해 연구함을 의미한다. 즉, 개인이 그것을 어떻게 지각하고 이해할 것인가가 그 대상이나 사건 자체보다 중요하다. 모든 경험의 소재로서 개인은 전체

---

35 Carl R. Rogers(1902~1987): 내담자중심의 상담요법 또는 비지시적 카운슬링의 창시자이다. 그는 치료적 변화를 위해 우선적으로 치료자의 태도 즉, 치료자 자신의 자기일치, 환자에 대한 무조건적인 긍정적 관심, 일치된 공감적 이해를 들었다. 그가 체계화한 내담자 중심의 요법과 그 인격이론은 심리전문가나 그 밖의 전문가에게 급속하게 받아들여져 카운슬링의 이론적인 지주가 되었다.

36 노안영, 강영신, 『인간 이해 및 성장을 위한 성격심리학』(서울: 학지사, 2003), 322~326쪽 참조.

가 될 수 있다. 우리가 경험하는 의식 혹은 자각은 어떤 것의 상징화라는 점에서 의식의 장과 현상적 장은 다를 수 있다. 즉, 현상학적 장은 상징화된 의식과 상징화되지 않은 무의식 경험으로 만들어진다. 유기체는 상징화되지 않은 무의식적 경험을 변별할 수 있으며 반응도 할 수 있다.

· 자아

자아는 개인 안에 있는 또 다른 작은 사람이 아니다. 즉, 개인은 자신의 행동을 통제하는 작은 자아를 갖고 있는 것이 아니라 현상적 장의 하나로 체계화되어 있는 일련의 지각인 자아를 갖고 있다. 또한 자아는 자각이 가능하기 때문에 의식화될 수 있다. 이에 개인이 의식하지 못하는 경험을 가질 수 있지만 일차적으로는 의식적이다. 자아의 구조적 개념은 이상적 자아로 가장 소유하고 싶은 자아라고 할 수 있다.

· 실현화 경향성

로저스는 인간을 진취적인 존재로 생각하여 자아실현을 강조하였다. 따라서 프로이트의 추동[37] 대신에 인간의 기본적 경향으로 자아실현을 강조하였다. 로저스는 "유기체는 하나의 기본적인 경향성과 추구성을 가지고 있으며 그것은 유기체의 경험을 실현하고, 유지하고, 향상시키는 것"[38]임을 믿었다. 실현화 경향성은 유기체를 유지시키기보다는 성장과 발달을 촉진시키는 것을 지향한다.

---

37 프로이트는 인간 심리의 무의식을 움직이는 내면의 욕망과 충동으로서 추동(drive)이라는 개념을 사용했는데, 이러한 내면의 힘은 인간이 어떠한 방향으로 행동하는 데 영향을 주는 본능적인 힘을 말한다. 프로이트는 인간 대부분의 행동의 근원이 삶의 추동이라 불리는 성적인 추동에 의한 것이며, 이러한 추동이 사회적으로 수용될 수 있도록 변형되어 나타난다고 보았다. 또한 자기 소멸과 파괴를 향하는 공격적 추동도 제시했는데, 성적인 추동과 공격적 추동은 인간의 행동에 함께 영향을 준다고 보았다.

38 Brian Thorne, 『CARL ROGERS』(London: Sage Publications Ltd., 2003), 이영희 외 역, 『칼 로저스』(서울: 학지사, 2007), 79~82쪽 재인용.

· **가치의 조건화**

사람들은 긍정적인 자기존중을 얻기 위해 노력한다. 이때 가치의 조건화 태도를 만들게 되는데 이는 곧 실현화 경향성을 이루는 데 방해가 되는 중요한 원인이 된다. 가치의 조건화는 주관적인 경험을 왜곡하고 부정하게 만들기 때문이다. 아동이 부모가 원하는 것을 하게 될 때 긍정적인 자기존중을 얻게 되고 착한 아이가 될 수 있으며, 부모가 원치 않는 것을 하게 되면 나쁜 아이가 된다. 아이들은 스스로에 대한 가치를 발달시켜가는 과정에서 어른들에 의해 잘못 부여된 가치의 조건에 길들여지게 된다. 이는 개방적 인간성장을 방해하는 요인이 된다.

인본주의적 관점에서 심리치료의 기본적인 목표는 내담자가 '완전히 기능하는 인간'이 될 수 있도록 하는 것이다. 단순히 내담자의 문제를 해결하는 것이 아니라 스스로 문제를 해결 할 수 있도록 성장과정을 독려하는 것이다. 로저스의 이론은 인간은 가장 건강하게 자신을 가장 완전의 경지로 이끌 수 있다는 인간에 대한 긍정적인 관점이다. 이는 내담자의 잠재력과 책임능력을 신뢰하는 것이다. 치료자는 내담자가 성장과정에서 가치조건에 의해 위축되고 왜곡된 자기개념이 변화될 수 있도록 도와야 한다. 이를 통해 내담자는 자신을 의미 있게 만드는 것은 외적인 가치조건이 아니라 자기 자신이라는 것을 깨닫게 된다. 외적인 조건에 의하지 않고 자신에 대해 이제까지와는 다른 새로운 의미를 가질 수 있게 되며 참된 성장의 길로 나아가게 된다.

로저스는 내담자의 잠재력을 실현하게 하고 성장을 촉진시키기 위해 치료자는 내담자에게 진솔성(일치성)과 무조건적 긍정적 존중, 공감적 태도가 필요하다고 하였다.

· **진솔성(일치성)**

진솔성은 치료자가 내담자를 대하는 태도를 말한다. 치료자는 내담자를 대함에 있어 내담자에게 드는 긍정적인 감정이나 부정적인 자신의 감정을 솔직하게 경험하여야 한다. 그리고 치료자가 내담자에게서 경험한 감정 역시 솔직하게 표현하여야 한다. 진솔성이 중요한 것은 내담자가 자신의 감정이나 경험을 있는 그대로 수용하지 않고 부인하거나 왜곡하는 심리적 과정에 대한 불일치를 줄여 나갈 수 있게 된다는 것이다. 그러나 치료자가 표현한 부정적인 감정이 내담자의 성장에 기여하지 못한다면 의미가 없다.

· 무조건적인 존중

치료자가 내담자에게 어떠한 가치기준도 적용하지 않고 있는 그대로 수용하고 존중하는 것이다. 치료자는 내담자를 가치조건에 의해 판단하지 않고 내담자가 있는 그대로의 모습으로 존중 받아야한다는 태도를 일관되게 가져야 한다. 이러한 무조건적인 존중은 내담자의 부정적인 행위까지 승인 한다기보다는 내담자 느끼고, 생각하고, 행위 하는 인간으로서의 가치를 존중하는 것이다. 치료자의 인간에 대한 끊임없는 관심과 무조건적인 존중은 내담자가 가치의 조건에서 벗어나 있는 그대로 느끼고 표현하는 자유로운 존재가 될 수 있게 한다.

· 공감적 태도

공감은 즉각적이고 직접적이면서 지속시키는 과정이다. 따라서 치료자는 관찰하고 진단하는 과정 이전에 내담자의 표현과 태도에 몰입하기 위해 최대한 노력해야 한다. 이는 내담자의 감정에 지속적으로 집중하고 적극적인 주의를 통해 이루어지는 것이다.[39] 공감적 태도는 지금 여기에서 나타나는 내담자의 감정을 이해하고 내담자의 감정을 치료자 자신의 것처럼 느끼는 것이다. 공감적 이해를 위해 치료자는 내담자의 입장이 되어보는 것이 중요한다. 내담자가 혼란, 공포, 분노, 용기, 사랑 등 어떠한 감정을 경험할 때 치

39 Raymond J. Corsini & Danny Wedding, 『Current Psychotherapies』(F. E. Peacock Publishers, 2001), 김정희 역, 『현대심리치료』(서울: 학지사, 2004), 224쪽.

료자가 기꺼이 내담자를 위해 존재하는 것이다. 치료자가 어떤 상황에서든지 내담자에게 비판적이지 않으며 긍정적이고 무조건적인 수용적 태도를 보일 때 치료적 움직임이나 변화가 일어날 수 있다. 즉, 치료자가 조건적인 방식이 아니라 전적으로 내담자를 존중할 때, 치료가 긍정적인 방향으로 진행될 수 있다.[40]

내담자와 치료자의 치료관계에서 우선시되는 라포(rapport)가 형성되기 위해 치료자는 내담자에 대한 관심과 정서적인 따뜻함, 그리고 반응성을 가져야 한다. 치료자는 내담자와의 관계에서 정서적으로 개입될 수밖에 없다. 그러나 치료자는 내담자에게 지나치게 동일시를 하거나 초연하지 않고 있는 그대로를 직시할 수 있어야 하며 명확한 한계 내에서 정서적인 애착관계를 맺어야 한다. 치료세션에서 치료적인 허용성은 자유를 경험하는 것의 한계, 내담자와 치료자가 주고받는 애정의 한계가 전제되어야 하는 것이다. 중요한 치료적 한계는 정해진 치료시간이 지켜져야 하는 것, 내담자가 자신을 직면하기 위해 감정을 표현할 수 있는 자유는 주어지지만 이것이 다른 사람이나 치료자에게 공격적인 행동이 되어서는 안 된다는 것 등이 있다.

연극치료에서 내담자들은 드라마를 연행하는 과정에서의 가상의 역할에게 공격적인 행동이나 인형을 괴롭히는 것과 같은 행동을 하였을 경우 치료자에게 질책을 받을 것이라는 예상을 하고 죄책감을 느끼기도 한다. 그러나 치료자는 이것이 일상의 실제적인 경험과는 다른 가상의 허용적인 상황임을 알리고 내담자가 자유롭게 자신의 감정, 태도, 문제를 최대한 표현을 할 수 있도록 하여야 한다.

내담자와 치료자 사이의 구조화된 관계는 내담자가 시간, 의존, 공격적인 행동의 한계를 갖게 하고, 치료자는 내담자에게 스스로 정한 책임과 애정의 한계를 갖는 것이다. 내담자가 치료 환경 내에서 알게 되고 경험한 한계는 곧 일상에서의 한계와 연관된다.

---

40 Carl R. Rogers, 『On Becoming A Person』(New York: Mariner Books, 1995), 주은선 역, 『칼 로저스 상담의 원리와 실제: 진정한 사람 되기』(서울: 학지사, 2009), 79쪽.

6. 심리학적 접근 이론과 연극치료 사례

심리학의 이론들을 나열하다 보면 누가 그 이론을 필요로 하는지에 대한 의문을 갖게 될 것이다. 이에 대한 해결책은 치료자가 모든 이론에 친숙해져서 각각의 내담자들에게 임상적으로 적절한 초점을 맞추는 것이다. 치료자는 심리학의 다양한 이론에 친숙해짐으로써 지식의 폭이 넓어지고 내담자들에게 필요한 접근을 이해할 수 있게 될 것이다. 이번 장에서는 본 연구자가 치료자로 진행한 심리학적 접근의 연극치료 사례를 소개한다. 그러나 본 연구 사례들은 특정한 심리학 이론에만 기대어 작업되었다기보다는 내담자마다의 환경에 필요한 다층적인 접근과 다양한 연극치료 접근법이 함께 시도되었다.

이번 장의 정신역동, 사회심리이론의 접근을 통한 치료 사례 연구는 내담자집단의 치료적 개입과 연관된 집단 구성원 중 한 개인의 개별적 심리적 문제 적용에 대한 사례이다. 정신역동 접근에서는 이론적 연구를 통한 사례를 연구한다. 심리사회적 접근 사례는 에릭슨의 이론을 통해 인생의 각 단계별로 특정한 주제가 있음을 연구하고 발달적 이행을 위한 적용의 예를 연구한다. 그리고 애착이론 접근의 개인치료 사례와 정서지능이론을 통해 중증 성인그룹에서의 정서인식과 표현에 대한 중요성과 적용에 대해 연구한다. 또한 공격행동 아동 그룹 사례에 대해 연구한다.

6-1. 정신 역동적 접근의 청소년 치료 사례

1) 프로이트

정신역동은 정신분석적 이론과 지식에 기초한 접근방법이다. 정신분석학은 프로이트[1]에 의해 창시되었으며, 그의 이론은 초기 아동기의 경험이 인간의 성격형성에 중요한 영향을 미친다고 본다. 프로이트는 무의식을 강조하였기 때문에 사람들이 억압하여 무의식으로 넘겨버린 내용들을 이해하는 것을 정신분석의 핵심이라고 하였다.

프로이트는 심리성적 발달에 관한 이론을 중요시하였는데, 그는 인생 초기의 발달과정이 인격의 형성에 가장 중요한 역할을 한다고 보았다. 성의 본능인 리비도는 연령이 변화함에 따라 집중되는 신체영역이 달라지는데 이를 중심으로 각 발달의 단계를 나누었다. 발달단계는 생물학적으로 이미 예정된 것으로 보았으며 모든 인류에게 일정한 순서에 따라 나타난다고 하였는데 그 단계별 특징은 다음과 같다.[2]

심리성적 발달단계에서 구강기(~1세)는 본능적 욕구로서 입으로 빠는 행동, 즉 먹는 것을 통해 배고픔을 해결하고 쾌감을 느끼는 시기이다. 이 시기에 고착된 성격유형은 의존성, 자기중심적인 태도, 미숙함, 수동성, 먹거나

---

1 Sigmund Freud(1856~1939): 빈대학 의학부에서 신경해부학(Neuroanatomy)을 공부하였다. 1889년 프랑스의 베르넴과 레보 밑에서 최면술을 보게 되며 인간의 마음에는 본인이 의식하지 못하는 과정, 즉 무의식이 존재한다는 것을 굳게 믿게 되었다. 이보다 앞서 브로이어(J. Breuer)는 히스테리 환자에게 최면술을 걸어 잊혀가는 심적 외상을 상기시키면 히스테리가 치유된다는 사실을 발견하였다. 프로이트는 그와 공동으로 그 치유의 방법을 연구, 1893년 카타르시스법을 확립하였다. 그러나 얼마 후 이 치유법에 결함이 있음을 깨닫고 최면술 대신 자유연상법을 사용하여 히스테리를 치료하고, 1896년 이 치료법에 '정신분석'이라는 이름을 붙였다. 이후 그는 꿈·착각·해학과 같은 정상심리에도 연구를 확대하여 심층심리학을 확립하였고, 1905년에는 소아성욕론을 수립하였다. 제1차 세계대전 후 사변적 경향을 강화하여 이드(id) ·자아 ·초자아와 같은 생각, 생의 본능과 죽음의 본능이라는 설을 내세웠다.

2 최경숙, 『아동발달심리학』(경기도: 교문사, 2006), 35~39쪽 참조.

마시거나 말하는 행동에 집착하는 것(과식, 흡연, 알코올 중독) 등이 특징이다. 이 시기의 공격성은 깨무는 행동으로 나타난다. 항문기(18개월~3세)에는 배변훈련을 시키려는 부모와 갈등이 생기면서 자신의 신체근육의 조종과 통제능력을 획득하게 되고 그 결과 자율성이 형성된다. 배변훈련 과정에서 부모의 칭찬과 징벌은 부모에 대한 양가감정(ambivalence)을 불러일으킨다. 이 시기의 인격발달에 장애가 생기면 지나치게 완고하고 인색하며 완벽주의, 강박성, 죄책감, 가학적, 피학적 성격 또는 양가감정의 특징을 갖는다. 남근기(4~6세)는 자신의 성기에 관심을 갖는 시기이다. 아동들은 무의식 속에서 이성부모를 사랑의 대상으로 느끼고 동성 부모에게 질투와 경쟁심을 갖게 된다. 이를 오이디푸스콤플렉스라고 하며, 여자아이에게서 나타나는 이러한 특성을 엘렉트라콤플렉스라고 부른다. 이때에 남자아이들은 자신의 성기를 힘과 우월성의 상징으로 보고 여자아이는 그것이 없다는 점에서 남근선망과 더불어 열등감을 가지게 된다. 아이들은 이때에 부모의 성적 차이에 대해 인식하므로 대상관계는 자신과 부모의 삼각관계가 된다. 하지만 아이들은 점차 이러한 금지된 욕망과 적대행동에 대해 죄책감을 느끼고, 특히 남자아이는 아버지로부터 거세를 당할 것이라는 거세공포(castration fear)를 경험한다. 그 결과 이성의 부모를 사랑하려는 금지된 소망을 포기하고 동성의 부모를 닮는 것을 통해 갈등과 공포를 해소한다. 또한 이러한 동일시과정을 통해 부모의 규범과 자신이 속한 사회의 규범을 내재화하면서 자아와 초자아가 발전한다. 잠복기(6~12세)의 특징은 본능적 욕구가 잠재화되어 이성에 대한 관심은 줄어들고 동성의 아이들과 어울리게 된다. 동성 간의 동일시, 자신의 성적 정체성 확립, 친구나 학교 선생님에 대한 관심 등이 특징이다. 동성 또래집단과의 대상관계(peer relationship)는 이후 사회관계 발전에 중요한 기초가 된다. 생식기(12세 이후)에는 남근기 단계의 주제가 부활되며 사회적으로 수용되는 다양한 경험으로 성적에너지를 다룰 수 있게 된다. 성적 욕구가 쾌락의 근거가 되는 시기이다. 이성에 대한 관심 증가, 왕성한 성적 욕구에 의한 긴장감과 이에 대한 적절한 해소, 정체성 확립과 인생관, 가치관 확립, 독

립적인 능력의 확보 등이 시기의 중요한 과제이다.[3]

프로이트는 원초아, 자아, 초자아는 인간의 성격을 구성하는 세 가지 요소이며 각 요소는 독특한 속성을 가지고 있고 상호 간에 영향을 미친다고 하였다. 원초아는 성격을 구성하는 가장 큰 부분으로 태어날 때부터 가지게 되며, 쾌락원리 즉 본능적 추동에 의해 욕구를 즉각적으로 충족시키려고 움직인다. 자아는 인간 성격의 의식적이고 합리적인 부분이며 초기 영아기 때부터 나타나기 시작한다. 개인이 접하는 현실을 이성적으로 인지하여 조정하면서 현실원리에 따라 움직이며, 원초아의 요구와 현실의 요구가 조화를 이루어 충족되도록 쾌락을 지연시키고 조절하는 역할을 한다. 초자아는 3~6세 사이에 나타나며, 사회적 구성요소로서 개인의 양심과 이상적 자아에 따른 도덕원리에 따라 작동한다.

정신분석적 접근에서는 불안 또한 중요한 개념이다. 불안은 의식의 수준으로 올라오는 억압되어있던 욕망, 감정, 기억, 경험에서 기인하는 두려운 감정이다. 자아는 이런 불안을 피하기 위하여 상동(相同)적이고 반복적, 자동적인 방어기제를 사용하는데 이 과정을 통해 내적 갈등이 해결되고 평정을 찾을 수 있게 된다. 불안을 극복하도록 돕는 방어기제들은 현실을 왜곡시키거나 부정하고, 무의식의 수준에서 경험하게 된다는 공통점이 있다. 그 외 일반적인 자아의 방어기제는 다음 <표 12>와 같은 특성이 있다.

<표 12> 자아방어기제[4]

방어기제	내용
억압	1차적 방어기제로서 가장 흔히 쓰인다. 의식에서 용납할 수 없는 충동, 욕망 등을 무의식 속으로 넘기는 것으로 특히, 죄의식 혹은 창피함, 자존심이 손상되는 경험들이 대상이 된다.
부정	자아방어기제 중 가장 단순하며 외적 상황에서 느끼는 감정과 사고, 지각을 전의식이나 의식에서 왜곡시키는 것이다.

3 민영길, 『최신정신의학』(서울: 일조각, 2010), 74~75쪽 참조.

반동형성	불안을 유발하는 욕망에 반대되는 행동이나 태도를 취하는 것이다. 다른 사람에 대한 싫어하는 감정을 친절하게 대해줌으로서 숨기거나 은폐하는 것을 예로 들 수 있다.
투사	공격적이거나 음탕한 충동들을 내가 아닌 타인이 갖고 있다고 여기는 것이다.
치환	충동을 위협적으로 느껴지는 원래의 대상이 아닌 만만한 사람에게로 향하게 하는 것으로 예컨대, 직장 상사에게 모욕적인 일을 당하여 화가 난 남자가 퇴근 후 집에 있는 아내에게 부적절한 분노를 표출하는 것을 말한다.
합리화	어떤 행동을 정당화하여 상처받은 자아의 좌절감을 줄여주는 것이다.
승화	욕구, 충동을 사회적으로 허용되는 방향으로 표출하는 것이다.
퇴행	극심한 스트레스나 역경에 직면했을 때 초기 발달 단계의 미성숙한 행동을 하는 것을 말한다.
내사	타인의 가치나 기준을 자신의 것처럼 받아들이는 것이다.

핵심적인 정신분석의 이해는 개인이 스스로 해결할 수 없는 무의식의 갈등에 사로잡혀 있을 때 징후가 발생한다는 것이다. 고통스러운 불안으로부터 보호하기 위해 개인은 기저에 있는 감정(이드)과 압박자아 사이의 절충형태를 이끌 수 있는 방어기제를 개발하는데 이때의 징후는 이드의 금지된 소망을 만족시킨다.[5]

정신분석적인 접근의 아동치료에서 놀이를 이용할 때에 필수적인 조건 중의 하나는 내담자가 치료자에게 전이(transference)[6]할 수 있어야 한다. 내담자

---

4 Gerald Corey, 『Theory and Practice of Counseling and Psychotherapy 8/E』(Wadsworth: Thomson, 2009), 조현춘 외 역, 『심리상담과 치료의 이론과 실제』(서울: 센게이지 러닝 코리아, 2012), 68~69쪽 참조.

5 David Read Johnson, Renee Emunah (Eds.), 『Current Approaches in Drama Therapy (2nd ed)』, NY: Thomas Publisher, LTD, (2009), 김세준, 이상훈 역, 『현대 드라마치료의 세계 -제2판』(서울: 시그마프레스, 2011), 278~282쪽 참조.

6 아동기 동안에 중요한 사람들과의 관계에서 경험했던 느낌, 사고, 행동 유형이 현재

는 치료자를 자신의 삶에 있어서 중대한 영향을 미치는 누군가-어머니, 아버지 등-로 대신 생각할 수 있는 가능성을 열어두어야 한다.[7] 내담자는 전이를 통하여 치료자를 과거의 중요한 사람으로 경험한다. 치료자는 과거의 인물의 특성을 불러일으키고 내담자는 치료자를 통해서 그 과거의 인물에 관련된 느낌들을 그때와 똑같은 방법으로 경험한다. 내담자는 과거를 기억하는 대신에 과거의 관계를 무의식으로 재작동시키고 그렇게 함으로써 과거의 관계들에 대한 풍부한 정보를 치료 상황에 끌어들인다.[8]

프로이트는 아동기의 놀이에서 아이의 심리문제를 해결할 수 있는 극 놀이의 중요성을 인식하고 그 중요성을 설명하기 위해 장난감을 갖고 노는 자신의 손자를 예로 들어 설명하였다. 아기는 계속 장난감을 던지고 다시 찾고 하면서 엄마가 떠날 경우의 분리불안을 점차적으로 다루고 억제하고 있었다.

맺고 있는 다른 사람들과의 관계로 전치된 것. 이 과정은 대체로 무의식적인 것이기 때문에 감정의 다양한 원천들을 지각하지 못한다. 일반적으로 부모가 그런 감정 유형의 원래 대상이지만, 형제자매, 조부모, 교사, 의사 그리고 아동기의 영웅들도 전이의 대상이 된다. 전이는 대상관계의 한 형태이고, 모든 대상관계가 첫 번째 아동기 애착을 재편집한 것이라 할 수 있다. 분석 상황 바깥에서도 전이는 의사와의 관계, 학교, 사무실 그리고 사회적 상호작용에서도 일어난다. 그러나 분석 상황에서 전이는 특별하게 나타나는 경향이 있다. 그것은 분석 상황 안에서 변화하기 때문에 분석가는 환자의 과거로부터 온 여러 인물들을 나타낼 수 있다. 단, 분석가에 대한 환자의 반응 전부가 전이는 아니다. 어떤 것들은 분석가의 태도나 실제 행동에 바탕을 둔 것이다. 전이는 분석에 대한 가장 강력한 저항을 가져올 수 있다. 그러나 이것은 또한 강력한 치료 동맹의 표현일 수도 있다. 환자가 분석 치료 동안에 이루어지는 연결들과 재구성들이 타당한 것이라고 확신하게 되는 것은 전이의 해석을 통해서이다. 전이 내용의 분석과 해석은 치료 과정에서 핵심적인 부분이다. 전이는 치료 과정에서 상당히 수정될 수 있다. 환자는 분석 치료의 목적과 방법을 동일시하고, 발생 원인에 대한 통찰이 필요하다는 사실을 이해한다. 환자의 협력하고자 하는 열망은 환자로 하여금 통찰, 이해 그리고 의식적 통제(분석가의 작업 자아로써 개념화된)에 도달하도록 돕고자 하는 분석가에 의해 보완된다. 치료 동맹은 환자의 자아 기능의 한 영역이 분열되어 경험하는 부분을 관찰하는 역할을 맡는다. 강한 치료적 동맹은 종종 강한 부정적 전이가 일어나는 시기 동안에 분석을 지속시키는 데 필수적이다.

7 Fergus P. Hughes, 『Children, Play, and Development, 3/E』(Boston: Allyn & Bacon, 1999), 김광웅·유미숙·박영애·유가효·최영희·방은령 역, 『놀이와 아동발달』(서울: 시그마프레스, 2003), 297쪽.

8 Glen O. Gabbard, 이정태 역, 『역동정신의학』(서울: 하나의학사, 2008), 48~49쪽.

엄마가 오가는 행동을 상징하는 장난감을 가지고 노는 반복적인 놀이는 어린이가 거울 앞에서 나타났다 사라지는 극 놀이로 이어졌다. 이러한 자발적인 놀이행동은 어린이가 스스로를 달래도록 도와 분리불안을 지배할 수 있도록 한다. 프로이트는 이것을 반복강박(repetition-compulsion)이라고 불렀으며 지배하려는 충동이라고 하였다. 어린이는 놀이 속에서 괴로운 것을 반복하여 점차 괴로운 상처를 약화시킴으로써 외상적 사건을 극복한다는 것이다. 이것은 그들의 실제 삶에 대단한 영향력을 미쳐서 어린이 스스로를 상황의 지배자로 만들게 한다.

프로이트 이후로 놀이와 상상을 통한 자유연상은 정신분석치료의 핵심이며 자발적인 드라마의 중심이기도 하다. 연극치료의 핵심은 개인적인 이야기의 내용과 경향을 나타내는 상상에 있다. 아동은 상상 속에서 원하는 바를 표현하여 자신이 원하는 바를 충족시키는 수단으로 삼으며 이 과정에서 아동이 모방하려는 대상은 자신의 주변 환경에서 영향을 받은 선택적인 대상이다.

인간의 감정, 동기, 행동, 인지 등의 근본적인 문제를 이해하는 데에는 무의식에 대한 연구가 필요하다. 연극치료 작업에서는 무의식, 증상형성, 저항 및 방어, 전이와 같은 정신분석학적 접근이 이루어진다. 무의식은 우뇌의 신경생물학적 기질로 감정 및 신체를 기반으로 하며 주로 감정과 감각을 통해서 표현된다. 연극치료는 의식적인 인지가 없는 마음-몸-감정의 상태에서 작업되고 깊은 감정과 몸의 기억에 의한 드라마는 무의식영역에서의 작업이다. 심리치료에서 상징은 꿈이나 자유연상, 그림을 통해 무의식적으로 표현되는데 그 소통을 명확하게 하는 그 과정에서 내담자는 치료적 변화를 가져올 통찰을 성취하게 된다. 마찬가지로 연극치료에서도 내담자는 상징을 통해 억압된 정서적 외상의 경험이나 문제와 소통한다. 드라마세계와 현실세계의 상징적 연관은 연극치료의 핵심적 효능이다.[9] 연극치료에서 내담자는 은유

9 Phil Jones, 『Drama as Therapy: Theatre as Living』(London: Routledge, 1996), 이효원 역, 『드라마와 치료』(서울: 도서출판 울력, 2005), 351쪽.

적 연관을 통해 직접적으로 말할 수 없던 그 무언가를 드러내게 된다. 그리고 은유적 거리를 통해 내담자는 일상의 현실을 바라볼 수 있게 된다. 내담자가 사용하는 상징이나 은유적 측면의 용어, 주제, 사물의 종류, 내담자가 사용하는 어휘의 사용방식을 치료자는 잘 이해하고 있어야 하고, 이는 드라마세계와 현실의 연관을 파악할 수 있게 한다.

2) 멜라니 클라인

대상관계이론[10]의 창시자로 알려져 있는 멜라니 클라인[11]은 소아정신질환의 치료에 정신분석학을 도입하였으며 아동분석에서 사용되는 놀이가 성인분석의 자유연상에 준하는 의미를 갖고 있는 것으로 보았다. 의식과 무의식

---

10 대상관계이론은 대인관계들이 이 관계들의 내재화된 표상으로 변환된다고 주장한다. 소아가 발달해감에 따라 단순히 대상이나 인물을 내재화하는 것이 아니라 그들과의 전체적인 관계를 내재화하는 것이다. 영아가 양육을 받는 동안에 영아와 어머니 사이에 사랑을 한다는 긍정적 경험의 원형이 형성된다. 이러한 원형에는 자기, 즉 양육을 받는 영아 자신에 대한 긍정적 경험과 대상 즉 관심을 갖고 양육을 하는 어머니에 대한 긍정적 경험, 그리고 쾌감이나 포만감 등 긍정적 감정 경험이 포함된다. 공복감이 느껴질 때 어머니가 즉시 나타나지 않으면 부정적 경험이라는 경험이 발생할 것이다. 자기 즉 거절당하여 칭얼거리는 영아 자신의 부정적 경험, 무관심하고 거절하는 대상(나타나지 않은 어머니), 그리고 분노, 심지어는 공포에까지 이르는 부정적 감정경험이 이 원형에 포함된다. 궁극적으로 이들 두 가지, 긍정적 경험과 부정적 경험들이 내재화되면서 이들은 각각 하나의 자기-표상, 하나의 대상-표상 및 이 둘을 연결하는 하나의 감정을 그 내용으로 하는 서로 상반되는 두 가지 형태의 대상관계의 틀을 갖추게 된다.

11 Melanie R. Klein(1882~1960): 오스트리아 빈에서 태어났다. 대학을 다닌 적이 없는 클라인은 헝가리에서 프로이트의 책을 읽은 후 헝가리의 정신분석학자 산도르 페렌치에게서 정신분석을 받았다. 이후 카를 아브라함에게서 정신분석을 받은 후 영국으로 이주하여 늦은 출발을 만회하기 위해 열정적으로 연구를 하였다. 점차 그녀의 이론을 추종하는 열광적인 지지자들이 모여들어 '클라인학파(런던학파)'를 결성하였으며 1940년대에는 프로이트의 막내딸인 안나 프로이트 진영을 비롯한 몇몇 프로이트 학파와 지적 논쟁을 벌이기도 했다. '대상관계'를 핵심으로 하는 그녀의 이론은 당시 비주류에 머물러있었지만 오늘날에는 아동심리학을 넘어 프로이트와 라캉으로 이어지는 정신분석학의 거장으로 높이 평가받고 있다.

의 영역이 근접해 있고, 억압기제가 충분히 발달하지 않은 아동은 놀이를 통해 자신의 무의식적인 정신 내용을 창조적으로 표현한다는 것이다.[12] 그녀는 인간행동의 주된 동기를 욕구 해소에 있는 것으로 보았다. 아동은 놀이 속에서 자신의 삶속에서 중요한 인물에 대한 좋아하는 감정, 싫어하는 감정, 기쁨, 두려움 등의 감정을 드러낸다. 아동은 성인들처럼 자유연상을 통해 자신의 심리상태를 구체화하고 표현하기 어렵기 때문에 놀잇감을 가지고 노는 과정에서 무의식의 갈등, 공포, 애증 등의 감정을 쉽게 표현할 수 있게 된다. 이때 치료자는 놀이를 통해 아동이 무엇을 말하려고 하는지를 관찰하게 된다. 예를 들어 아동이 가족인형을 가지고 놀 때에 가족 중 한 명을 상징하는 인형에게 가해를 한다면 그 가족에 대한 분노를 표현하는 것으로 해석한다.

클라인은 아동의 놀이 활동의 대부분을 부모와의 관계에서 기인한 성적갈등과 공격성의 상징적 표현으로 보았다. 클라인 연구의 중심인 아동정신분석학의 놀이치료 과정에서 아동들이 드러내는 행동에는 자연스럽게 어머니의 표상[13]이 나타나게 된다. 클라인은 연구를 통해 편집-분열적 자리(paranoid schizoid-position)[14]에서의 공격성은 나쁜 젖가슴과의 증오스런 관계

12 장정은, 「멜라니 클라인의 대상관계이론의 관점에서 본 놀이치료 임상사례연구」, (목회와 상담, 2015), 364쪽 재인용.

13 개인이 대상을 정신적으로 소유하고 있는 방식을 지칭하는 말이다. 이 내적세계는 실제 사회적 환경 속에서 관찰 가능한 대상들의 영역인 외적세계에 대한 개인의 주관적인 정신적 표상이다. 따라서 대상관계란 대인관계가 내면화된 것이라 볼 수 없기 때문에 실재하는 대인관계와는 다를 수도 있다.

14 편집-분열적 자리에서는 내부 및 외부 대상과 관련된 정서적 경험들이 역동적인 틀을 형성한다. 이렇게 형성된 틀은 우울 적 자리에서 수정을 거치기는 하지만, 전 생애에 걸쳐 영향력을 행사한다. 편집-분열적 자리에서 주로 사용되는 방어기제들은 분열, 투사적 동일시, 마술적이고 전능한 부인, 이상화 등이다. 유아는 어머니의 젖가슴에 사랑과 미움을 투사하며, 젖가슴을 '좋은' 대상과 '나쁜' 대상으로 분열시킨다. 좋은 대상은 '이상화'되며, 끝없는 만족을 제공해 줄 수 있는 대상으로 인식된다. 반대로 나쁜 대상은 무서운 박해자가 된다. 그러므로 이 자리의 특징적인 불안은 박해 불안이다. 즉 유아는 나쁜 대상에 의해 파괴되는 것을 두려워한다. 자아는 아직 적절하게 통합되지 않았기 때문에 박해대상의 힘을 빼앗거나 그 대상을 몰아내기 위해서는 전능 부인이라는 기제를 사용하게 된다.

에서만 제한되고, 좋은 젖가슴인 사랑하는 관계로부터는 완전하게 분리되어 있다. 그러나 생후 첫 4개월이 지나면서 유아는 전체대상을 내면화하는 발달적 성취를 이루게 되며 좋거나 나쁜 경험을 전체 대상과의 양가적인 관계로 묶기 시작하면서 편집-분열적 자리가 제공하였던 평정은 깨어지게 된다. 이제 유아의 적대적 환상 속에서 파괴되는 것은 나쁜 젖가슴이 아니라 유아를 잘 돌보지 못함으로써 유아를 갈망하게 하고 좌절시키고 분리시키는 전체 대상으로서의 어머니이다. 유아의 환상 안에서 파괴되는 전체 대상은 좌절과 유일한 선(goodness)인데, 자신을 좌절시키는 전체 대상을 파괴함으로써 유아는 보호자와 피난처를 함께 제거해 버린다. 클라인은 자신의 공격성이 사랑하는 대상을 파괴했다는 유아의 강렬한 공포와 죄책감을 우울불안이라 하였고, 유아가 전체대상을 향하여 사랑과 미움을 동시에 느끼는 경험조직을 우울적 자리(depressive-position)[15]라고 하였다. 이 우울적 자리에서는 상실감, 슬픔 그리고 애타는 감정과 죄책감이 추가된다. 이 단계에서 자아는 자신의 내면에 존재하는 좋은 대상이 확고하게 자리 잡지 못했다고 느낀다. 클라인은 어린이와 어른들이 대상 상실을 경험한 후 우울적 자리로 퇴행함으로써 우울증을 앓는 것으로 이해하였고, 이것이 그들이 겪는 고통과 공포의 핵이며 여기에는 죽어가는 그리고 죽은 대상을 포함한다고 하였다.

클라인은 좋은 내적 대상의 확립을 통해 우울적 자리를 극복할 수 있다고 하였다. 대상을 상실한 후 정상적인 애도가 있다면 초기 유아기의 우울적 자

15 우울적 자리는 편집-분열적 자리에 뒤이어 나타나는 발달단계로서, 이 단계에서 대상에 대한 사랑과 증오, 대상의 '좋은' 측면과 '나쁜' 측면, 대상의 다른 부분적 표상들 그리고 외적 현실과 심리내적 현실 또는 환상의 통합이 이루어진다. 우울 적 자리는 생후 3~4개월경에 초기 형태가 시작되고 전 생애 동안 지속된다. 이때 유아는 모성적 대상을 전체 대상으로 인지한다는 점 때문에, 클라인은 이 시기가 오이디프스 갈등이 작동하기 시작하는 때라고 가정하였다. 공격성으로 인해 좋은 대상을 상실할 수도 있다는 생각은 죄책감의 발달로 인도한다. 편집-분열적 자리에서의 주된 정서가 박해 불안이라면, 우울 적 자리에서의 주된 정서는 대상을 염려하는 우울 불안이다. 투사보다는 내사가 지배적이다. 우울 적 자리는 결코 완성되는 것이 아니다. 우울 적 자리가 성공적으로 확립되기 위해서는 대상에 대한 전능 통제를 포기하고 자신이 대상에게 의존되어 있다는 현실을 받아들여야 한다.

리가 재생되어도 자아가 다시 초기의 경험으로 좋은 내적 대상을 회복할 수 있다는 것이다. 편집-분열적 자리와 우울적 자리는 평생 마음속에서 변증법적으로 상호작용하는 경험양식이다.

대상관계이론의 관점에서 치료자는 아동과의 놀이에서 중요한 역할을 담당한다. 치료자는 아동의 놀이가 활성화될 수 있도록 안전하게 신뢰할만한 환경을 조성해야한다. 아동들은 놀이를 통해 자신들의 내적세계와 무의식적 환상을 전이하게 되는데, 치료자는 이때 표현되는 부정적 감정과 투사적 동일시[16]에 대한 이해를 바탕으로 아동이 이를 의식화 할 수 있도록 해석자가 되어야 한다.

놀이를 통한 아동분석의 목표는 고착, 퇴행, 방어적인 조작 등의 병인을 탐색하고 이해하며 해결하는 것이다. 아동들은 놀이를 통해 공격성과 불안, 좌절, 자신이 전능하다는 환상 등을 표현하게 된다. 이때 치료자가 아동을 일반적인 도덕적, 윤리적 가치로 비난하는 것은 무의식의 표현을 저해하게 한다. 아동들은 놀이를 통해 무의식의 불안과 파괴적인 공격성을 드러내기 때문이다.

16 투사는 단지 방어기제만을 말하지만, 투사적 동일시는 환상내용을 포함한다. 투사적 동일시에서 자기와 내적 대상의 부분들은 분리되어 외적 대상으로 투사되며, 외적 대상은 분리된 부분에 의해 소유되고 통제될 뿐 아니라 '동일시'된다. 방어로서의 투사적 동일시의 목적은 분리를 피하기 위해 외적 대상과 하나가 되는 것, 박해 위협을 주는 파괴적이고 나쁜 대상을 통제하는 것, 자기가 좋은 부분을 분리시켜 치료자 안에 둠으로써 안전하게 보존하는 것 등이다. 이 기제는 편집-분열적 자리에서 시작되지만 발달과정 내내 지속될 수 있다.

내사적 동일시는 투사적 동일시의 상대개념이다. 이는 대상을 구강을 통해 합입하는 환상을 포함하는데, 이로써 대상과의 동일시가 발생한다. 내사와 투사는 지속적으로 유지되는 과정이며, 이를 통해 내적 세계가 형성된다. 대상의 좋은 측면과 동일시한 것을 합입하고 대상의 나쁘거나 위험한 측면과 동일시한 것을 '뱉어 버리는' 지속적인 과정에서 내사적 동일시는 투사적 기제와 균형을 이루게 된다. 투사적 동일시가 편집-분열적 자리에서 지배적인 반면, 내사 적 기제는 우울 적 자리에서 지배적이다. 우울적 자리는 편집-분열적 자리에 비해 성숙된 정신 상태를 나타낸다.

3) 정신역동적 치료자의 개입

프로이트의 정신분석적 심리치료의 목적은 무의식을 의식에 있게 하고, 충동적인 이드를 합리적이고 현실적인 자아가 대체하도록 하는 것이다.[17] 자유연상 기법은 내담자가 의식에 떠오르는 것을 여과하지 않고 그대로 표현하도록 하고, 치료자는 그런 내담자의 말에서 이야기하는 방식과 침묵, 말의 주제, 경향성 등을 찾으면서 비판단적 태도로 경청한다.[18] 초기단계에서 치료자는 내담자의 말과 행하는 모든 것에 의미를 두고 관찰하고, 이 단계에서 내담자의 현재 생활과 문제, 내담자가 성취해 온 것들, 다른 사람들과의 관계, 가족배경과 아동기 발달과정들을 알아야 한다. 이러한 정보들을 통하여 내담자의 무의식에 있는 갈등의 본질에 대해 이해할 수 있으며, 내담자는 저항해오던 자기 자신을 드러내며 부인해왔던 사고와 감정을 자각하게 된다.

정신역동적 치료자의 치료적 개입은 표현적 측면이나 지지적 측면 중 어떤 쪽에 기반을 두고 있는지에 따라 해석, 관찰, 직면, 명료화, 정밀한 묘사를 위한 격려, 공감적 인정, 정신교육적 개입, 조언과 칭찬 8가지 항목[19]으로 분류될 수 있다.

· **해석**

해석은 하나의 감정, 사고, 행동 및 증상을 무의식적인 의미나 원인에 결부시켜 설명하는 것으로 무의식적인 것을 의식화 하는 것이다. 해석은 그 치료가 어느 지점에 와 있는가와 내담자가 해석을 얼마나 쉽게 받아들이는지에 따라서 전이나 전이 외적인 문제, 혹은 내담자의 과거나 현재 상황에 대하여 환자의 저항이나 환상에 초점을 맞출 수 있다. 해석은 내담자가 의식화

17 이무석, 『정신분석에로의 초대』(서울: 도서출판 이유, 2003), 206쪽 참조.

18 Lavinia Gomez, 『An Introduction to Object Relations』(London: Eric Yang Agency, 1997), 김창대 외 역, 『대상관계이론 입문』(서울: 학지사, 2008), 47~49쪽.

19 Glen O. Gabbard, M.D, 『Attachment and Interaction』(American Psychiatric Press, Inc., 2005), 이정태 역, 『역동정신의학』(서울: 하나의학사, 2008), 135~138쪽 참조.

되어 잘 받아들일 수 있을 때까지 무의식의 내용을 드러내서는 안 된다는 것이 일반적인 원칙이다.

· 관찰

관찰은 무의식적인 의미를 설명하거나 인과 관계를 맺으려 하지 않는다는 점에서 해석과는 다르다. 치료자는 비언어적인 행동, 치료적 과정에서 내담자의 패턴, 내담자의 얼굴에 비치는 일말의 감정, 또는 한 가지 주제에서 다음 주제로 넘어가는 순서를 짚어주기만 하는 것이다. 치료자는 내담자의 행동을 관찰하고 내담자와 관찰한 내용에 대해 이야기하고 이에 대한 내담자의 생각을 듣는다.

· 직면

내담자가 받아들이기를 원치 않는 것이거나 회피하는 것, 극소화하려는 것을 밝혀내는 것을 의미한다. 직면은 내담자의 행동이 다른 사람에게 어떤 영향을 주는지를 명확히 하고 내담자의 행동이 오히려 거부당하거나 억압받는다는 느낌을 준다는 것을 알게 해준다. 직면은 결코 강요되거나 적대적이어서는 안 된다.

· 명료화

직면에 비해 지지적인 개입이며 내담자가 이야기한 내용을 일관된 내용으로 재구성하는 것이다. 명료화는 내담자가 말로 표현하기 어려워하는 것들을 분명하게 표현할 수 있도록 돕는 것이다.

· 정밀한 묘사를 위한 격려

내담자가 가져온 정보에 대해서 세밀한 정보를 요청하는 것으로 정의될 수 있다. 특정한 것에 대해 어떤 생각이 떠오르는지에 대해 묻는 개방적인 질문이 될 수도 있고, 구체적인 정보를 요청하는 것일 수도 있다.

· **공감적 인정**

공감적 인정은 내담자의 내적 상태에 대해 치료자가 공감하고 있다는 표현을 하는 것을 의미한다. 내담자는 치료자가 자신의 경험을 이해한다고 느낄 때 해석을 보다 더 쉽게 받아들인다. 자기심리학에서는 내담자의 내적 경험에 공감하고 몰입하는 것은 필수적이다.

· **정신교육적 개입**

정신교육적 개입은 증상의 차이와 같은 치료자의 전문적 지식에 대해 내담자와 정보를 공유하는 것이다.

· **조언과 칭찬**

조언은 어떻게 행동할 것인가를 내담자에게 제안하는 것이고 칭찬은 구체적인 동의를 표현하여 그 행동을 강화시키는 것을 의미한다. 이 두 가지는 행동을 지시하고 행동을 강화하도록 한다는 측면에서 연관성을 갖지만 내담자의 자율성을 위태롭게 할 수 있다.

4) 사례

본 사례는 본 연구자가 치료자로서 10개월 동안 총 34회기 진행하였던 H의 사례이다. H[20](지적장애 2급[21])는 16세 중3인 여학생으로 청소년 그룹의

---

20 본 연구의 내담자는 작업사례를 연구에 활용하는 데 동의하였으나 개인정보보호를 위하여 실명 대신 알파벳을 사용한다.

21 대한민국의 장애인복지법에서 규정하고 있는 지적장애 등급
- 지적장애 1급: 지능지수와 사회성숙지수가 34 이하인 사람으로 일상생활과 사회생활의 적응이 현저하게 곤란하여 일생 동안 타인의 보호가 필요한 사람
- 지적장애 2급: 지능지수와 사회성숙지수가 35 이상 49 이하인 사람으로 일상생활의

구성원이다. 청소년그룹의 내담자는 3명으로 구성되었고 이들은 공통적으로 일반학교의 특수학급에 소속되어 따돌림, 학교폭력 등의 학교 부적응의 문제를 안고 있었다. 이들 그룹 전체에는 인간관계의 문제를 해결할 수 있는 방안을 찾는 집단적 학습과정으로 사회극적 접근이 시도되었다. 그러나 H는 자신이 갖고 있는 상황적 환경에 대한 자아방어기제로 퇴행에 대한 욕구를 표현하였는데 그 과정은 다음과 같다.

차례
(1) 내담자 정보
(2) 실행 과정
(3) 평가 분석

(1) 내담자 정보

H(지적장애2급/16세/중3)의 가정환경은 안정적이며 특성은 엄마에게 밀착되어 있고 의존욕구가 심하다. 학교에서 고립되어 있으며 학교에 가기를 싫어하고 다른 아이들이 자신의 몸에 닿는 것을 싫어한다. 타인이 도움을 주려는 행동을 귀찮아하여 도움 받는 것을 싫어하고, 혼자 있는 상태를 편안해한다. 화장실에 가고 싶은데 참아서 실수하는 경우가 자주 있다. H는 세션에서 학교생활의 어려움을 호소하였고, 드라마 작업을 통해 편안하게 가정에 안주할 수 있는 아기로 퇴행을 원하는 모습을 지속적으로 표현하였다.

단순한 행동을 훈련시킬 수 있고, 어느 정도의 감독과 도움을 받으면 복잡하지 아니하고 특수기술을 요하지 아니하는 직업을 가질 수 있는 사람
- 지적장애 3급: 지능지수와 사회성숙지수가 50 이상 70 이하인 사람으로 교육을 통한 사회적, 직업적 재활이 가능한 사람

(2) 실행 과정

H와의 치료 세션은 주1회 34회기 동안 진행되었다. 실행 과정의 내용은 치료의 첫 단계, 중간 단계, 최종 단계에서의 주요 변화 과정을 중심으로 기술되었다. 그 내용은 다음과 같다.

① 치료의 첫 단계: 관계 맺기

H의 제안으로 학교 체육시간에 있었던 이야기로 드라마 작업을 하였다. 체육 시간에 H가 뛰는 모습을 보고 아이들이 웃었고 아이들이 웃는 것이 기분 나빠 H가 선생님에게 이야기하여 H를 놀리던 아이들이 선생님에게 혼나고, 나중에 아이들이 보복으로 H의 배를 때려 양호실에 가게 된 상황을 드라마로 만들었다. 그룹원들과 서로 역할을 바꾸기 작업을 한 후 H의 감정을 물어보니 그 친구들에게 하고 싶은 이야기를 하지 못한 것이 속상하다고 하였다. 빈 의자 기법으로 H가 친구에게 하고 싶은 말을 하도록 하였는데, H는 '놀리지 않았으면 좋겠다' '친구들과 친하게 지내고 싶다' 등의 이야기를 하였다. 하고 싶은 이야기를 한 후 친구들에게 바라는 점이 있는지를 물었더니 H가 친구들에게 사과를 받고 싶다고 하여 드라마 작업에서 치료자가 친구 역할로 '처음부터 때리려고 했던 것은 아니고 웃다가 보니 일이 커지고 때리게 되어 미안하다'라고 사과를 하였다. 드라마 작업이 끝난 후 H는 사과를 받아 시원한 기분이 든다며 드라마 작업으로 감정이 해소된 모습을 보였다.

자신의 현재와 미래를 그리는 작업에서 H는 현재의 그림으로 친구를 크게 그리고 자신은 작게 그리면서 H 자신이 뒤에서 친구를 보고 있는 그림을 그렸다. 그리고 자신은 친구가 잘생겨서 쳐다봤는데 친구가 쳐다보지 말라고 화를 냈다는 이야기를 하였다. 미래의 그림으로는 침대에 누워있는 그림을 그리고 침대를 고치는 사람이 되고 싶다고 하였고, 이유로는 사람들이 편하게 쉴 수 있기 때문이라고 하였다. 미래의 그림에는 로봇이 있고, 로봇이

H의 모든 것을 해결해준다고 하였다. 그리고 로봇이 자신을 귀찮게 할 때는 침대에 가서 잔다고 하였다.

H의 학교생활의 어려움과 안전한 가정에서 보살핌을 받고 싶은 욕구는 프로이트가 말한 신경증적인 갈등의 핵심이다. H에게는 스스로 자신을 책임지는 역할의 탐색이 필요하였다.

② 치료의 중간 단계(주요 회기): 욕구의 탐색

- **5회기**

내가 좋아하는 나의 모습, 내가 싫어하는 나의 모습, 내가 되고 싶은 나의 모습을 탐색해 보는 작업을 하였다. H는 내가 좋아하는 나의 모습으로 엄마 머리를 만지는 모습과 동생을 귀여워해 주는 모습, 내가 싫어하는 나의 모습으로 엄마에게 반말하는 모습, 내가 되고 싶은 나의 모습으로 아기가 되고 싶고 엄마만 있으면 된다고 하였다. H가 아기로 퇴행을 원하고 있음을 표현하고 있어, 스스로 편안함을 느끼며 사회적 교류를 할 수 있는 공간들에 대한 탐색이 필요하였다.

- **8회기**

피규어로 편안한 곳, 불편한 곳을 꾸미는 작업을 하였다. H는 편안한 공간으로 엄마와 아기가 함께 있는 공간을 만들었다. 불편한 공간으로는 강아지 병원을 만들고 강아지를 아무도 좋아하지 않고 개구리와 곰도 물이 없어서 불편하다고 하였다. 불편한 공간을 편안한 공간으로 바꾸는 작업에서 H는 강아지 병원에는 물과 우유가 필요하고, 옆의 공간에 교회를 배치하여 아기가 교회에 가는 모습을 만들고는 편안해졌다고 하였다.

H는 불편한 공간인 병원에 있는 강아지에게 자신을 투사하고, 물, 우유의 필요성을 통해 자신에게 결핍되어 있는 욕구를 표현하는 것으로 볼 수 있다.

H가 교회를 편안한 공간으로 인식하고 있어 교회에 데려가 보는 것이 어떨지에 대해 H의 어머니와 의논하였다. H가 아기로의 퇴행을 바라고 있기 때문에 H가 사회적 교류를 편안하게 할 수 있는 공간들이 확대될 수 있도록 주변에서 노력이 필요하였다.

- **13회기**

자신이 원하는 만족스러운 공간을 그림으로 그리는 작업을 하였다. H는 등대가 있고 별이 많이 있는 곳에서 아기가 우유병으로 우유를 먹는 그림을 그리고, 제목을 '등대에 별이 있다'로 지었다. 만족스러운 공간에 더 필요한 것이 있는지에 대해 이야기를 나누었는데, H는 침대, 인형, 아기가 먹을 우유병이 더 필요하다고 하였다.

▷ H에게 아기는 안전한 공간에서 보살핌을 받는 H 자신의 표상이다. H는 드라마 작업을 통해 자신의 내적갈등과 환상을 표현하고 있다. 이때 치료자는 내담자의 내적세계를 공감, 반영해주고 해석과정을 통해 치료적 과정을 촉진하여야 한다.

- **16회기**

그림으로 그렸던 만족스러운 공간을 피규어를 가지고 실제로 꾸며보았다. H는 침대, 아기의 젖병, 인형을 배치하고 아기에게는 우유만 있으면 된다고 하였다 그리고 공간의 제목은 '아기가 우유를 먹는 모습'이라고 하였다. 필요한 것들이 채워진 새로운 편안한 공간을 탐색하였는데, H는 아기의 모습으로 젖병을 물고 인형을 안고 있는 상태를 신체로 표현하며 자신이 가장 편안하게 느끼는 모습이라고 하였다. 무엇이 편안한 상태로 느끼게 하는지에 대한 탐색을 하였는데 H는 자신이 아무것도 안 해도 되고 엄마가 다 해줘서라고 하였고, 아무도 자신을 귀찮게 하지 않기 때문이라고 하였다. 이후 자신이 아기가 되어서 불편한 것이 있는지를 찾아보았는데, H는 걸을 수가 없고, 뛸 수도 없고, 우유만 먹고 맛있는 것은 먹을 수가 없고, 학교에도 갈 수가 없다 등의 여러 가지의 불편함을 이야기하였다. 그리고 아기는 불편하다며 다시 아기가 되고 싶지 않다고 하였다.

- **17회기**

이전 주 세션에서 아기의 역할을 하고 아기 역할의 불편함을 이야기한 이후 H는 치료자의 질문이 없었는데도 자신은 이제 아기가 아니기 때문에 둘리 만화를 보지 않는다고 자발적으로 이야기하였다. H와 지난주에 했던 작업에 대해 다시 이야기를 하였다. H는 이제 아기가 되고 싶지 않다고 하며 불편한 점이 많고, 움직이지 못하고, 말도 못하는 것이 싫다고 하였다.

- **20회기**

H는 학교에서 친구들이 자신의 의자를 쳐서 기분이 나쁘다고 하였다. H가 학교에서 있었던 상황을 드라마로 만들고 치료자가 학교에서 H를 괴롭히던 친구 역할을 하여 H가 하고 싶었던 이야기를 드라마에서 해보도록 하였다. H는 '화가 난다', '하지마', '선생님에게 이를 꺼야' 등의 말을 하였고, 자신의 의자를 쳤던 친구(치료자가 역할)에게 '하지 말라고'라고 소리를 지르는 상황을 드라마로 만들고는 기분이 풀렸다고 하였다. 치료자가 H에게 뒤에서 의자를 쳤던 아이를 용서해 줄 수 있는지를 묻자 H는 싫다고 하였다. 그리고 드라마를 다시 진행하여 괴롭히는 친구 역할(치료자)에게 '하지마, 한 번은 용서하지만 계속 그러면 용서하지 않을 거야'라고 소리치며 자긍심을 표현하였다.

▷ 가상의 드라마 작업을 통해 내담자는 자신의 심리적 현실을 표현하고 무의식적인 불안과 공격성을 표현하게 된다. 이때 내담자는 수동적인 입장에서 적극적인 입장으로 바뀌어 자신의 좌절과 불안을 주도적으로 제어할 수 있는 능력을 습득하고 연습한다. 그리고 자신의 무의식적인 불안과 갈등, 공격성을 극복할 수 있는 기회를 갖게 된다.

H는 드라마 작업에서 치료자에게 학교에서 자신을 괴롭히는 친구의 역할을 하도록 하였다. 아동들과의 놀이 상황에서 흔히 볼 수 있는 특징은 아동 자신은 힘과 지혜가 있는 좋은 대상의 역할을 맡고 치료자에게는 응징되어야하는 나쁜 대상의 역할을 강요한다. 이는 내담자가 현실에서 경험하고 있거나 이전에 경험했던 좌절의 상황의 치료 상황에서 역전시키는 것이다.

• 26회기

H는 1학년 아이들에게 화가 나서 주먹으로 아이들을 때렸고 아이들이 코피가 났다는 이야기를 웃으면서 하였는데, 치료자가 사실인지를 확인하자 사실이 아니고 그렇게 하고 싶었다고 하였다. 미술진단평가인 '다리 위에 있는 사람' 그림 그리기 작업에서 H는 다리 위에 가족들을 그리고 동생이 자기 마음대로 하고 말을 듣지 않아 동생을 쓰레기통에 버리러 가는 길이라고 하였다. 그러나 H는 뒤이어 '동생을 왜 버리지?'라고 스스로에게 물은 뒤 가족들과 다시 집으로 돌아와 맛있는 음식을 먹을 것이라고 하였다. H는 학교와 주변에서 쌓였던 분노를 자신이 상대를 가해했다는 가상의 이야기를 통해 해소하고 극복하려는 것으로 관찰되었다.

③ 연극치료의 최종 단계(주요 회기): 통합

• 28회기

세션 마지막 날에 드라마 발표를 하기로 하여 어떤 주제로 드라마를 만들 것인지에 대해 이야기를 나누었다. 역할 사진을 골라 미래의 원하는 모습을 선택하여 이야기를 나누었는데, H는 고등학교 여학생의 사진을 선택하여 자신이 원하는 미래의 모습이라고 하였다.

• 30회기

미래의 모습에 대해 드라마 작업을 하였다. H는 자신이 간호사가 된 상황으로, 남편이 아기(곰 인형)를 데리고 병원에서 기다리고 있는 상황을 드라마로 만들었다. 그리고 병원에서 아기와 아기아빠가 기다리고 있는 동안 나쁜 사람이 들어와 아기의 목을 조르는 상황을 만들겠다고 하였다. 치료자에게 나쁜 사람 역할을 하도록 하였는데, 드라마가 진행되어 나쁜 사람(치료자)이 아기의 목을 조르자 아기아빠가 제지를 하였으나, 아기엄마인 H는 웃으며 그 모습을 바라보았다. 치료자가 드라마 진행을 중단하고 자신의 아기가 목이 졸리는데 엄마는 왜 말리지 않고 바라만 보고 있는지를 묻자 H는 자신은 아기가 필요하지 않다고 하였다. 그리고 아이가 죽는 상황을 다시 만들기를 원하였다. 드라마가 진행되어 아기를 죽이는 나쁜 사람 역할을 다른 그룹원이 하고 싶다고 하자 H는 좋다고 하였고, 나쁜 사람이 아기를 죽이는 상황을 즐거워하며 바라보았다. 드라마가 끝난 후 H에게 기분이 어떤지를 묻자 H는 기분이 좋다고 하였다. H에게 아기를 죽이는 드라마와 연관하여 H가 전에는 아기가 되고 싶다는 이야기를 자주하였었는데 지금도 다시 아기가 되고 싶은 생각이 있는지를 묻자 H는 이제는 아기가 되고 싶지 않다고 하였다. H는 드라마 작업에서 자신이 원하는 역할이 아기에서 간호사로 바뀌었고, 그동안 원하는 역할이었던 아기를 죽이는 드라마를 만들었다. 이는 H가 스스로 아기의 역할을 버리고 자생력을 가지려는 시도로 분석되어 고무적이었다.

▷ H가 드라마 작업에서 자신의 표상인 아기를 죽인 것은 자아와 무의식의 대면을 투쟁과 죽음으로 표현한 낡은 자아의 죽음을 의미한다. 낡은 자아의 죽음은 투쟁을 통해 자아강화를 목적으로 하며 새로운 자아의 재탄생을 위한 전조현상이다. 죽음의 특성은 자아와 무의식의 투쟁, 싸움, 갈등 등으로 나타난다.[22]
H는 드라마 작업에서 치료자에게 학교에서 자신을 괴롭히는 친구의 역할을 맡기거나 아기를 죽이는 나쁜 사람의 역할을 하도록 지시하며 치료자를 자신이 원하는

---

22 박행자, 『아동의 모래놀이치료과정에서 나타나는 카오스, 죽음, 재탄생』(명지대학교 박사논문, 2012), 75쪽 재인용.

것을 방해하는 대상으로 인식하고 있었다. 전이와 훈습(薰習)[23]단계는 치료적 작업의 주요한 부분이며 중첩되기도 한다. 전이는 프로이트의 위대한 발견 중 하나였으며 그는 내담자가 무의식적으로 가둬둔 어린 시절의 기억과 억압되었던 무의식의 환상들이 전이를 통해 재현되고 있다고 하였다. 따라서 전이는 사건들을 회상하게 되는 기억 형태의 하나라고 할 수 있다. 전이 분석은 내담자가 현재를 과거의 관점에서 잘못 지각하고 해석하며 관계를 맺고 있는지에 대해 이해할 수 있도록 돕는다. 전이 분석은 여러 가지 다른 방식으로 지속된다. 내담자는 자신의 전이를 통해 문제를 통찰하게 되는데 반복, 정교화, 확대의 과정인 훈습에 의해 단단해진다.

• 32회기

사후 진단으로 자화상 그리기를 하였다. H는 감옥에 갇혀 울고 있는 모습을 그리고 제목은 '이제 언니가 됐으니까 사진 전시회를 가고 싶은데, 지금은 귀찮아 사진전시회에 가기 싫어 울고 있는 모습'이라고 하였다. H가 자신의 사진을 전시하는 전시회에 참석을 하기 위해 세션에서 조퇴하여야 한다고 H의 어머니에게 전달받았는데, H는 전시회에 가고 싶지 않다고 하였다. 사진이 맘에 들지 않고 자신은 사진에 관심이 없기 때문에 가고 싶지 않다며 자신의 힘든 상태를 표현하였다. H는 자화상의 제목을 정하며 전시회에 참석하는 것이 비가 오고 귀찮다는 표현을 하였지만 자신은 아기가 아니고 언니가 되었고 필요한 일들은 하여야 한다는 인식을 하고 있었다.

▷ 치료가 종결 단계에 이르면 이 단계에서 전형적으로 나타나는 몇 가지 특성 중 한 가지는 내담자가 치료를 받고자 했던 증상이 심하게 악화되며 치료적 퇴행이 등장한다. 이는 치료자에게 자신이 아직 종결할 준비가 되지 않았다는 것과 그 관

---

23 내담자가 통찰을 가질 때까지 전이와 저항을 반복적으로 해석하는 것을 훈습이라고 한다. 치료의 전 과정에서 핵심적 갈등이라는 주제를 조사하거나 그것이 나타날 때마다 내담자에게 지적하여 줄 수도 있다. 내담자는 이 과정을 통해 주제에 익숙해지고 주제를 극복할 수 있는 강한 자아를 갖게 된다.

계를 지속시키고 싶어 하는 최후의 노력임이 밝혀지게 된다. 이 태도는 무의식적인 것이며 여러 가지 동기가 있는데 만족스럽고 도움이 되는 단계를 그만두고 싶지 않은 것이며, 아동기 때부터 있어왔던 수동적이고 의존적인 행동을 지속시키려는 것이다.

• **34회기**

마지막 세션에서의 개인목표 달성도에 대해 점검하였다. H는 학교에 빠지지 않기의 규칙을 아파서 빠진 것 외에는 없다며 스스로 90% 달성하였다고 자가 평가하였다. 세션을 뒤돌아보고 자신의 긍정적인 변화를 발견하여 스스로에게 자기 상장을 주는 작업을 하였다. H는 연극을 잘했고 학교에서 친구들이 괴롭히는 것을 치료자와 이야기하였다며 스스로에게 '연극상'을 주었다.

(3) 평가 분석

H는 드라마 작업에서 자신이 원하는 아기 역할을 스스로 반복하여 체험하며 더 이상 아기가 되고 싶지 않다고 하였다. 이는 드라마 안에서 괴로운 것을 반복하여 점차 괴로운 상처를 약화시키고 외상적 사건을 극복한 것이다. 프로이트는 이를 반복강박(repetition-compulsion)이라 하였는데 이것은 실제 삶에 영향력을 미쳐 아동이 스스로를 상황의 지배자로 만든다고 하였다.

H는 자신을 표상화한 아기를 죽이는 드라마를 만들었는데, 이후 가정에서도 아기가 되기를 원한다는 이야기가 소멸되었고 자신의 의사를 강경하게 표현하는 긍정적인 변화가 있었음이 어머니에 의해 보고되었다.

H가 드라마 작업을 통해 드러낸 어머니의 표상은 자신을 안전하게 보호하는 기저로서의 어머니이다. H는 드라마의 환상 속에서 아기가 되고 싶은 퇴행 욕구를 지속적으로 표현하였으며 자신에게 필요한 모든 것을 제공하는 어머니를 이상화하며 스스로 어머니의 역할을 맡기도 하였다. 투사와 함입

은 편집-분열의 위상을 이해하는 데 중요하다. 이 기전들은 선과 악을 가능한 한 확실히 구분하는 데 사용된다. 박해를 가하는 악한 대상을 선하고 이상화된 대상들로부터 분리시켜 어머니에게 투사를 하고 극복하기 위해 재함입, 즉 자신의 내면으로 끌어들이게 되는 것이다. 선한 대상물들도 현재의 자신의 내부에 남아있는 악으로부터 보호하기 위하여 동시에 투사되기도 한다.[24]

H는 드라마 공간에서 아기로 퇴행하여 아기로서의 역할경험을 통해 더 이상 아기가 되지 않겠다는 의지를 갖게 되었다. 그리고 자신의 내적 표상인 아기를 죽이고는 자신은 언니가 되었기 때문에 하고 싶지 않은 일도 하여야 한다는 우울감을 표현하였다. H는 종결 지점에서 학교에 빠지지 않게 되었다며 스스로에게 상장을 주었다.

6-2. 심리사회적 접근의 아동그룹 치료 사례

1) 에릭슨 심리사회적 발달

에릭슨[25]은 프로이트의 심리성적 발달단계의 기본개념을 토대로 초기 아동기 이후 발달되는 심리사회적 측면을 강조함으로써 인간의 발달과정을 확대시켰다.[26] 프로이트는 무의식과 성적 에너지에 초점을 두고 인간의 발달단계를 설명하며, 각 단계의 경험이 원초아와 초자아를 자아가 조절하도록 돕

---

24 Glen O. Gabbard, M.D, 『Attachment and Interaction』(American Psychiatric Press, Inc., 2005), 이정태 역, 『역동정신의학』(서울: 하나의학사, 2008), 71~72쪽.

25 Erik. H. Erikson(1902~1994): 빈대학에서 안나 S. 프로이트 등으로부터 정신분석학을 배웠다. 그는 인간의 발달단계를 8단계로 분류하였다. 각 단계는 단절된 것이 아니라 연속되고 축적되며 불안과 갈등을 겪으면서 성장한다고 파악했다. 에릭슨은 임상연구를 하며, 인간 형성을 문화·사회와 관련지어 설명하고, 특히 청년기의 '정체성 위기' 해결방법 여하에 따라서 역사의 양식을 창조하는 측면을 밝혀냈다.

26 노안영, 강영신, 『인간이해 및 성장을 위한 성격심리학』(서울: 학지사, 2003), 218쪽 참조.

는다고 보았다. 이에 반해 에릭슨은 자아정체감과 개인의 사회적, 문화적 욕구에 관심을 가졌으며, 각 단계의 경험을 통해 사회적 기능수준을 높이는 기술에 대해 습득이 가능할 수 있다고 하였다. 그는 인간의 발달단계는 전 생애 동안 해결해야 할 특정 과업들로 이루어져 있다고 설명하였다. 각 발달단계에서 만족시켜야 할 특정과업은 생의 전환점에서 겪게 되는 위기이기도 하며, 이 위기는 해결할 수 있지만 해결하지 못할 수도 있으므로 인간은 각 발달단계에서 진보나 퇴행의 가능성을 둘 다 지니고 있다는 것이다. 따라서 심리성적-심리사회적 성장이 동시에 이루어지므로 각 발달단계에서 이루어야 할 신체적 성숙과 더불어 사회적 요구의 균형은 잘 맞추어야 한다.

심리사회적 발달과업에서는 각 단계마다 특징이 있다고 본다.

유아기(~1세)의 신뢰/불신 단계의 과업은 기본적인 신뢰를 성취하는 것이다. 어머니 또는 주 양육자와 긍정적인 애착관계를 형성하는 것이며 이때에 애정 어린 돌봄을 받은 아이는 기본적인 신뢰감을 지니게 된다. 그러나 이러한 관계를 형성하지 못하면 기본적 불신 상태에 빠지게 된다. 이 시기에 형성된 관계는 이후 타인에 대한 신뢰를 형성하는 기초가 된다.

아동초기(1~3세)의 자율성/의심 및 수치심 단계의 과업은 자기주변의 환경에 대해 스스로 통제력을 획득하는 것이다. 아이가 자율적으로 기능할 수 있도록 부모가 도와주면 아이는 자신과 자신의 주변 환경을 통제할 수 있다고 느낀다. 그러나 부모가 아이의 자율적 행동을 통제하거나 벌하면 아이는 수치심을 느끼고 자신과 세계를 의심하게 된다.

학령전기(3~6세)의 주도성/죄의식 단계의 과업은 스스로 주도성을 가지고 목적지향적인 방향성을 획득하는 것이다. 주도성의 발달은 아이에게 어느 정도의 신체적 자유가 주어지고 지적 호기심이 충족되는가에 달려있다. 이 단계의 말기에는 신체적인 움직임이 활발해지고 친구들과 놀이를 통해 상호작용의 방법들을 배워나간다. 이때에 아동이 공격적 행동에 대해 적절한 지도를 받으면 주도성이 발전해나가지만 이에 대한 지나친 징벌은 죄의식을 갖게 한다.

학령기(6~12세)의 근면성/열등감 단계의 과업은 사회적·신체적·학업 면에서 외부세계와 적응해나갈 수 있는 기술을 습득하는 것이다. 성인기에 필요한 과업들을 습득할 수 있는 근면성을 성취하여야 하고 이를 잘 습득하면 자신의 일을 잘해나갈 수 있다는 성취감과 자긍심을 갖게 된다. 그러나 학교에서 열등감을 갖게 되거나 가정에서의 과보호 등은 열등감을 키운다.

청소년기(12~18세)의 정체감/역할 혼미 단계의 과업은 아동에서 성인으로 발달이 이행되는 것으로 정체성을 발달시키는 것이다. 이때 정체성을 확립하지 못하면 자기감(sense of self)의 결여와 정체성이 산만해지고 역할에 대한 혼돈을 겪게 된다. 역할 혼돈은 가출, 범죄 등의 이상 행동으로 나타날 수 있다.

초기 성인기(18~35세)의 친밀감/고립감 단계의 발달 과업은 우정, 사랑과 같은 친밀한 유대감을 형성하는 것이다. 이때 사회활동을 통해 유대감을 갖지 못하면 사회로부터 소외된다.

중년기(35~60세)의 생산성/침체성 단계의 발달 과업은 가족· 직업 등과 같은 사회적인 인생의 목표를 수행하고 다음 세대에 대한 관심사를 발달시키는 것이다. 이때 사회적으로 생산성을 갖지 못하면 자기침체에 빠지게 된다.
노년기(60세~)의 통합감/절망감 단계의 발달 과업은 자신의 인생을 되돌아보면서 그 의미를 수용하고 통합하는 것이다. 성공적이고 행복한 경험과 실패와 좌절의 경험을 통합하지 못하면 삶의 의미를 찾지 못하고 절망감을 갖게 된다.

상담자는 위와 같은 심리사회적 과업을 이해함으로써 치료과정에서 나타나는 내담자의 발달단계를 인식할 수 있는 개념적인 틀을 가질 수 있다. 각 발달단계의 핵심요구와 발달과업은 치료에서 내담자가 탐색해야 할 핵심갈등을 이해할 수 있게 하는 모형을 제공한다.[27]

---

27 Gerald Corey, 『Theory and Practice of Counseling and Psychotherapy 8/E』(Wadsworth: Thomson, 2009), 조현춘 외 역, 『심리상담과 치료의 이론과 실제』(서울: 센게이지 러

발달장애 아동의 경우에는 연령에 따른 사회심리학적 발달이 지연된다. 정신지체의 정도에 따른 분류 체계에 의하면 가벼운 정도의 정신지체는 지능지수 50-55에서 약 70까지이며 초등학교 6학년 수준의 교육이 가능하다. 중간 정도의 정신지체는 지능지수 35-40에서 50-55까지이며 초등학교 2학년 수준의 교육이 가능하다. 그리고 심한 정도의 정신지체는 지능지수 20-25에서 35-40까지이며 운동발달과 언어지연으로 기본적인 신변관리가 불가하다. 아주 심한 정도의 정신지체는 지능지수 20 또는 25 이하로 뚜렷한 지연을 보이며 신변관리에 보조가 필요한 경우이다.

정신지체의 교육가능 정도와 에릭슨의 사회심리학적 발달을 비교하였을 때 가벼운 정도의 정신지체인 경우 학령기의 근면성/열등감 단계의 발달정도를 추측할 수 있다. 그리고 중간 정도의 정신지체와 그 이상의 발달지연이 나타나는 경우에는 신뢰/불신, 자율성/의심 및 수치심, 주도성/죄의식 단계의 심리사회학적 단계의 특성이 내담자의 환경적 특성에 따라 나타나기도 한다.

발달장애 정신지체의 일반적 특성인 학업성취의 지연은 학령기의 정신지체 아동들에게 자신의 일을 성취해 나갈 수 있다는 자긍심과 성취감을 저해하고 열등감을 갖게 한다. 또한 주 양육자와의 애착관계가 미흡하였을 때에 불신감을 갖게 되고, 발달지연에 따른 부모들의 양육방식이 과도하게 통제적인 경우에는 자율성이 억압되고 수치심을 갖게 되며, 주도성에 대한 박탈은 발달장애인들이 주도성을 가질 때 그에 대한 죄의식을 갖게 한다.

연극치료자는 내담자의 반복되는 현상으로 발달상으로 관련된 역할을 확인한다. 출생에서 마지막 통과의례에 이르기까지 우리 인간은 미리 존재하는 단계 위에 형성되는 발달주제를 탐구한다. 발달주제가 통합되지 않는다면 이러한 주제는 역기능이 되고 스스로를 범해 사람이 앞으로 나아가는 것과 자발적으로 대응하는 것을 막는다.[28] 건강은 이전의 발달단계를 성공적으

닝 코리아, 2012), 71~72쪽.

28 David Read Johnson, Renee Emunah (Eds.), 『Current Approaches in Drama Therapy (2nd ed)』, NY: Thomas Publisher, LTD, (2009), 김세준, 이상훈 역, 『현대 드라마치료의 세계

로 통합한 것이며 타인, 환경 등의 존재 영역을 존중하는 순응적인 방법으로 발달단계의 모든 주제 및 이와 관련된 역할을 활용하는 능력이다. 건강이 기능적으로 작용하려면 현재의 삶의 주제를 한층 진화 및 성장시켜야 한다. 에릭슨의 이론을 통해 치료자들은 인생의 각 단계별로 특정한 주제가 있음을 알게 되었으며, 이 주제는 개인이 세상을 바라보고 상호작용하는 방법을 분명하게 보여준다. 심리사회적 발달과업의 신뢰/불신의 단계 의식의 주제는 신뢰의 발달, 자기 보살핌, 환경의 만족이다. 두 번째 단계인 자율성의 드라마 의식에는 권력과 통제의 주제가 지배한다. 연극치료의 발달주제 접근에서 개인의 지체된 발달주제는 반복강박 또는 아동기의 반복적인 양상이 개인의 삶에서 나타난다. 그리고 주제와 역할의 특징은 병인학을 바탕으로 한 탐구적인 역할놀이를 통해 점차적으로 내담자에게 드러난다. 이것은 아동기의 근원에 관한 아동기의 생존패턴을 인터뷰하는 일 또는 즉흥극, 진실극, 극으로서의 꿈작업, 구체화된 모래놀이 등을 통해 발달주제를 밝히게 된다.[29]

본 연구 사례의 심리사회적 접근의 아동은 부모의 통제적인 양육환경에 의해 자율성/의심 및 수치심의 사회심리학적 단계의 특성이 나타난 사례이다. 본 연구 작업을 통해 내담자 아동은 자율성에 대한 욕구를 표현하고 다른 그룹원과의 상호작용을 통해 주도성 욕구를 충족할 수 있었다.

2) 얄롬의 치료적 요인

집단치료의 치료적 변화는 인간이 경험하는 상호작용들을 통해 일어나는 복합적인 과정으로 얄롬(Irvin D. Yalom)[30]은 이를 '치료적 요인들(therpeutic factors)'이라 칭하며 설명하였다. 얄롬은 사회의 축소판으로써 그룹을 묘사

-제2판』(서울: 시그마프레스, 2011), 329쪽.

29 David Read Johnson, Renee Emunah, 위의 책, 299쪽.

30 Irvin D. Yalom, & Leszcz, Molyn, 『Theory and practice of group Psychotheray』, 최혜림, 장성숙 역, 『집단정신치료의 이론과 실제』(서울: 하나의학사, 2008). 20-118쪽 참조

하면서 11가지 주요한 치료적인 요소들을 발견한다. 그것은 그룹에 참여함으로써 개인의 능력을 변하게 하는 요소들이다.

1. 희망을 심어주기 (instillation of hope)
2. 보편성 (universality)
3. 정보전달 (imparting information)
4. 이타주의 (altruism)
5. 초기 가족의 교정적 재현 (corrective recapitulation of the primary family group)
6. 사회화 기술의 발달 (development of socializing techniques)
7. 모방행동 (imitative behavior)
8. 대인관계 학습 (interpersonal learning)
9. 집단 응집력 (group cohesiveness)
10. 정화 (catharsis)
11. 실존적 요인들 (existential factors)

첫째로, 집단치료에서 치료자는 내담자에게 집단의 효용성에 대한 믿음과 확신을 줌으로서 희망을 심어주어야 한다. 내담자에게 희망을 심어주고 유지하게 하는 것은 내담자에게 치료적 요인들의 효과를 갖게 하고 치료방법에 신뢰를 갖는 그 자체로 치료적 효과를 기대할 수 있게 한다. 집단치료는 각기 다른 지점에 위치한 개인들로 구성된다. 희망은 서로 위로 받을 수 있는 희망이 되기도 하고, 존엄성을 유지할 수 있는 희망, 타인과 연대할 수 있다는 희망, 신체적인 불편이 줄어들 것이라는 희망이 되기도 한다. 얄롬은 집단작업을 시작하기 전에 내담자들이 희망에 착수하는 일이 우선되어야 한다고 말한다. 그리고 그 집단의 치료자는 그룹에 있어서 내담자의 믿음과 신뢰를 높이기 위해서는 어떤 일이라도 해야 한다고 한다.

둘째, 많은 내담자들은 본인만 끔찍하거나 용납될 수 없는 생각, 문제, 충동을 가지고 있다는 불안을 갖고 치료에 참여하게 된다. 치료집단에서 내담자가 자기를 개방하고 다른 사람들도 비슷한 느낌, 걱정, 충동 그리고 비밀을 가지고 있다는 것을 함께 공유하게 되면, 나만 그런 것이 아니라는 것을 알게 되며 상당한 위안과 집단원들과 가까워진 것 같은 생각을 갖게 된다. 이러한 보편성의 공유는 집단치료 역동 안에서 내담자들이 자신들의 방어벽을 낮추고 더 넓은 범위의 상호작용을 할 수 있게 한다. 동질적인 집단의 내담자들은 직접 경험을 서로에게 이야기 해 줄 수 있는데 이것은 때로 치료자가 할 수 없는 부분이기도 하다.

셋째, 정보전달은 치료자가 내담자에게 제공하는 충고, 제안, 또는 직접적인 지도뿐 아니라 치료자가 제시해주는 정신건강, 정신질환, 일반 정신역동에 관한 교수적 강의를 포함한다. 집단치료 과정을 통해 내담자들은 정신의 기능, 증상, 정신치료 과정 등에 대해 배우게 된다. 많은 자조집단에서는 집단원들 간의 정보전달을 장려하고 전문가의 강연을 갖기도 한다. 집단치료의 초기에 집단원들은 흔하게 상대 집단원의 어떤 문제에 대해 직접적인 충고를 한다. 그러나 직접적인 충고가 집단원에게 도움이 되는 경우는 드물다. 충고의 내용보다는 간접적으로 충고가 함축하고 있는 상호관심이나 배려가 더 큰 목적을 갖는다.

넷째, 집단에서의 상호작용을 통해 집단원들은 서로에게 자신이 영향을 준다는 것을 느낄 수 있으며, 이를 통해 자신도 다른 사람에게 중요할 수 있다는 사실을 발견하게 된다. 집단원들은 치료자보다 다른 집단원들의 관찰과 조언에 더 영향을 많이 받으며, 서로에게 위로와 지지, 조언과 통찰을 제공한다. 이러한 과정은 내담자들에게 자신도 남에게 뭔가를 줄 수 있는 가치 있는 것을 갖고 있다는 느낌을 갖게 하고 자아존중감이 북돋아지게 된다.

다섯째, 집단이 구성되고 집단원들 간 초기의 불편함이 극복되면 집단원들은 부모와 형제 같은 가족관계의 인물들과 상호작용 방식으로 치료자나 집단원들과 교류하게 된다. 초년기 가족 간의 갈등이 드러나면 집단원들은 그 관계를 탐색하고 새로운 행동방식을 찾고 미해결과제를 해결하는 과정을 갖는다.

여섯째, 다른 집단원에게서 기본적인 사회적 기술을 배우게 되는 기회를 갖게 된다. 집단원 간의 솔직한 피드백이 장려되며, 개인이 지니고 있는 사회적 기술의 강점과 문제점에 대한 정보를 얻게 된다. 다른 사람들에게 도움이 되도록 반응하는 법, 갈등을 해결하기 위한 방법 등을 습득하게 된다.

일곱째. 모방행동은 다른 내담자들의 자기개방이나 지지 같은 행동들이 본보기가 됨으로써 의사소통 양식에 영향을 미치게 된다. 집단치료에서는 치료자뿐만 아니라 다른 집단원들의 여러 측면을 모방행동하게 되고 그것은 치료에 영향을 미치게 된다. 내담자는 모방행동이 오래가지 못하더라도 경직되고 한계 지어진 행동방식에서 벗어나 새로운 행동을 실험해 볼 수 있게 된다.

여덟째, 내담자들이 집단치료 과정에서 얻게 되는 것은 자신들이 대인관계에서 어떻게 비춰지는지, 자신들의 대인관계 패턴은 어떤지, 다른 사람에게 그렇게 행동하는 동기는 무엇인지, 현재의 행동방식을 갖게 된 내력을 이해하고 통찰하는 것이다

아홉째, 집단응집력은 상호의존적인 요인이다. 구성원들이 집단에서 편안함과 따뜻함, 소속감을 느끼고, 집단을 가치 있게 생각하고, 또 반대로 다른 집단원들에게서 자신의 가치를 인정받고 무조건적인 수용과 지지를 받게 되는 것을 말한다. 높은 응집력을 지닌 집단은 자기개방을 더 잘하게 된다.

열째, 치료자들은 내담자들의 감정을 해소하는데 도움을 줄 수 있는 방법들을 모색한다. 정화는 대인관계의 부분으로 간주되며 본질적으로는 집단응집력과 관련이 있다. 감정을 강하게 표현하는 것은 응집력을 발달시키고 집단원들 간의 긴밀한 상호유대감을 발달시킨다.

열한번째, 실존적 요인들은 인간의 실존적 삶의 조건에 직면하는 것이다.

- 인생이 때로 부당하고 공정하지 않다는 것을 인식한다.
- 궁극적으로 인생의 고통이나 죽음은 피할 수 없다는 것을 인식한다.
- 내가 아무리 다른 사람과 가깝게 지낸다 할지라도 여전히 홀로 인생에

맞닥뜨려야한다는 것을 인식한다.

- 나의 삶과 죽음에 대한 기본적인 문제들을 직면하고, 그럼으로써 좀 더 솔직하게 나의 삶을 영위하고 사소한 일에 얽매이지 않는다.
- 내가 다른 사람들로부터 아무리 많은 지도와 지지를 받는다 하더라도 내 인생을 살아가는 방식에 대한 궁극적인 책임은 나에게 있다는 점을 알게 된다.

3) 사례

본 사례[31]는 본 연구자가 치료자로서 5개월 동안 총 19회기 진행하였던 사례이다. 본 연구의 내담자인 Y(지적장애 2급)는 13세의 여자아동으로 아동그룹의 그룹원이다. 본 연구는 Y의 심리사회적 발달이행을 위한 치료적 개입과 그룹원과의 상호작용을 통한 변화 과정에 대해 연구되었다.

차례

(1) 작업의 설계
  ① 내담자 정보와 의뢰 사유
  ② 진단
  ③ 작업계획
(2) 실행 과정
  ① 세부 진행 과정
  ② 내담자들의 변화 과정
(3) 평가 분석

31 본 사례는 본 연구자가『한국교육연구』제25집에 발표한 사례이다.

(1) 작업의 설계

발달장애란 발달단계에서 유전자의 결함 혹은 염색체의 이상으로 인한 유전적 요인, 감염, 신체적 외상이나 심리사회적 요인 같은 환경적 요인 때문에 신체적, 정신적 기능에 심각한 손상을 입은 상태를 말하며, 이 때문에 언어발달, 대인관계, 일상적 행동을 비롯한 적응기능 전반에서 발달지연과 결함이 나타나는 장애를 말한다. 발달장애아들은 의사소통에 어려움이 있고 일상생활기능이 떨어지기 때문에 자신을 돌보지 못하는 경우가 많으며, 비정상적인 지각특성과 인지적 결함으로 인해 사물을 변별하지 못하거나 언어적 지시나 대화에 적절한 반응을 하는 데에 어려움을 가진다. 또한 이들은 다른 사람에 대한 관심이 적으며, 타인이 자신에게 보이는 관심도 무시하거나 거부하여 타인과의 상호관계를 형성하지 못한다.[32]

본 연구는 발달장애아동 2명을 대상으로 한 연극치료 사례이다. 내담자 Y[33]는 통제적인 양육환경으로 인해 수동적이고 의사표현이 불분명하였다. 또 다른 내담자 S는 부모의 이혼으로 인한 정서적인 불안정 상태를 폭력적인 행동과 자해행동으로 표출하고 있었다. 2명의 내담자들은 의사표현이 불분명하거나 폭력적인 행동으로 정서를 표현하고 있어 이들에게는 자신의 정서를 인식하고 상대에게 적절하게 표현하는 정서지능의 발전과정이 필요하였다. 그러나 내담자들이 정서를 인식하고 표현하기 위해서는 무엇보다 무의식적인 동기의 해소가 필요하였다. Y는 에릭슨의 사회심리학적 발달단계의 발달이행을 통한 주도성 욕구의 해소, S의 경우에는 부재중인 엄마에 대한 애도의 과정이 필요하였다. 본 연구사례는 드라마 작업에서의 투사와 변형을 통해 2명의 내담자들의 변화 과정을 이야기한다. 이 변화의 과정은 치료자의 회기별 관찰평가를 통해 분석되었다.

---

32 김동성, 『발달장애아 임상지도(장애의 이해와 치료교육)』(서울: 홍익재, 1991), 119~126쪽.

33 본 연구의 내담자 2명은 작업사례를 연구에 활용하는 데 동의하였으나 개인정보 보호를 위해 실명 대신 알파벳을 사용한다.

① 내담자 정보와 의뢰 사유

내담자 그룹은 초등학교 여아 2명으로 발달장애 아동들로 구성되었다. 참여아동에 대한 정보는 내담자와 보호자와의 사전 견담으로 진단명, 현재(혹은 과거) 받고 있는 치료, 내담자의 이슈, 가족관계, 교육환경, 거주환경, 의사소통방법, 규칙이해정도 등의 세부사항을 파악하였고, 보호자들과 의뢰 사유에 대해 논의하였다.

내담자 Y(13세/6학년)는 지적장애 2급으로 경기(驚起)로 인해 발달지체 중인 아동이다. 가족관계는 부모님과 여동생이 있으며 부모님의 통제적인 양육환경으로 매사에 소극적이며 호불호의 인식이 부족하였다. 상대방의 정서상태를 파악하지 못하고 자신의 감정에 치우쳐 기분 좋은 상태를 주로 표현하며 불이익을 받을 때에도 상대의 요구에 전적으로 수긍하는 모습을 주로 보였다. 부모님은 장애를 갖고 있는 Y에 대한 보상으로 여동생에게 많은 기대를 갖고 있었고 Y는 동생에게 언니로서의 역할을 하고 싶어 하였다.

내담자 S(12세/4학년)는 장애판정은 뇌병변 1급이었으나 의사소통이 용이하고 왼쪽 손이 둔감한 정도 외에는 신체적 활동에 제약이 없는 상태이며, 양쪽 귀로 듣지 못하고 한쪽에 와우 보조기를 착용하고 있었다. 부모가 이혼하여 아빠와 조부모, 여동생과 함께 생활하고 있다. 엄마의 부재에 대해 말할 때도 있지만, 주변을 의식하여 엄마와 함께 생활하고 있는 것처럼 말할 때도 있다. 아빠와 관계는 좋으나 아빠가 출장이 잦아 집에 안 계신 경우가 많다. 조부모에게는 떼를 잘 쓰고 물건을 던지거나 자신의 머리를 뜯는 자해행동을 하기도 한다. 친구들에게 너무 잘 보이고 싶고 친하게 지내고 싶은 의욕이 앞서 친구들이 귀찮아하기도 한다. 활동 시 다른 친구들 통제하려는 성향이 있음이 보고되고 있으며, 글을 읽고 쓸 수 있다. 2명의 내담자에 대한 보호자 의뢰 사유는,

Y: 표현 언어는 양호한 편이나 문제가 발생하면 우는 소리를 하며 호소하는 경향이 있어 자신의 감정을 언어로 정확히 의사표현을 할 수 있기를 기대

하였다.

S: 떼쓰는 행동, 물건을 내던지거나 자해행동이 소멸되기를 바랬다.

② 진단

진단세션은 3회기에 걸쳐 진행되었다. 진단세션에서는 드라마매체를 사용한 드라마 발달단계 놀이-드라마 컨티뉴엄(P-D-Continuum)[34]으로 진단평가하며, 감각지각 단계-단순모방 단계-가장단계-연극놀이 단계-드라마 단계까지의 활동을 계획하여 내담자들의 드라마 발달단계 활동 가능치를 점검하였다. 그리고 치료이슈/문제파악방법, 치료자에 대한 반응 및 관계역동 등을 치료자가 관찰 평가하였다.

• 1회기/ 2회기 진단세션

1회기의 진단세션에서는 감정표현출석부로 정서에 대한 인식과 표현정도를 진단하였다. 그리고 자신을 소개하는 놀이를 통해 언어기술 정도를 파악하였고 다양한 놀이를 통해 규칙에 대한 이해, 상황에 맞는 행동여부 등의 사회성기술 정도, 자발성, 관계역동 등을 파악하였다.

내담자 Y는 수용언어는 양호하였으나 자신의 정서 상태를 인식하고 표현하는 것에 어려움이 있었다. 활동을 하기 싫을 때에는 부끄럽다는 이야기를 하며 활동을 하지 않으려는 모습이 자주 관찰되었는데, 누구에게 부끄러운지를 물으면 스스로에게 부끄럽다는 이야기를 하였다. 상황에 맞지 않게 과다하게 웃는 경우가 많고 세션에 집중하지 못하고 산만한 행동을 보이며 규칙에 대한 이해가 부족했다. 또한 치료자에게 어리광을 부리며 자신을 전적으로 수용해 주기를 기대하고 있는 것으로 관찰되었다. 내담자 S가 자신이 쓰고 있는 물건을 빼앗을 때에도 저항하지 못하고 의사표현을 하지 못하였

---

34 Phil Jones, 이효원 역, 『드라마와 치료』(서울: 울력, 2005), 296쪽.

으며, 활동에 자발적으로 참여하기보다는 치료자의 지시에 따르거나 소극적으로 활동에 참여하는 모습이 관찰되었다.

내담자 S의 경우에도 수용언어는 양호하였으나 조음장애로 언어표현이 명확하지 않아 상대에게 의사를 묻지 않고 행동을 먼저 하려는 모습이 관찰되었다. 자신의 정서를 표현할 때에도 '좋다', '그냥' 등으로 표현의 미숙함이 관찰되었다. 활동보다는 핸드폰을 꺼내서 만지거나 세션실의 비품들을 꺼내어 혼자서 비품을 갖고 노는 것에 집중하였는데, 치료자가 함께 활동할 것을 권유하면 몸을 부르르 떨며 놀이기구에 강하게 집착하였다. S는 상대를 존중하지 않고 자기 주도적으로 행동하는 모습을 보였는데, 자신보다 학년이 높은 Y에게 '언니'라는 호칭을 사용하도록 권유하여도 '언니'라는 말을 하지 않으려 하였고, Y가 하고 있는 활동에 관심이 가면 Y의 의사를 묻지 않고 물건을 빼앗아 자신이 대신해주겠다고 하는 경우가 빈번하였다.

자화상 그리기 활동으로 자아지각 정도를 파악하였다. S는 간호사가 되고 싶다며 병원을 그리고 자신이 원하는 미래의 모습을 그렸고, Y는 S가 그리는 것을 모방하여 병원 안에 있는 자신의 모습을 그렸는데 자아지각에 어려움이 관찰되었다.

- **3회기 진단세션**

내담자들의 이슈를 파악하기 위한 드라마 만들기 작업을 진행하였다. S의 제안으로 인어공주 이야기로 드라마 만들기 작업을 진행하였다. Y와 S는 언니, 동생 인어공주 역할을 하였고 S는 인어공주들이 할머니를 만났으면 좋겠다는 의견을 이야기하였다. 이에 Y는 할머니가 맛있는 음식을 만들어 주시는 장면을 만들었으면 좋겠다는 바람을 표현하였고, S는 할머니가 돌아가셔서 볼 수 없는데 다시 돌아와 주었으면 좋겠다는 그리움을 표현하여 Y와 S가 이야기한 두 가지 이야기로 드라마를 만들었다. S는 친할머니와 함께 살고 있는 것으로 보고되어 드라마에서 자신을 수용해주고 보호해주는 대상에 대한 그리움을 표현하고 있는 것으로 관찰되었다.

③ 작업계획

진단 결과 내담자들이 개별적으로 가지고 있는 이슈와 장애진단내용은 상이하지만 정서인식과 표현 그리고 사회적 상호작용의 긍정적인 변화가 필요하였다.

메이어(J. D. Mayer)와 샐러베이(P. Salovey)는 정서지능이란 용어를 처음으로 사용하였다. 정서지능은 정서적 정보를 처리하는 과정으로서 자신과 타인의 정서를 평가하고 표현할 줄 아는 능력, 자신과 타인의 정서를 조절할 수 있는 능력, 그리고 자신의 삶을 계획하고 성취하기 위해서 정서를 사고나 행동에 대한 정보로 이용하고 활용할 수 있는 능력을 말한다. 정서지능은 4가지 범주로 구성되며 각 범주는 점차 높고 통합된 과정의 순서로 배열된다. 가장 낮은 범주는 정서를 지각하고 표현하는 비교적 단순한 능력이며 정서를 통한 사고의 촉진, 정서의 이해와 분석, 정서적·지적 성장을 위한 정서의 반영적 조절로 변화의 과정을 갖는다. 정서를 지각하고 표현하는 과정에서는 정서나 이에 관련된 욕구를 정확하게 표현할 수 있는 능력과 정확한 것과 부정확한 것, 정직한 것과 그렇지 못한 정서표현을 구분할 수 있는 능력이 포함된다.[35] 내담자 Y는 관찰평가에서 억울함이나 폭력적인 상대의 행동에 대해 자신의 감정을 언어로 적절하게 표현하지 못하고 울음 섞인 말로 대항하는 모습이 관찰되었다. 거부의 표현을 할 때에도 웃는 표정으로 이야기를 할 때가 많아 이야기의 내용과 얼굴 표정이 상이하여 상대에게 정서를 전달할 때 혼란을 야기할 수 있었다. 때문에 자신의 정서와 의사를 상대에게 정확하게 전달하고 점차 정서지능의 상위 통합된 과정으로의 발달이 필요하였다. 보호자의 의뢰 사유에서도 정확한 의사표현을 기대하고 있어 자신의 감

35 정옥분 · 정순화 · 임정하, 『정서발달과 정서지능』(서울: 학지사, 2006), 263~265쪽 참조.

정을 상대에게 적절하게 전달할 수 있도록 치료적 개입이 요구되었다.

Y는 부끄럽다며 이야기를 하는 모습들이 자주 관찰되었는데 통제적인 양육환경으로 인해 에릭슨의 심리사회적 단계에서 자율성 대 의심 및 수치심의 단계에 고착되어 있는 것으로 관찰되었다. 부모들이 아이를 의존하게 하면 아이들의 자율성은 억압되고 자신에 대한 신뢰감이 떨어진다. 때문에 다음 단계인 주도성 대 죄의식 단계로의 발달이행이 되어야 한다. 아이들이 자신에게 의미 있는 활동을 선택할 자유를 가지게 되면 자신에게 긍정적 관심을 가지고 계획적으로 일을 해나갈 수 있는 주도성을 발달시킬 수 있다. 그러나 부모가 아이의 주도성을 금지시키거나 혼내면 아이가 이런 주도성을 부정적인 것으로 느끼며 자신의 주도성에 대한 죄의식이 발달하게 된다.[36] Y는 안전한 세션환경 안에서 실수를 경험하고 자신의 한계를 시험하는 등의 모험과 실험을 하여 주도성을 갖는 단계로의 변화가 요구되었다.

S는 상대의 활동을 간섭하거나 활동하고 있는 물건을 빼앗으려는 경우가 많아 상대에게 도움을 주고 싶거나 물건을 가져올 때 먼저 상대의 의사를 물어보고 행동하도록 하는 행동상의 변화가 필요하였다. 또한 S는 가정에서 폭력적이고 공격적인 행동과 자해행동을 하는 것이 보고되고 있었다. 부모는 세상 속에서 아동을 보호하는 존재이다. 그들이 헤어지면 아동은 부모를 잃은 것과 이전의 가족 유대를 잃은 데 대해 애도할 필요가 있다. 애도는 분노, 죄책감, 그리고 슬픔을 내포한다. 아동들은 불안하여 부모에 대한 분노의 감정을 숨길지는 몰라도 그들의 불안감은 더 매달리고 더 관심을 끌기 위한 행동으로 나타날 수도 있다. 부모의 이혼에 대한 아동의 반응은 아동의 나이와 상관이 있는데, 중반기 아동기에는 분노가 아동을 우울하게 만들고 위축되거나 공격적이며 반항적이게 한다.[37] S는 엄마의 부재에 대한 노여움 등의 불쾌한 내적 충동이 공격적 행동으로 표출되고 있는 것으로 사료되었다. 드

36 노안영·강영신, 『인간 이해 및 성장을 위한 성격심리학』(서울: 학지사, 2003), 223~229쪽.
37 Linda Winkley, 신현순 역, 『아동과 청소년의 정서장애』(서울: 이화여자대학교출판부, 1996), 41쪽.

라마 작업에서 엄마의 부재에 대한 그리움을 표현하고 있는 것으로 관찰되고 있어 이에 대한 애도의 과정을 갖는 치료적 개입도 필요하였다.

본 치료 작업을 통해 내담자들이 살아가면서 만나게 되는 여러 사람들과 서로 도움을 주고받을 수 있는 긍정적인 인간관계를 세션에서 습득할 수 있도록 작업계획이 필요하였다. 세션 안에서 서로 도움을 주고받으며 사회성을 키워나가고, 자신의 의사를 수용적인 환경에서 적절히 표현하여 자기표현이 발전되고, 서로 도움을 주고받음으로써 자존감을 발전해 나갈 수 있도록 작업을 계획하였다.

(2) 실행 과정

① 세부 진행 과정

전체 작업의 개요는 다음 <표 13>과 같다.

<표 13> 세부 진행 과정

회기	작업 목표	주요활동	진행내용	내담자 반응
1	준비 단계 라포 형성 사전 진단평가 이슈탐색	-감정표현 출석부 -공놀이	정서의 인식과 표현 정도를 파악하기 위해 자신이 현재 느끼는 정서를 표현함.	내담자 모두 정서 상태의 인식 미약함.
2		-평가도구 작성 -자화상 그리기	자아인식의 정도를 파악함.	S는 자신이 원하는 미래의 모습을 그렸고, Y는 S를 모방함.
3		-드라마 만들기	인어공주 드라마 작업으로 이슈 영역 파악.	드라마 작업에서 S는 자신을 수용해 줄 수 있는 대상에 대한 그리움과 돌아오기를 원하는 기대를 표현함.

4	감각지각에 대한 반응과 신체의 움직임	-찰흙놀이 -풍선놀이	찰흙놀이로 손에 느껴지는 찰흙의 감각에 집중하여 이야기 나누기.	S는 찰흙을 두드리고 소리와 손바닥의 감각을 즐기며, Y가 거부하여도 자신과 똑같이 하도록 반복적으로 지시함.
5	협동놀이 규칙의 이해 함께 작업하기	-천을 이용한 놀이 -규칙바운더리 만들기 -새 친구가 생겼어요.	마법의 양탄자를 타고 자신이 원하는 곳으로 떠나는 놀이.	마법의 양탄자를 타고 놀이동산으로 놀러가 함께 놀이기구를 타는 드라마를 만듦.
6	성장드라마 드라마 작업으로 감정의 표현과 해소 현재 이슈의 탐색과 극복 긍정적인 상호작용	-감정카드 -엔진포스	감정카드로 호불호의 표현. 나쁜 상대에 대적하는 드라마를 만듦.	두려워하는 상대를 대적하는 것에 어려움을 보였으나 점차 용기를 내어 불의에 대항함.
7		-백설공주 -신데렐라	백설공주가 엄마, 아빠와 함께 행복하게 사는 드라마.	S는 드라마 작업에서 백설공주가 왕비를 죽이고, 친엄마가 등장해서 백설공주와 아빠 셋이 행복하게 사는 장면을 반복적으로 만들었다. S는 자신의 소망을 드라마에 투사함.
8		-아기 물고기	엄마의 부재를 극복하는 드라마.	물고기들이 학교에 가는 장면을 만들었는데, 아기물고기(S)는 어린이집에서 친구에게 맞았다며, 엄마물고기에게 와서 친구를 혼내달라는 부탁을 하였다. 엄마물고기가 다리를 다쳐서 갈 수가 없다고 하자 언니물고기(Y)와 함께 가서 친구를 혼내주는 장면을 만들었다.

9		-바다가 사라진 날	동화작업으로 상실의 경험을 극복하기.	S는 바다가 사라진 이유는 모르겠지만 동화의 내용처럼 작은 연못이 생겨서 괜찮다고 함.
10		-쓰레기더미 진주	자기표현을 위한 동화작업.	Y는 자기표현을 하지 못하던 동화 속 인물이 자기표현을 하게 된 것에 부정적으로 인식함.
11		-이슈의 탐색	엄마와 딸의 역할을 바꾸어가며 드라마 만들기.	S는 돌봄을 원하는 딸의 역할과 딸을 보살피는 엄마의 역할을 왕복함. Y는 딸의 역할을 통해 통제적인 엄마에게 하고 싶었던 이야기를 하며 해소함.
12		-이슈의 탐색	가족의 일상을 드라마로 만들기.	S는 아빠 역할로 엄마에게 딸을 보살펴주기를 원하고 엄마와 아빠의 역할을 바꾸어가며 긍정적인 모습을 표현함. Y는 딸을 돌보는 엄마의 역할을 통해 자긍심을 가짐.
13		-불편한 공간	도움을 받는 역할에서 도움을 주는 역할로의 변화.	Y는 통제적인 엄마에 대한 불만을 토로함. 또한 드라마에서 소극적이며 수동적인 역할만을 연기하던 모습에서 변화되어 괴물에게 쫓기는 S를 도와주는 역할을 탐험함.
14		-가족관계의 탐색	가족이야기를 드라마로 만들기.	Y는 통제적인 가족관계에서 변화되어 독립적으로 학교에 가고 싶은 소망을 피력함.
15		-가족관계의 탐색	부재한 가족에 대한 그리움.	S는 엄마의 부재에 대한 이슈에서 변화되어 아빠와의 관계를 탐색함.

16	미래에 대한 탐색	-꿈과 희망을 잃은 아동을 도우려면	미래의 희망에 대한 탐색.	S는 아빠가 출장에서 돌아와 자신을 돌보아주는 이야기를 드라마로 만듦. Y는 자기주장이 강해져서 S에게 원하는 바를 강력하게 표현하게 됨.
17		-선물	꽃씨를 뿌리고 꽃 피우기.	Y와 S는 궁궐에서 꽃을 피우는 드라마를 만들고 함께 기뻐함.
18	사후평가 마무리	-드라마의 변화	성장드라마.	S는 스스로 아기 역할을 하였다가 3살로 자란 아이 이야기를 만들고 초등학교 1학년이 된 성장드라마를 만듦.
19		-평가도구 작성 -자기상장	스스로에 대한 격려.	자신에게 상장을 주는 작업에서 S는 Y에게 양보를 잘하였다며 스스로 '양보 상'을 주었고, Y는 S를 잘 돌보아주었다며 스스로에게 '좋은 상'을 수여함.

② 내담자들의 변화 과정

본 임상은 드라마 매체에 적응하며 발달단계를 이행하고 드라마 안에서 자신의 내면을 투사하여 감정을 표현하고 해소하며, 투사된 역할에서 대안적 역할을 찾아가는 긍정적인 임상과정이 되었다. 그러나 구성원들 간의 합의를 도출하여 드라마를 만들어가는 과정은 상상력이 뛰어난 내담자의 의도대로 진행되는 경우가 빈번하였다. 이 때문에 임상에서 드라마를 만들어가는 과정은 내담자의 이슈가 표출되어 치료자가 드라마의 방향을 선택하기도 하고, 내담자들의 의사소통능력의 발전을 위해 서로 합의를 이끌어내는 과정이기도 하며, 각자 자신의 상상력으로 드라마가 만들어지는 과정을 체험하는 등의 방식으로 진행되었다.

치료과정을 통해 내담자 Y는 소극적이고 수동적인 면에서 변화되어 스스로 성장의 욕구를 보이고 있으며 주도성을 갖게 되었다. 내담자 S와도 긍정적인 관계로 발전하여 S의 언니 역할에 자긍심을 갖는 것이 관찰되었고 도와주는 이끔이 역할로의 긍정적인 변화가 있었다. S는 자신이 원하는 것을 상대의 의사를 묻지 않고 강행하던 모습이 줄어들고 자신보다 학년이 높은 Y에게 언니라는 호칭을 사용하게 되었고, 상대와 원만한 사회적 관계를 위해 노력하는 모습으로 변화되었다. 또한 드라마 작업을 통한 정서적 해소를 통해 공격성이 완화되었음이 보호자를 통해 보고되었다. 구체적인 변화 과정을 살펴보면 다음과 같다.

- **2회기, 4회기**

S는 세션 준비단계에서 내담자 Y의 자기보고 사전 평가지를 반복적으로 가져가 자신이 대신해주겠다고 하였고, Y가 쓰고 있는 물건을 빼앗아가는 행동을 하여 분쟁이 자주 발생하였다. 4회기 세션에서 찰흙으로 소리와 손바닥의 감각을 느끼는 활동에서는 Y에게도 자신과 똑같이 하도록 강요하였고, 치료자가 각자 자신의 방식대로 만들 수 있도록 타인의 의사를 존중하도록 말하자 잠시 주춤하였지만, 다시 반복적으로 자신의 방식대로 따라하도록 Y에게 지시하는 모습을 보였다.

- **5회기**

규칙의 바운더리를 정하고 협동놀이 작업을 하며 S는 변화된 모습을 보였다. S가 마법의 양탄자를 타고 숲속으로 가서 숲속의 공주가 되고 싶다고 하여 Y와 치료자가 마법의 양탄자로 S를 숲속으로 데려다주었다. S는 숲속의 공주 역할을 하며 노래를 만들어 불렀고 모두 함께 노래를 따라 부르며 드라마를 만들었다. 서로 역할을 바꾸어가며 드라마를 만들었는데, S는 치료자에게도 마법의 양탄자를 원하는 곳으로 옮겨주겠다며 역할을 만들어 작업에 참여하기를 권유하였고, 마법의 양탄자에 탄 치료자를 옮겨주며 치료자와의 거리감을 좁히면서 즐거워하는 반응을 보였다. S는 구성원이 함께하는 작업으로 자신이 원하는 드라마를 만드는 과정이 진행되자 상대와 협력하며 존중하는 모습을 보였다. Y에게도 언니라는 호칭을 사용하기 시작하였으며, 치료자에게도 친밀감을 표현하며 함께하는 작업이 즐겁다는 표현을 하였다.

- **6회기**

S는 드라마 만들기에 흥미를 보이며 집중력 있게 작업하였다. 연극적인 상황을 구성하는 능력을 보여주고 있었으며, 연극작업을 통해 엄마의 부재에 대한 이슈를 반복적으로 표현하였다. 6회기에는 자신의 장래 희망이 만화영화에 나오는 엔진포스가 되어 우가츠를 무찌르는 것이라고 하여 S의 희망대로 드라마로 만들었다. S는 우가츠가 처음에는 착한 사람이었다가 나쁜 사람이 되었다고 하였고, 엔진포스는 우가츠에게 괴롭힘을 당하여 쓰러져 있다고 하였다. 그리고 엔진포스가 다시 힘을 얻어 우가츠를 죽이는 장면을 만들었다. S는 드라마 안에서 우가츠가 나쁜 사람이라는 설명을 하며 치료자의 반응을 살피는 모습이 관찰되었는데, 치료자가 개의치 않고 드라마를 진행하자 우가츠를 죽이고 편안하게 무도회에 가는 장면을 만들었다. S는 악당을 죽이는 드라마를 통해 억압된 정서를 해소하고 있는 것으로 관찰되었다.

- **7회기**

S는 백설공주 역할을 하며 왕비를 죽이고, 친 엄마가 등장해서 백설공주와 엄마 아빠 셋이 행복하게 사는 장면을 반복적으로 만들었다. 그리고 신데렐라 이야기로 새엄마가 신데렐라를 괴롭히는 상황을 반복적으로 만들고, 물고기가 신데렐라를 도와 무도회에 가는 장면을 만들었다. S는 드라마 작업을 통해 엄마의 부재에 대한 자신의 감정과 소망을 드라마에 투사하고 있었다. 두 번째 드라마에서 백설공주(S)가 인어공주(Y)의 집에 놀러가고 마녀의 사과를 먹은 백설공주가 쓰러져 자신을 구해줄 왕자를 기다리는 드라마를 만들었다. 치료자가 왕자 역할을 하여 백설공주를 구해주지 않고 떠나버리

자 인어공주 역할을 하던 Y는 자신이 백설공주를 구할 방법을 찾고 구해주는 장면을 연출하였다. 다음 장면에서 치료자가 나쁜 거지 역할로 둘이 먹고 있는 음식을 빼앗고 인어공주의 집까지 빼앗으려 하자, Y와 S는 처음에는 무섭다며 집을 버리고 도망가겠다고 하였으나 연극을 중단하고 둘이 의논한 후 집의 문을 닫고 나쁜 거지를 쫓아내며 집을 지키는 긍정적인 장면을 연출하였다.

• **8회기**

드라마 작업에서 S는 물고기들이 학교에 가는 장면을 만들었다. 아기물고기(S)는 물고기 어린이집에서 친구에게 맞았다며, 엄마물고기(치료자)에게 친구를 혼내달라는 부탁을 하였다. 엄마물고기가 다리를 다쳐서 갈 수가 없다고 하자 S는 언니물고기(Y)와 함께 가서 친구를 혼내주는 장면을 만들었다. 아기물고기(S)는 물고기 어린이집에서 친구에게 맞은 억울함을 엄마물고기가 해결해주기를 바랐다. 그러나 S의 어머니가 부재하므로 드라마에서 엄마에게서 도움을 받을 수 없을 때 다른 곳에서 도움을 받을 수 있는 방법을 찾도록 하자 스스로 언니 물고기에게 도움을 요청하였다. S는 드라마 작업에서 엄마의 부재에 대한 자신의 이슈를 반복적으로 표현하며 엄마에게 도움을 받고 싶어함을 표현하였는데, 드라마 안에서 현실의 상황을 수용하고 다른 인물의 도움을 받으며 감정을 해소하는 모습을 보였다. S는 마무리 피드백을 할 때에 언니물고기 역할을 한 Y에게 자신을 때린 친구를 혼내주고 함께 싸워주어 고맙다는 표현을 하였다. Y는 S를 도와주는 언니물고기 역할을 한 후 타인을 도와주었다는 언니로서의 자긍심을 표현하였다. Y는 가정에서 언니의 역할수행을 바라고 있지만 충족되지 않는 상태인 것으로 보고되고 있어 S와의 관계를 통해 이를 충족할 수 있게 되었다. 이후 Y와 S는 긍정적인 관계로 변화하였으며 S는 언니로서 Y를 존중하는 모습이 관찰되어 드라마 안에서의 역할이 현실에서도 긍정적인 변화를 주었다.

▷ 내담자는 치료자를 통해 자신의 삶에 있어서 중대한 영향을 미치는 과거의 인물의 특성을 불러내고 치료자에게 전이(transference)한다. 내담자는 과거의 중요한 인물 관계를 무의식으로 재작동시키고 풍부한 정보를 치료 상황에 끌어들이며 치료자를 통해 과거의 느낌들을 그때와 똑같은 방법으로 경험하게 된다. 정신분석가들은 전이에 두 가지 차원이 있음을 주장한다. 그 하나는 반복의 차원으로 내담자들은 치료자가 자신의 부모들이 하였던 것과 유사한 행동을 할 것을 두려워하는 동시에 그렇게 하기를 기대한다는 것이다. 또 하나는 자기대상의 차원으로 내담자는 소아기에 이루지 못했던 치유적이고 교정적인 경험을 갈망한다는 것이다. 전이의 이러한 두 가지 차원은 내담자의 경험의 드러난 부븐과 드러나지 않은 부분 사이에서 반복된다.[38] S는 드라마 작업을 통해 치료자가 자신의 엄마 역할을 해주기를 원하였고 엄마, 아빠와 자신이 행복하게 사는 드라마를 반복적으로 만들었다. 그리고 어린이집에서 친구들에게 놀림을 당하고 맞았던 과거의 기억 속에서 엄마에게 보호받기 원하였던 정서를 치료자에게 전이하였다. 그러나 엄마가 부재한 상황의 S에게는 대안적 해결책을 찾을 수 있는 개입이 필요하였고, S는 드라마 작업 안에서 엄마가 아닌 다른 인물에게 자신이 필요한 도움을 청하는 새로운 방안을 찾아내게 되었다.

• **9회기**

S는 상실에 대해 다룬 동화책 『바다가 사라진 날』로 작업을 한 후 치료자에게 바다가 사라진 이유에 대해 물었다. 치료자가 이유는 모르고 어느 날 주인공 도롱이에게서 사라졌다고 하자 S는 동화책의 내용처럼 도롱이에게는 작은 연못이 생겨서 괜찮다는 반응을 보였다.

▷ 이혼이나 별거로 부모가 떠나면 아동은 자신이 거절당한 것처럼 느낄 수도 있다. 이는 엄청난 혼란과 비합리적인 환상을 불러일으킨다. 이들에게는 상실에 대한 슬픔에 귀를 기울여주고 슬퍼할 수 있는 기회를 가질 수 있도록 하여야 한다. 떠난 사람에게 하고 싶은 말을 모두 할 수 있다는 것, 그 사람이 자신에게 해야 할 말을

38 Glen O. Gabbard, 이정태 역, 『역동정신의학』(서울: 하나의학사, 2008), 48~49쪽.

들을 수 있다는 것은 애도의 과정에서 이루 말할 수 없이 중요한 치유의 일부분이다.[39] S가 지난주의 물고기 작업으로 엄마의 부재에 대한 대안을 발견한 것과 『바다가 사라진 날』의 주인공이 작은 연못이 생겨서 괜찮다는 S의 반응에 대한 연관성에 대해서는 확인하지 않았다. 그러나 S는 이후 드라마 작업에서 딸의 역할로 엄마에게 돌봄을 받는 드라마를 만들고, 자신이 엄마의 역할로 딸을 돌보는 장면을 만들기도 하며 엄마의 부재에 대한 애도의 과정을 더욱 구체적으로 표현하기 시작하였다.

• 10회기

동화책 『쓰레기더미 진주』를 읽고 이야기를 나누었다. 내담자들은 자신을 쓰레기라고 생각하다가 주변의 도움으로 자신을 존중하게 된 주인공 진주의 이야기를 진지하게 경청하였다. 그러나 동화책을 읽고 난 후의 느낌을 이야기할 때에 Y는 자신의 의사를 표현하는 동화책의 주인공 진주가 나빠졌다고 하였다. Y는 자기표현을 하지 못하던 동화 속 인물이 소리를 지르며 자기표현을 하는 모습을 나빠졌다고 인식하고 있었다.

▷ 수치심을 이용한 아동의 훈육은 종종 아동의 의지를 깨뜨리는 결과를 가져온다. 아동은 흔히 부모나 교사로부터 수치심의 고통을 느끼게 되는데, 이때 아동은 그것이 얼마나 치명적인가를 배우게 된다. 아동은 자신이 수치심을 사용해서 보복을 한다면 엄마가 손상을 입을까 봐 두려워한다. 따라서 아동은 수치심이라는 무기를 엄마에게 사용할 수가 없다. 그리고 만약 아동이 수치심이라는 무기를 사용해서 엄마를 공격한다면 자신이 보복을 당할 것이고 그 보복은 다시 자신을 겁에 질리게 하고 또다시 수치스럽게 할 것이라고 두려워한다.[40] Y는 통제적인 가정환

---

39 Margot Sunderland & Nicky Armstrong, 『Helping children with loss』(London: Speechmark, 2003), 편집부 역(2007), 『상실을 경험한 아동을 도우려면』(서울: 한국심리치료연구소, 2007), 30~31쪽.

40 Margot Sunderland & Nicky Armstrong, 『Helping children with low self-esteem』(London: Speechmark, 2003), 편집부 역(2007), 『자존감이 낮은 아동을 도우려면』(서울: 한국심리치료연구소, 2007), 48쪽.

경 때문에 수동적이며 자기표현을 잘하지 못하고 평소 부끄럽다는 말을 자주 사용하고 있어, 자신이 느끼는 정서를 표현하는 것을 부정적으로 인식하고 있는 것으로 관찰되었다. Y가 스스로에 대해 주도성을 갖고 정서인식과 표현을 할 수 있도록 지속적인 개입이 필요하였다.

- **11회기**

드라마 작업에서 S는 부재하는 자신의 엄마를 투사하는 장면의 구성을 원하고 있었다. 엄마를 구해주는 딸의 역할을 연출하였다가, 병원 장면을 만들고는 자신이 엄마의 역할로 딸을 돌보아주었다. S는 엄마에게 돌봄을 받고 싶은 상태를 자신이 딸의 역할과 엄마의 역할을 오가며 엄마가 딸을 돌보아주는 장면으로 연출하였다. 두 번째 드라마에서 S는 엄마의 역할로 반복적으로 딸(Y)에게 학교에서 점심을 챙겨먹고 알림장을 써오라고 하였고, 선생님을 만나 딸(Y)을 보살펴주기를 부탁하는 장면을 연출하였다. 그리고 불분명한 장소로 엄마와 엄마친구와 다른 곳으로 가는 장면을 만들었다. 치료자가 엄마는 어디로 가는 것인지를 묻자 모르는 곳이라고 하였다. Y는 드라마에서 딸의 역할을 하며 그동안 현실에서 통제적인 엄마에게 실제로 하고 싶었던 이야기들을 역할로 하는 것으로 관찰되었다. Y는 평소 엄마가 자신의 의견을 묵살하는 것에 대한 불만을 세션에서 자주 토로하였는데, 드라마 작업에서도 자신이 원하는 것을 해달라며 엄마에게 저항하는 장면을 만들었다. Y는 점차 통제적인 환경에서 벗어나려는 욕구를 표현하고 있었다.

- **12회기**

S의 이야기로 드라마 작업을 하였다. 첫 번째 드라마 작업에서 S(딸), Y(엄마), 치료자(아빠) 역할을 하며 가족들의 일상을 드라마로 만들었고 S는 엄마가 저녁에 자신의 소풍 도시락을 챙겨주어 좋았다고 하였다. 두 번째 드라마 작업에서는 S(엄마), Y(딸), 치료자(아빠)로 역할을 바꾸어 드라마를 만들었는데, S는 엄마의 역할로 가게에서 열심히 일하는 모습을 연기하였다.

세 번째 드라마 작업에서는 S(아빠), Y(딸), 치료자(엄마)로 역할을 바꾸어 드라마를 만들었는데, S는 아빠 역할로 엄마에게 딸을 챙겨주기를 부탁하는 드라마를 만들었다. S는 드라마 작업에서 스스로 딸, 엄마, 아빠 역할을 바꾸어 가며 경험하였는데, 각 역할들의 긍정적인 모습들을 발견하고 역할로 표현하였다.

• **13회기**

S가 그린 그림으로 드라마 작업을 하였다. 핑크(S)와 옐로(Y)가 있는 집에 괴물(치료자)이 찾아와서 해치려 하자 핑크(S)가 물리치고 괴물이 도망가는 드라마를 만들었다. 괴물이 기회를 봐서 옐로(Y)가 집에 혼자 있을 때 다시 찾아가 잡아가려 하였지만 핑크가 옐로를 구해주는 장면을 만들었다. S는 드라마 작업에서 타인을 돕는 역할을 수행하며 자긍심을 갖는 것이 관찰되었고, 세션 초반 Y에게 강제적으로 주도하던 모습에서 긍정적인 관계로 변화되었다. 두 번째 드라마는 Y와 S가 역할을 바꾸어 Y가 S를 구해주는 드라마를 만들었다.

• **14회기**

Y가 세션에 도착하여 엄마가 자신이 원하는 바를 들어주지 않아 속상하다며 울음을 터트렸다. 자신의 감정 상태를 표현하는 감정카드 작업에서는 '슬프다' 카드를 선택하여 자신이 피아노를 치고 싶었는데 엄마가 못하게 하였고 때려서 슬프다고 하였다. 그리고 안 때리기로 약속한 엄마에게 왜 때리는지 이야기하고 싶다고 하였다. 고개를 숙이고 울음을 그치지 않아 마음이 진정되기를 기다려 가족 그림 그리기 작업을 하였다. Y는 소파에 앉아 있다가 방으로 가서 동생과 소꿉놀이를 하는 그림을 그렸다. 그리고 아빠는 방에서 컴퓨터를 하고 엄마는 부엌에서 음식을 만드는 그림을 그렸다. Y는 그림을 보며 싫은 것은 아빠와 함께 학교에 가는 것이라고 하였다. 아빠와 함께

학교에 가면 아빠가 야단칠 것 같아서 싫다고 하였고 혼자서 학교에 가고 싶다는 희망을 피력하였다. 드라마 작업으로 그림에서와 같이 Y가 동생과 소꿉놀이하는 장면과 혼자서 학교에 가는 상황을 만들어 보았다. 세션이 끝난 후 Y의 어머니에게 Y가 혼자 학교에 가고 싶은 욕구가 있고 연습이 필요할 것임에 대해 말씀드렸다. Y의 어머니는 근래에 Y의 언어발달이 많이 진전되었다고 이야기하였다. 그리고 Y가 고집이 세져서 어느 정도까지 받아들여야 할지를 모르겠다는 고민을 이야기하였다. 치료자가 Y가 바라는 것은 하고 싶은 일을 실제로 하거나 못하는 것이 아니라 자신의 마음을 엄마가 알아주는 것이라는 것을 전달하였다. 그리고 Y의 성장을 위해서는 가정에서 Y의 의사표현이 수용되는 것이 연습되어야 다른 곳에서도 Y가 자신의 의사를 분명히 밝힐 수 있고, 결국 그러한 발전이 Y가 자신을 보호하고 상대에게 자신의 요구를 표현할 수 있는 길이 될 것이라는 점을 설명하였다.

- **15회기**

Y와 S, 치료자가 친구들을 초대하여 파티를 하기 위해 함께 찰흙으로 음식을 만드는 장면을 드라마로 만들었다. Y는 사랑하는 가족들을 초대하였고, S는 친구 오빠를 초대하였고, 치료자도 친구를 초대하는 드라마를 만들었다. 드라마가 진행되어 초대한 다른 손님들은 모두 오고 치료자의 친구만 파티에 오지 않은 장면이 만들어졌는데, Y과 S은 치료자의 친구가 오지 않은 것을 안타까워하며 위로하였다. 그리고 스스로 역할을 바꾸어 치료자의 친구 역할을 하겠다고 하였고, 치료자의 친구로 파티에 참석해 주었다. S는 근래의 드라마 작업에서 엄마에 대한 표현은 하지 않고 있고, 아빠가 출장에서 돌아오실 거라며 아빠에 대한 그리움을 빈번하게 표현하였다.

- **16회기**

세션종결이 다가오는 시점이 되어 본 회기에서는 미래의 희망을 탐색하는 작업을 하였다. 미래의 모습을 그림으로 그리고 드라마 만들기 작업을 하였는데, Y는 병원의 의사가 된 모습을 그림으로 그리고, 자신은 의사, S에게는 간호사 역할을 하도록 하여 드라마 작업을 하였다. Y는 자신의 이야기로 드라마 작업을 할 때에 스스로 다른 사람들의 역할을 정해주고 장면을 만들며 연출가의 역할도 하기로 하였다. 근래에 들어 Y는 자기주장이 강해진 면을 보이고 있다. 자신의 정서를 적극적으로 표현하게 되어 자기보호의 측면에서는 긍정적이다. 그러나 함께 작업을 할 때에 하기 귀찮다고 느껴지면 안 하겠다는 의견을 강하게 피력하고, S가 쓰는 물건을 가져올 때에도 '내놔'라는 표현을 자주하기도 한다. Y에게는 타인에게 긍정적으로 자기주장을 할 수 있도록 개입의 변화가 요구되고 있다. S는 드라마 작업에서 자신이 원하는 미래의 모습인 모델역할을 하였다. 지난주 세션에서 아빠가 출장에서 돌아오실 거라며 아빠에 대한 그리움을 표현하였는데, S는 자신이 모델의 아빠 역할도 하며 딸을 돌보아주는 드라마를 만들어 자신이 원하는 아빠의 역할을 드라마에 투사하였다.

- **17회기**

첫 번째 드라마에서 왕비(S)에게 평민할머니(치료자)가 궁궐로 찾아가 꽃을 선물하자 왕비는 할머니에게 꽃씨를 선물로 주었다. 할머니는 꽃씨를 땅에 심겠다고 하였고 왕비에게 도움을 청하여 함께 꽃씨를 심었다. 꽃씨를 심고 꽃이 필 때를 기다렸는데, 왕비는 평민들을 궁으로 초대하였고, 아가씨(Y)와 함께 꽃이 피어 기뻐하는 드라마를 만들었다. 두 번째 드라마에서 S는 역할을 바꾸어 자신은 엄마, Y에게는 아기 역할을 주었다. 그리고 아기는 한 살이라고 하며 우유를 먹여주었고, 다시 상황을 바꾸어 세 살로 아기가 자랐다고 하였고, 다시 상황을 바꾸어 아기는 자라서 초등학교 1학년이 되었다고 하였다. 그리고 자신은 엄마이기 때문에 자신의 아이에게 아침을 만들어 먹이고 학교에 보낼 것이라고 하며 아기를 성장시키는 드라마를 만들었다.

▷ 실망이나 좌절을 많이 겪은 아동은 너무나 쉽게 꿈과 희망을 포기할 수 있다. 세상에 대한 긍정적인 인식이 깨지게 되면 자신이 꿈꿔왔던 보다 나은 세상에 대한 희망을 포기할 수 있다. 사랑으로 연결된 관계를 전혀 경험한 적이 없거나 그 관계가 비참하게 깨진 경험을 한 아동은 삶에 대한 창조적인 노력이 방해를 받거나 아예 차단될 수 있다. 사람으로 연결된 관계는 가장 힘겨울 때에 계속해서 아동을 지탱하게 해준다. 그 관계가 부모, 치료자 등의 전혀 예상외의 인물과 맺어진다 하더라도 아동은 그로부터 '나는 세상에 값진 것을 줄 수 있어, 나는 능력이 있어' 라는 인식을 갖게 된다.[41]

- **18회기**

세션을 시작하며 S는 지난주 아기를 성장시키는 드라마를 만들었는데, 어떤 시점에서 드라마를 다시 시작하고 싶은지를 치료자가 묻자 중학교 1학년이 된 드라마를 만들고 싶다고 하였다. S는 Y에게 엄마 역할을 부탁하였고 자신은 중학교 1학년이 되어 학교생활을 하는 모습의 성장 드라마로 만들었다. S는 드라마를 만들어가는 과정에서 상대와 조율하고 협동하며 구성원들과 함께하여야 함을 인식하며 변화한 모습을 보였다. 세션 초반에는 지시하거나 주도하려는 모습이 강하게 표현되었지만, 드라마 작업이 진행되며 상대의 의사를 먼저 물어보고 행동하며 타인의 의사를 존중하는 긍정적인 변화의 모습을 보였다. 그리고 드라마 안에서 엄마의 부재에 대한 억눌려 있던 감정을 해소하고 어려움을 극복할 수 있는 방법을 모색하였고, 타인을 돕는 역할로 변화되며 현실에서도 긍정적인 변화가 있었다. 사후평가 자화상 그리기에서도 S는 아빠와 서로 마주보며 웃고 있는 그림으로 긍정적인 자아상을 표현하였다. 또한 세션 초반 세션실의 물건들을 만지며 집중하지 못하던 모습에서 활동을 즐기며 규칙을 지키는 긍정적인 변화의 모습을 보여주었다.

---

41 Margot Sunderland & Nicky Armstrong, 『Helping children pursue their hopes and dreams』(London: Speechmark, 2001) 편집부 역, 『꿈과 희망을 잃은 아동을 도우려면』(서울: 한국심리치료연구소, 2007), 14쪽.

S의 상태에 대한 도움선생님과의 면담에서 S가 가정에서 떼를 쓰고 화를 내던 모습에서 변화되어 스스로 자제하려는 모습을 보이고 있고, 언어발달에도 긍정적인 변화가 있음이 보고되었다.

(3) 평가 분석

연극치료에서는 내담자들이 연관을 형성하고 상징적이고 은유적인 내용을 동화하는 방식과 관련하여 여러 가지 입장이 존재한다. 수 제닝스와 미첼은 내담자가 연행을 반드시 언어적으로 성찰하거나 분석할 필요는 없다고 하였다. 그들은 내담자가 무의식적인 연관을 성취한다고 한다. 그러므로 작업에 따르는 자동적인 언어적 분석은 경험을 이성적으로 분석하도록 강요함으로써 오히려 동화작용을 방해한다고 주장한다.[42] 본 임상의 드라마 작업은 내담자들 각자의 위치에서 이루어졌다. 내담자들은 드라마를 연행하며 자신들의 이슈를 투사하였고 이를 통해 변화 과정을 갖게 되었다. 그러나 이에 대해 지속적인 언어적 통찰의 과정을 갖지는 않았다. 아동들은 성인들처럼 자신들의 문제에 대해 명확한 인식을 하지 못한다. 정신분석학적 접근에서 내담자가 자신들의 문제에 대해 자유연상을 하는 것과 같은 치료적 적용이 아동들에게는 용이하지 않다. 아동은 자유연상을 하는 데에 필요한 자기 인식과 언어기술이 부족하기 때문이다. 따라서 자유연상을 하기 위한 다른 접근이 시도되어야 하는데 그 표현의 형태는 그들의 놀이이다. 놀이는 의식적인 면이나 무의식적인 면에서 아동의 정신생활에 통찰력을 제공할 수 있다. 놀이는 아동이 대처하는 문제에 대한 단서를 제공할 수 있고 그들이 대처하는 데 사용하는 기제를 제공할 수 있다.[43]

프로이트는 놀이를 통해 아동들은 자신이 원하는 바를 표현하고 충족시킨

42 Phil Jones, 이효원 역, 『드라마와 치료』(서울: 울력, 2005), 376쪽 참조.

43 Fergus P. Hughes, 김광웅·유미숙·박영애·유가효·최영희·방은령 역, 『놀이와 아동발달』(서울: 시그마프레스, 2003), 299쪽.

다고 하였다. 또한 놀이에서 아동이 모방하려는 대상은 선택적이고 주변의 환경에서 영향받는다고 하였다. 아동은 놀이를 통해 소망을 충족하고 충격적인 사건을 극복하게 된다. 놀이를 통해 괴로운 상황을 반복하며 점차 괴로운 경험을 약화시키게 되며 반복되는 경험을 통해 사건을 극복하게 되는 것이다. 내담자 S의 경우에는 엄마의 부재에 대한 이슈를 은유적인 드라마 작업에 투사하였는데, 백설공주 역할, 혹은 인어공주 역할을 할 때에도 딸의 역할을 강조하며 엄마의 보살핌을 받고 싶어 하는 모습을 투사하였다. 이후에는 스스로 엄마의 역할을 하며 엄마가 딸을 보살피는 드라마를 만들었다. S는 엄마와 딸의 역할을 반복적으로 표현한 후에는 드라마 작업에서 더 이상 엄마의 역할을 등장시키지 않았다. 드라마에서 엄마에게서 돌봄 받기를 원하는 자신의 모습을 투사하여 탐험하였고 이를 반복하며 점차 괴로운 상처를 약화시키고 극복하는 과정을 거치게 되었다. S는 엄마를 2주에 한 번 규칙적으로 만난다는 보고가 있었는데 치료자가 규칙적인 만남 외에도 엄마가 보고 싶은 적이 있는지 묻자 S는 있다고 답하였다. 치료자가 엄마가 보고 싶을 때에는 어른들에게 보고 싶다는 표현을 하는 것이 좋겠다고 하자 S는 알고 있다고 하였다. S는 세션 초기 엄마의 부재에 대해 말하지 않으려 할 때도 있었는데 드라마 작업을 통해 자신의 이슈를 극복하려는 측면이 관찰되었다. 드라마에 엄마가 등장하지 않게 된 다음에는 아빠가 드라마에 등장하게 되었는데, 아빠가 출장이 잦아서 S는 아빠에 대한 그리움을 투사하였다. S는 자신이 원하는 미래의 모습인 모델 역할을 하며 아빠를 등장시켰는데, 타인에게 아빠의 역할을 주어 아빠가 자신을 보살피도록 하는 드라마를 만들었다. 이후에는 스스로 아빠역할이 되어 딸을 보살폈다. 그리고 아기를 키우는 드라마를 만들어, 아기가 한 살, 세 살, 초등학교 1학년, 중학교 1학년까지 성장하고 자신이 보살피는 드라마를 만들었다. S는 드라마 작업에서 자신과 엄마, 아빠의 모습을 역할로 투사하며 스스로 엄마, 아빠의 긍정적인 모습을 발견하고 정서적인 해소를 하는 것으로 관찰되었다. S는 드라마에서 애도의 과정으로 이슈에 대해 정서적인 해소가 되며 가정에서 떼를 쓰거나 물건을 던지는 등의 과격한 행동이 없어지고, 세션 내에서도 타인을 배려하는 변화가 일어났다. S가 드라마 작업에서 보여주었던 정서의 변화가 가정에서 세밀하게 관찰되어 치료자와 원활하게 교류되지 못하였고 문제행동이 소멸되었다는 변화 보고만 듣게 된 점은 아쉬움으로 남는다.

Y의 경우에도 드라마 작업을 통해 엄마와 가족의 통제에 대한 이슈를 투사하고 해소하며 자신이 바라고 있는 모습에 대해서도 표현하였다. Y는 호불호의 의사표현이 명확해지고 가정에서도 수동적인 모습에서 변화되어 자신의 의사를 관철하려는 모습으로 변화되었다. 자기표현이 향상되었을 때 명확해진 의사표현은 양육자의 입장에서는 오히려 말 잘 듣던 아이가 말을 잘 안 듣는 결과로 인식될 수도 있다. Y의 어머니가 통제적인 성향이 있어서 어머니와의 면담을 통해 Y의 변화를 설명하고 수용적인 환경에서 Y가 자신의 의사를 더욱 명확히 할 수 있도록 조언하였다. 그러나 어머니는 양육방식의 변화에 대한 의지가 미약하였고 면담에 부담을 갖고 있는 것으로 관찰되었다. 세션 초반 Y의 변화 가능성에 대해 어머니와 긴밀하게 교류하였다면 어머니도 준비할 수 있는 시간이 되었으리라 생각되고, 세션에서 일어난 Y의 긍정적인 변화가 지속성을 가질 수 있었을 것이다.

본 임상은 은유적 드라마 공간에서 내담자들이 감정을 해소하고 새로운 대안을 모색하는 작업이 되었다. 내담자 S의 경우에는 부모의 이혼으로 엄마가 부재한 상황을 주변에 알리는 것을 꺼렸었는데, 자신을 직접적으로 드러내지 않는 은유적 드라마 작업에서 자신의 이슈를 안전하게 표출하였다. 그러나 작업에 선행되어 발달장애로 사회적인 고립감을 갖고 있는 내담자들에게 안아주는 환경, 공감반응, 치료자의 자세가 중요시되었다. 위니컷은 정신분석치료를 내담자의 심층을 분석하고 해석하는 과정으로 보지 않고, 내담자에게 잃어버린 돌봄을 제공하고 초기의 발달적 욕구를 채워주는 과정이라고 하였다. 때문에 위니컷은 정신분석에서 상담환경의 중요성을 강조하였고 안아주기가 갖는 기능을 중요시하였다. 내담자 S의 경우에는 어머니의 부재로 인한 상실감이 있었고, Y의 경우는 통제적인 어머니의 양육태도로 인해 안아주는 환경을 더욱 필요로 하여, 내담자들이 세션에서 안정감과 편안함을 가질 수 있도록 세션이 진행되었다. 자기심리학의 관점에서 볼 때 공감이란 타인의 경험으로 들어가 그 사람의 입장에서 그 사람을 이해하고 확인하며 그 경험에 반응하는 것이다.[44] 사회적으로 위축되어 있는 내담자들에게 공감적인 반응은 스스로 자신감을 갖고 자기표현을 확장시킬 수 있는 계기를 마련할 수 있게 하였다. 융은 치료자는 내담자 자신도 모르고 있는 인격의 측면을 함께 찾아가며 함께 체험하는 사람이라고 하였다. 그리고 치료자와 환자는 끊임없이 서로 영향을 주고받으므로 치료자가 바른 마음의 자세를 가지고 치료에 임하여야 한다고 하였다. 내담자 Y의 경우에는 세션 초반 수동적이고 자기표현을 하지 못하는 모습을 보였지만, 적극적으로 자신의 의사를 표현할 수 있는 역할의 측면을 찾아가는 작업을 하였고, S의 경우에도 공격적이고 통제적인 모습을 보였지만 타인을 배려하는 역할의 측면을 치료자와 함께 찾아가는 작업이 되었다.

내담자들은 세션에서 각자 긍정적인 변화를 보였는데, Y는 호불호가 명확해진 모습을 보이고 있지만 통제적인 어머니에 대한 불만을 세션에서 계속 호소하고 있어서 가정에서의 변화가 동반되지 않는다면 긍정적인 변화를 지속하여 발전시키는 것에 한계가 있으리라 생각된다. S의 경우에도 문제행동이 줄어들고 스스로에게 '양보상'을 줄 정도로 긍정적인 상호작용을 하는 모습을 보이고 있지만 어머니의 부재에 대한 이슈는 지속적으로 보살핌을 받아야 할 것으로 사료된다.

치료에 있어 에릭슨은 신뢰를 강조하였다. 치료자는 어머니처럼 환자의 욕구에 예민하게 반응하여 치료자-내담자 관계에 신뢰를 수립할 수 있어야 할 뿐만 아니라 능동적이어야 하고 자기 신뢰감이 있어 내담자에게 전달해야 한다. 또한 치료자와 내담자는 대등하며 상호성이 중요하다고 강조하였다. 치료목표는 내담자가 과거의 인생주기를 어떻게 거쳐 왔으며 과제를 완수하였는가를 인식하고 장래에 어떤 단계와 위기가 있을 것인지를 예측해서

---

44 홍이화, 『하인즈 코헛의 자기심리학 이야기』(서울: 한국심리치료연구소, 2011), 219쪽.

이를 극복할 수 있도록 돕는 것이다.[45]

심리 사회학적인 단계의 발달을 위해서는 연극치료 세션에서 내담자가 자신의 한계를 실험하고 탐험하는 모험적인 작업환경이 요구된다. 위 사례의 내담자에게는 가상의 드라마 공간에서 자신의 실수를 경험하고 훈련하며, 주변에 의존하지 않고 자율성을 가질 수 있는 개입이 필요하였다. 또한 내담자들이 자율성과 주도성을 획득할 수 있도록 부모들에 대한 교육이 함께 진행되어야 한다. 내담자들의 발달 이행에 일차적인 역할을 하는 부모에 대한 교육과 협력은 문제 상황에 즉시 대처하게 되며 상호적인 문제해결의 기회를 갖게 하고, 효율적인 치료 작업이 될 수 있게 한다. 아동그룹의 S와 Y는 연극치료 작업을 통해 상대를 존중하고 언니와 동생의 역할을 수행하며 긍정적인 상호작용을 하게 되었다.

6-3. 애착이론 접근의 성인 여성 개인치료 사례

애착이란 두 사람이 서로에게 밀접한 정서적 감정을 느끼고 그러한 애정관계를 지속시키고자 노력하는 활동을 말하며 특정 대상에게 강한 애착을 가지는 인간의 경향성이다. 그리고 애착 대상과 분리되거나 상실이 일어났을 때 느낄 수 있는 불안과 우울, 정서적 단절 등 다양한 정서적 문제와 성격장애를 설명하기도 한다. 애착이론은 존 보울비[46]에 의하여 체계화되었으며

---

45 민영길, 『최신정신의학』(서울: 일조각, 2010), 79쪽.

46 John Bowlby(1907~1990): 정신과 의사이자 정신분석가이다. 2차 세계대전에 장교로 복무하면서 전쟁의 참상을 목격하였고, 1920년 설립한 런던의 정신병원이자 정신의학 연구기관인 타비스톡 클리닉(Tavistock Clinic)의 부원장이 되었다. 이런 개인적 경험은 전쟁 중 어머니를 잃어 모성경험이 결핍된 아이들에 대한 관심으로 이어졌다. 애착형성이 인간 본성의 가장 중요한 기본이 되고, 애착형성이 잘되지 않으면 아동기뿐 아니라 성인기의 여러 가지 정신질환의 원인이 될 수 있다는 애착이론을 정립했다. 1950년 「어머니의 보살핌과 정신건강(Maternal Care and Mental Health)」이란 논문에서 그는 아이가 제대로 보살핌을 받지 못한 경우 성인이 된 후에도 지적·사회적·정

이후 메리 에인즈워스[47]에 의해 더욱 구체화 되었다고 할 수 있다.

1) 존 보울비

보울비는 애착을 '유아가 자신과 가장 가까운 사람(주로 어머니)과 느낄 수 있는 강한 정서적 유대관계'로 설명한다.[48] 보울비는 본능이나 유전적 특질보다는 관계를 우선시하여 환경적 영향의 관점에서 성격발달을 보았다. 애착유형은 부모-자녀관계 내에서의 주요한 특징이라 할 수 있으며 양친과의 관계에서 각기 다른 애착유형을 보일 수 있다. 아동의 애착유형은 1세까지는 완전하게 내재화 되지 않지만 많은 학자들은 어머니와의 애착유형이 아버지와의 애착유형보다 지배적이라고 한다.

그는 애착에 대한 주요개념으로 내적작동모델을 설명하였다. 내적작동모델(internal working model)은 영아가 양육자와의 상호작용을 바탕으로 자신과 타인 사이의 관계에 대해 확립한 인지적 표상을 말하며, 양육자와 영아 사이에 형성된 애착관계의 질이 이후 발달에서 타인과의 관계의 질에 영향을 미친다는 것이다.[49] 보울비는 어린 시절 형성되는 애착관계는 양육자인 부모와의 관계에 따라 유형이 달라지며, 어떤 애착관계가 만들어졌는가에 따라 서로 다른 내적 표상이 형성되고 이후 개인의 관계 형성의 기초가 된다고 생각했다.

부모, 양육자의 상호작용을 바탕으로 내면화된 내적작동모델의 가장 핵심

서적 지체를 경험하게 된다고 보고했다.

47 Mary Ainsworth(1913~1999)에 의해 보울비의 애착이론은 객관적 평가가 가능한 단계로 발전했다. 1969년 애착을 평가하는 상황 실험인 '낯선 환경 실험'을 고안했다. 엄마가 적절히 아이의 요구에 반응해 주면 안정 애착을 형성하지만, 그렇지 못할 때 불안정 애착을 형성하고 이는 이후에 불안장애나 우울증의 원인이 될 수 있다고 했다.

48 Nicola Diamond and Mario Marrone, 『Attachment and Interaction』(London: Whurr Publishers Ltd., 2003), 이민희 역, 『애착이론과 심리치료』(서울: 시그마프레스, 2005), 63쪽 참조.

49 Jeremy Holmes, 『John Bowlby & Attachment Theory』(London: Taylor & Francis Books, 1993), 이경숙 역, 『존 볼비와 애착이론』(서울: 학지사, 2010), 131~132쪽.

적인 부분은 자기표상과 타인표상이다. 애착대상에 대한 표상은 아동의 대인관계에 대한 표상이나 자기개념에 대한 표상과 관련이 있다.[50] 아이는 발달하면서 부모, 또는 양육자와의 상호작용 유형의 반복적인 경험을 통해 자기와 타인에 대한 도식을 갖게 된다. 양육자로부터 호의적이고 정서적인 반응을 받았던 안정 애착된 아동은 반응을 잘하고 애정이 깊으며 자신에 대해 사랑 받고 가치 있는 사람이라는 내적작동모델을 형성하고 다른 관계에서도 이를 적용한다. 애착대상으로부터 무시나 거절을 경험한 불안정 애착 아동은 세상에 대해 위험을 느끼고 자기 자신이 사랑 받을 만한 가치나 쓸모가 없다고 느껴 자신을 존중하지 않는 내적작동모델을 확립하게 된다. 개인에게 형성된 내적작동모델은 자신의 감정과 행동을 결정하게 하고, 사회적 상황에서 타인의 행동을 예측하고 해석하게 한다.

2) 메리 에인즈워스

에인즈워스는 1세 된 유아와 어머니와의 상호관계에서 애착 유형이 각각 다르게 존재한다는 것을 발견하여 영아를 낯선 상황에 있게 함으로써 유아-양육자 간의 애착에 대한 유형을 측정하는 실험을 진행하였다.

낯선 상황은 어머니와 1세의 유아가 실험자와 함께 장난감이 있는 낯선 방으로 들어가는 것으로 시작하는 20분간의 실험이다. 어머니와 유아가 자연스럽게 상호작용을 한 후 어머니는 실험자에게 3분 동안 유아를 맡기고 방을 떠났다가 다시 돌아온다. 어머니를 유아로부터 격리시키고 낯선 사람과 함께 있도록 하는 상황을 만든 후 다시 어머니가 돌아와 재결합을 하는 장면을 만들어 관찰하는 실험을 말한다. 이 실험 장면에서 에인즈워스는 유아의 탐색과 낯선 사람과의 반응, 어머니와 격리시의 반응, 특히 어머니와 다시 재결합했을 때의 유아의 태도와 반응을 분석함으로써 어머니에 대한

50 장석진, 「애착이론에 근거한 대인관계 증진 집단상담 프로그램 개발과 효과 연구」, 연세대학교 박사학위논문, 2007.

유아의 애착유형을 발견하였다.

애착유형[51]으로는 안정애착, 저항애착, 회피애착, 혼란애착이 있다.

안정적으로 애착이 형성되어있는 유아들은 어머니와 장난감을 가지고 놀다가 어머니가 방을 떠났을 때 놀라면서 탐색활동을 중단하고 어머니를 찾는 모습을 보인다. 유아는 분리로 인해 고통을 느끼지만 어머니가 다시 돌아오면 달려가 신체적 접촉을 하며 매우 반기는 반응을 하며 만족스러운 놀이를 한다. 안정애착이 형성된 유아는 발달의 모든 과정에서 불안정하게 애착이 형성된 유아에 비해 더 잘 적응한다. 타인과 쉽게 사귈 수 있으며 타인이 자신에게 의존하거나 자신이 타인에게 의존하는 것에 대해 거부감이 없으며, 타인에게 버림받거나 타인과 가까워지는 것을 걱정하지 않는 경향이 있다. 안정애착에서의 중점은 능동적인 관계, 상호 호혜적인 관계이며 상호작용의 양보다는 질이 더 중요하다.

저항애착은 어머니와 늘 가깝게 있으려하며 어머니와 떨어지지 못하며 장난감에 대한 탐색활동을 거의 하지 않았다. 분리에 대해 극도로 고통스러워하며 어머니가 돌아와도 쉽게 안정되지 못한다. 어머니가 방을 잠시 떠났을 때 심하게 고통스러워하였으나 어머니가 돌아왔을 때 유아들은 상반된 반응을 보인다. 자신만 남겨두고 떠났었다는 것에 대해 화를 내고 어머니 근처에 있으려 하면서도 어머니가 유아에게 접촉하려고 하면 뿌리치는 양가적 반응을 보인다. 양육자의 일관되지 못하거나 강압적인 양육태도로 인해 형성되며, 이런 애착관계를 경험한 개인은 타인과 지나치게 가까운 관계를 만들기 원하며 자신이 원하는 만큼 타인과 가까워지지 못하면 걱정한다.

회피애착은 어머니와 떨어졌을 때 별 다른 고통의 반응은 없었지만 다시 어머니가 돌아왔을 때 접촉을 피하고 무시하는 것처럼 몸을 돌리는 반응을 보였다. 특히 스트레스가 심한 두 번째 재회일 때 더욱 그러하다. 이들은 어머니가 지켜보고 있는 경우에도 잘 놀지 못한다. 이 유형의 유아들은 낯선

51 장휘숙, 「애착과 사랑양식 및 관련 변인들의 관계」, 『한국심리학회지:발달』, 한국발달심리학회, 2002, 15권 4호, 93~111쪽 참조.

사람에 대해서도 특별히 불안해하지 않고 피하거나 무시하는 모습을 보인다. 특별히 불안반응을 나타내지 않기 때문에 가장 잘 적응하는 아이처럼 보일 수 있지만 이런 애착관계를 형성한 아이는 어려운 상황 시에도 타인에게 도움을 요청하기를 힘들어하며, 타인을 완전히 신뢰하지 못하고 관계가 가까워지는 것을 걱정하며 불편해하여 소극적이고 피상적인 대인관계를 갖는 경향이 있다.

혼란애착은 어머니가 다시 돌아왔을 때 얼어붙은 모습을 보이며 다양한 혼란스러워 하는 행동을 한다. 유아가 가까이 다가가려 하다가도 어머니가 다가오면 갑자기 피하는 반응을 보이기도 한다.

Bretherton(1985)[52]은 불안정 애착유형 유아들의 성장 이후 환경과의 타협이나 적응에 대한 연구를 하였는데, 1세 유아들의 애착유형을 분류해서 이들의 학령전과 학령기, 그리고 10세가 되었을 때 추적 검사를 실시했다. 안정적 애착유형의 아동들은 불안정한 아동들에 비해 자아통제력이 강하고 자아탄력성이 높다고 한다. 감정이입에 능하고 고분고분하며 긍정적인 정서가 높다고 평가되었다. 회피적 아동들은 지나치게 조심스럽고 또래 간의 상호작용에서 적대적이거나 거리를 두려고 한다. 양가적인 아동들은 교사에게 의존하는 정도가 낮고 서투른 경향이 있고 조심성이 부족하며 혼자서 놀고 또래들과 잘 어울리지 못한다고 연구되었다.

3) 안전기지(secure base)

에인즈워스는 애착대상이 애착을 느끼는 사람에 대하여 만들어준 환경을 묘사하기 위하여 안전기지(secure base)라는 용어를 처음으로 사용하였다.[53] 유아는 위험 사항이 아닐 때에는 애착대상이 존재한다는 사실로 안전

52 Jeremy Holmes, 『John Bowlby & Attachment Theory』(London: Taylor & Francis Books, 1993), 이경숙 역, 『존 볼비와 애착이론』(서울: 학지사, 2010), 178-179쪽 재인용.

53 Jeremy Holmes, 위의 책, 120쪽 참조.

함을 느낀다. 그러나 안전함을 느끼게 되려면 유아가 애착대상을 필요로 할 때 그들이 일관되게 그곳에 있을 것이라는 확신이 전제되어야 한다. 또한 위험에 처한 상황일 때에도 유아가 애착대상에게 신속하게 접근할 수 있거나 애착대상이 민감하게 일관성 있는 반응을 보여주었을 때 유아는 안정감을 느낄 수 있다. 이러한 경험의 반복을 통해 유아는 애착대상을 안전기지로 인식하게 된다.

유아가 애착대상을 안전기지로 인식해야 하는 것과 마찬가지로 치료자는 내담자에게 안전기지를 제공해야 한다. 치료자는 내담자가 자신에 대해 탐색해 나가는 과정을 신뢰하고 지지하며 공감해주어야 한다. 치료자의 내담자에 대한 공감이란 내담자의 눈과 마음으로 세상을 보고 느끼고자 하는 노력이다.

내담자에 따라 치료자를 바라보는 관점은 다르다. 어떤 내담자들은 애착대상에게 열망하였던 돌봄과 사랑을 치료자가 대신할 수 있을 거라 기대할 수 있고, 어떤 경우에는 치료자가 내담자 자신에게 지나치게 비판적이고 적대적인 것으로 비춰질 수도 한다. 치료자는 이러한 내담자의 왜곡된 지각이 내담자의 초기 경험과 연관되어 유발될 수 있다는 것을 알고 있어야 한다. 또한 내담자가 치료자에게 전달하는 정서와 행동은 치료자 자신의 아동기 경험을 유발하여 이를 내담자를 대하는 태도에 반영하기도 한다. 내담자와의 관계에서 치료자의 역전이[54]는 치료 작업에서 중요하게 다루어야 하는 부분이다.

4) 애착이론의 정신분석적 치료

애착이론 차원에서의 정신분석적 치료는 주로 자기와 중요한 타인에 관한

---

54 역전이는 내담자의 전이(transference)에 대한 치료자의 특정한 반응으로 정의된다. 내담자가 어린 시절 자신에게 중요한 인물과 관련된 감정을 분석가에게 투사(projection)하는 '전이'에 따른 치료자의 의식적, 무의식적인 모든 반응을 뜻한다.

내부작동모델을 탐색하고 수정하여 통합하고 성찰적 사고를 촉진하는 치료 기법이라 할 수 있다. 이는 기저에 있는 증상과 방어기제에 대한 탐색을 통해 대인관계라는 좀 더 큰 틀을 바라볼 수 있게 하는 것이다.[55]

보울비(1988)는 애착이론에 근거한 분석적 치료에서 치료자의 역할을 다섯 가지로 설명하고 있다. 첫째, 내담자가 안전하게 자기 세계를 탐색할 수 있는 안전기지를 제공하여야 한다는 것이다. 안전기지에서 내담자는 자신의 과거와 현재의 고통스러운 삶의 측면들을 탐색하게 된다. 치료자는 내담자가 자신의 삶에 대해 숙고하는 동안 공감하고 지지해주며 방향을 제시해주는 역할을 하여야 한다. 이때 치료자의 민감한 반응이 치료를 위한 핵심이 되며, 치료자는 내담자의 상황을 이해하기 위해 내담자의 관점에서 이해하고 공감하는 것이 필요하다. 그리고 이와 함께 관찰자로서의 입장도 지속적으로 유지하고 있어야 하며, 내담자의 심리상태를 일관성을 갖고 해석해주고, 내담자가 자신의 병리적 측면을 직면할 수 있도록 도와주어야 한다.

둘째, 내담자가 자신의 삶에서 의미 있는 인물들과 관계를 맺는 방식에 대해 탐색하는 것이다. 치료자는 내담자가가 상대와 친밀감을 형성하기 위한 노력이 상대에게 어떻게 비추어지는지, 이러한 노력을 통해 상대에게 기대하는 것은 무엇인지를 탐색한다. 그리고 자신에게 불리한 상황을 만들면서 타인과 관계를 맺는 방식의 무의식적 근원은 무엇인지에 대해 생각해 볼 수 있도록 독려한다.

셋째, 내담자와 치료자의 관계를 통해 내담자는 자신에게 중요한 애착인물들에게 자신이 어떻게 행동하고 상대가 어떻게 반응하는지에 대해 지각하고 해석할 수 있게 된다. 내담자가 치료자를 대하는 행동방식은 내담자가 일상에서 자신에게 중요한 타인과 관계를 맺는 방식과 같을 수 있다.

넷째, 내담자의 사고·감정·행동을 지배하는 내담자에게 의미 있는 기억과 일화를 회상하고 통합할 수 있도록 돕는다. 내담자가 자신의 과거 아동기,

55 Mario Marrone, 『Attachment and Interaction』(London: Whurr Publishers Ltd., 2003), 이민희 역, 『애착이론과 심리치료』(서울: 시그마프레스, 2005), 231쪽.

청소년기에 겪었던 사건이나 상황이 내담자 자신의 현재의 사고, 기대, 행동 방식에 어떻게 영향을 주고 있는지를 살펴본다. 이때에 상황이나 사건은 내담자가 특별한 부모에 의해 겪은 것이거나 부모에게서 반복적으로 들었던 이야기일 수 있다. 내담자는 과거의 회상을 통해 부모에 대해 지금까지는 상상할 수 없었던 생각과 감정으로 자신의 고통에 대해 이야기할 수 있다. 치료자는 내담자의 이러한 감정상태를 승인해주어야 한다. 이렇게 함으로써 내담자는 자신의 강한 정서를 표출하고 행동하려는 충동을 보게 되는데, 내담자는 이러한 정서상태와 행동을 부모에게 보내기도 하고 치료자에게 보내기도 한다.

다섯째, 내담자 자신의 상(모형)과 내담자가 타인에 대해 갖고 있는 상(모형)이 적절하지 않을 수 있음을 인식하도록 하는 것이다. 우선 내담자 자신을 지배하고 있는 상(모형)이 무엇인지를 파악하고 그 근원을 찾는다. 이를 통해 내담자는 어떤 근원적 상황이 현재 자신이 생각하고 행동하는 방식을 지배하고 있는지 이해한다. 또한 내담자가 자신과 세상을 바라보는 방식을 이해하기 시작한다. 이러한 과정을 통해 내담자는 자신이 이전에 가졌던 상(모형)이 과거의 경험이나 반복해서 들었던 이야기로 인한 결과물임을 인식하게 된다. 이를 통해 내담자는 자신에게 고정된 무의식적 사고에서 벗어나 새로운 방식으로 느끼고 사고하고 행동하며 삶에 적절한 대안을 찾게 된다.

이외에도 치료자는 내담자의 방어의 벽을 깨는 것이 필요하다. 보울비는 위니컷의 참자기[56], 거짓자기[57]라는 개념을 받아들였다. 보울비는 가정에서

---

56 초기 발달에 대한 위니컷의 견해에서 특별한 의미를 갖고 있는 개념이다. 참자기는 아동 정신의 "핵"을 구성하는 "타고난 잠재력"을 가리킨다. 이 잠재력의 계속적인 발달과 확립은 건강한 환경을 제공해주고 유아의 감각 운동에 반응해주는, 충분히 좋은 어머니에 의해 촉진된다. 충분히 좋은 어머니는 또한 일단 욕동(欲動)이 기능적 체계로 조직화되고 나면 적절한 원 본능 만족을 제공해주는 역할을 한다. 참자기는 아동의 존재의 연속성을 지원해주는 모성적 돌봄을 통해서 자체의 고유한 특성을 발달시킨다.

57 거짓자기는, 자아가 그러하듯이, 안정적이고 반복적이며 계속적으로 활동하는 구조이다. 위니컷은 어떤 개인들은 거짓자기 장애로 인해 고통을 받는다고 생각했다. 그러나 그는 정상적인 개인들의 자기 안에도 참자기와 거짓자기의 분열이 있다고 말했다. 따

아동의 욕구가 무시당했을 때 아동들은 거짓자기가 발달한다고 하였다.

위니컷은 모든 정신 병리는 부모가 아동을 적절하게 돌보지 않았기 때문에 자기의 기능이 손상되었음을 의미한다고 하였고, '참자기'를 형성하기 위해서는 유아기에 완벽한 환경의 제공이 필요하다고 하였다. 참자기를 형성하기 위한 '환경으로서의 어머니 역할'은 첫째로 '일차적 모성 몰두'이다. 유아에게 필요한 환경이 되기 위한 일차적 모성 몰두로 인해 생후 몇 개월간 아기는 자신을 모든 존재의 전능한 중심으로 경험하고 이러한 전능성이 견고하고 건강한 자기 발달의 기초가 된다. 둘째, '안아주는 환경'이다. 안아주기라 함은 절대적 의존기의 유아에게 최대한 적응해주는 것을 말한다. 엄마가 유아에게 외부 현실을 경험하게 해주고 유아의 욕구에 대해 공감적 기대를 제공하여, 유아로 하여금 스스로를 독립적인 개체로 볼 수 있도록 돕는 것을 말한다. 이 안아주기 단계를 잘 거친 유아는 대상관계능력이 발달된다.[58] 셋째, '충분히 좋은 어머니'이다. 위니컷은 유아의 자발적인 몸짓이나 감각적인 환각에 대해 어머니가 거듭해서 의미 있게 해주고 성공적으로 대응해주지 않으면 참자기가 현실이 될 수 없다고 하였다. '충분히 좋은 어머니'가 아닌 경우 유아는 어머니에게 순응하여 어머니의 몸짓을 자신의 것으로 받아들이고, 이러한 것이 반복되면 거짓자기를 형성한다고 하였다. 넷째, '어머니의 거울역할-반영하기'이다. 이것은 모성에 몰두함으로써 유아의 욕구와 몸짓을 정확하게 이해하는 어머니를 말한다.

위니컷의 관점에서 거짓자기는 방어적 성격이며 이러한 성격은 대인관계

라서 그가 말하는 참과 거짓은 도덕적인 질서에 관한 것이 아니라 자기의 특질을 말하는 것이다. 자발적 표현을 지원하는 경험들은 참자기에 해당되는 반면, 순응적 삶을 지지하는 다른 경험들은 거짓자기에 해당된다. 거짓자기는 일반적으로 분열적 개인에게서 볼 수 있는 참자기가 숨어 있거나 덮여 있는 상태를 가리킨다. 만약 돌보는 사람이 유아의 감각 운동, 몸짓, 유아의 "원 본능" 자기에 부응하고 반영해주지 못하고 자신에게 몰두한 채 자신의 느낌을 유아에게 부과한다면, 유아는 거짓자기를 형성할 수밖에 없게 된다. 그때 유아에게는 통각 대신 지각이 자리 잡게 된다.

58 Madeleine Davis & David Wallbridge, 『Bondary and space』(1981), 이재훈 역, 『울타리와 공간』(서울: 한국심리치료연구소, 1997), 119~128쪽 참조.

방식에 영향을 미친다. 내담자가 방어를 보일 때 치료자는 내담자의 방어의 근원을 탐색하고 공감 해주어야 한다. 방어의 출발점은 불안이다. 애착이론의 차원에서 불안은 주로 불안전한 애착과 관련이 있으므로 내담자의 과거의 고통에 공감하여야 하며 해석은 그다음이다.

5) 성인애착면접법(Adult Attachment Interview)

애착표상을 탐색하기 위한 몇 가지의 반구조화된 면접법(semistructured interviews) 중 가장 잘 알려진 것은 성인애착면접법(Adult Attachment Interview)으로 1985년 버클리대학에서 개발되었다. A.A.I.는 무의식을 자극하고 이를 표출할 수 있도록 한다.

<표 14> A.A.I.성인애착면접법(Adult Attachment Interview)[59]

질문 내용
1. 질문 준비 단계 - 출생 직후의 가족관계와 가정환경 - 아동기 때 조부모나 형제관계, 그리고 이들의 역할 2. 부모와 맺었던 관계의 질에 대한 주제 - 어린 시절 부모와의 관계를 가장 설명해 줄 수 있는 형용사 5개를 선택하게 한 뒤 이 단어를 특정한 기억과 연관하여 설명 - 내담자는 어린 시절 화가 나면 어떻게 하였는지 - 부모 중 어느 쪽과 더 가까웠고 이유는 무엇인지 - 양친 중에 누구와 더 가깝게 느꼈으며 그 이유는 무엇인지 - 부모에게 거절당하거나 협박, 학대당한 경험이 있는지, 그리고 부모가 왜 그렇게 행동했다고 생각하는지 - 시간이 흐르면서 부모와의 관계가 어떻게 변했는지 - 어린 시절의 경험이 자신이 부모 노릇을 하는데 어떤 영향을 주었는지 질문한다. 3. 상실을 겪은 나이와 상황 - 내담자가 아동기 때 혹은 성인기에 부모 혹은 사랑하는 사람을 잃은 적이 있는지 질문하고 상실을 겪은 나이와 그때 의 상황 등에 대해 질문한다.

A.A.I.는 면접법과 코딩법을 공식적인 책자로 만들지는 않았지만 A.A.I.시행과 자료 분석을 위한 공인된 훈련을 받아야 한다. A.A.I. 면접 시 고려되어야 하는 중요한 사항은 아동기 경험이 주체의 주관적 설명과 일치하는가? 주체의 진술에 일관성이 있는가? 이다. 인터뷰는 녹음되고 어머니와의 관계, 아버지와의 관계, 부모와의 역할 반전, 기억의 질, 부모에 대한 분노, 관계에 대한 이상화, 관계에 대한 격하, 서술의 일관성에 의해 평가하게 된다.[60]

A.A.I.의 평가척도 분석을 통해 애착에 관한 성인들의 심리상태를 안전형, 배척형, 집착형, 미해결형이라는 네 가지 범주로 분류한다.

안전형으로 분류된 성인들은 어린 시절에 대한 기억이 대체로 긍정적이며 설령 부정적인 경험이 있다 하더라도 고통스러운 마음을 갖고 있지 않다. 솔직하고 조리 있고 일관되게 어린 시절에 대해 기술한다. 이들은 위험상황에 대해 건강하게 대처할 수 있는 충분한 심리적 자원을 갖고 있다.

배척형의 애착은 낮은 수준이며 어린 시절의 기억이 거의 없다고 하거나 과거의 기억을 완벽했던 것으로 이상화시키려는 경향이 있다. 이들은 지속적인 무관심과 정서적 거리감, 거절에 대한 고통에 의해 이런 방어기제를 사용한다.

집착형의 설명은 일관성이 없고 산만하며 과거의 갈등이 현재에도 지속되고 있다. 불안전한 양가적인 관계를 맺는 경향이 있으며 이들은 부모에 대한 반항과 의존 사이에서 갈등을 겪고 있다.

미해결형은 상실, 학대, 혹은 외상적 사건을 경험한 적이 있으며 외상 후 유증을 갖고 있다. 이들은 외상에 대해 이야기할 때 일관성이 없다.

A.A.I. 결과에 나타난 어머니의 애착상태와 그녀가 양육하는 아동의 애착상태는 그 연관성을 갖는 것으로 연구되고 있다.

---

59 Jeremy Holmes, 『John Bowlby & Attachment Theory』(1993), 이경숙 역, 『존보울비와 애착이론』(서울: 학지사, 2005), 183쪽.

60 Mario Marrone, 『Attachment and Interaction』(London: Whurr Publishers Ltd., 2003), 이민희 역, 『애착이론과 심리치료』(서울: 시그마프레스, 2005), 121쪽.

6) 사례

본 연구의 사례는 본 연구자가 치료자로서 5개월 동안 총 18회기 진행하였던 사례이다. P[61](여, 20살)는 개인치료 내담자이며 지적장애 2급이다. 가족과 함께 살다가 초등 4학년~중학교 1학년까지 미인가 시설에 맡겨졌었으며 이후 다시 엄마와 같이 살게 되었는데, 애착, 도벽, 과잉행동 등의 증상을 보이고 있었다. P는 상실의 경험으로 인해 낯선이에게서 안락함과 애정을 추구하는 무분별한 사교적 태도를 보이고 자기조절과 자기보호에 심각한 문제를 가지고 있어, 애착이론을 통해 P의 내적작동모델을 수정하기 위한 치료작업이 계획되었다. 위니컷의 관점에서 거짓자기는 방어적 성격이며 이러한 성격은 대인관계 방식에 영향을 미친다. P는 가정에서 거절과 욕구가 무시당했던 경험을 통해 거짓자기를 발달시키게 되었고, 거짓말과 과잉행동으로 인해 사회생활 적응에 문제를 보이고 있었다. 연구과정은 다음과 같다.

차례
(1) 내담자 정보와 의뢰 사유
(2) 실행 과정
(3) 평가 분석

(1) 내담자 정보와 의뢰 사유

본 연구사례의 내담자 P(지적장애2급/여/ 20살/)는 개인치료 내담자이다. 가정환경은 엄마, 계부, 친동생, 계부가 데려온 동생과 함께 살고 있다. 계부가 가장 역할을 못하고 있고 기초생활수급자이다. 계부와의 관계가 원만하지 못하고 엄마도 건강한 정신 상태는 아니지만 근래에는 P에게 관심을 많

61 본 연구의 내담자는 작업사례를 연구에 활용하는 데 동의하였으나 개인정보보호를 위해 실명 대신 알파벳을 사용한다.

이 보이고 있다. 환경적 요인으로는 친아빠와 엄마 사이가 안 좋았고 엄마가 임신 중에 스트레스가 심한 편이었다. 아동기에 미인가 시설에 맡겨졌다가 다시 엄마와 함께 살게 되었으며, 증상으로는 애착, 도벽, 과잉행동을 보이며 감정조절을 하지 못한다(수면조절, 감정조절의 문제로 정신과 약 복용 중으로 약 복용 후 증상이 호전되었다). 무분별한 사교성(모르는 사람들에게 과다하게 밀착 시도), 특히 거짓말(예: 남자친구가 재벌이라는 등 관심 끌기 위한 행동), 과잉행동(예: 버스나 지하철에서 주변의식을 하지 않고 갑자기 노래 부름)으로 사람들에게 따돌림과 무시를 당하고 있다. 기관의 의뢰 사유는 P가 과잉행동과 거짓말 등의 증상으로 인해 대인관계에 문제를 보이고 있어, 문제행동이 개선되고 사회생활에 적응하기 위한 사회성의 향상을 기대하고 있었다.

(2) 실행 과정

P와의 치료세션은 주1회 18회기 동안 진행되었다. 실행 과정의 내용은 진단세션과 치료과정, 사후평가와 종결의 주요 변화 과정을 중심으로 기술되었다.

① 진단세션

자기소개를 하는 시간에 P는 수용언어, 표현언어에는 어려움이 없으나 자신을 과장하는 것을 제어하지 못했다. 자신이 7편의 드라마에 출연했고, 현재 방영 중인 드라마에도 출연하고 있다고 하였다. 자신의 연하 남자친구가 백혈병과 암으로 하늘나라에 갔고 병에 걸린 연하의 남자친구가 많다고도 하였다. 유학을 갔었다는 이야기를 하여 치료자가 이에 대해 들은 바가 없다고 하자, 말을 바꾸어 자신이 학원을 다니며 일본말을 배우고 있기 때문에 유학이라고 표현했다는 말을 하며 거짓말을 하는 것을 멈추려 하지 않았다. 그러면서 자신이 매력이 넘치고 인기가 많음을 강조하였다. 과장하거나 거짓을 말할 때 치료자가 자신의 말을 믿고 있는지를 살피며 '왜요'라고 자주 물었다. P는 치료자를 자신을 과장하고 싶은 대상으로 인식하고 있었다.

P는 시설에 맡겨지기도 하였고 가정적인 환경에서 애착대상인 양육자로부터 호의적인 반응을 받지 못하고 있었다. 애착대상들에게서 무시당하거나 거부당하며 자기 자신에 대해 사랑받을 만한 가치가 없는 사람이라고 느끼면서 자신을 존중하지 않는 내적작동모델을 확립하고 있었다. P는 자신을 무가치하게 느끼는 내적작동모델을 통해 사회적 상황에서 다른 사람들도 자신을 무가치하게 느낄 것이라고 예측하고 타인들에게서 사랑받기 위해 자신을 과장하고 거짓말하는 행동으로 타인들과의 애정관계를 유지시키려 노력하고 있었다.

P는 그림 작업에서 반복적으로 키 큰 사람과 나무를 그림으로써 강한 존재에 대한 동경을 표현하였다. 피규어 작업으로는 자신과 닮은 피규어, 자신과 닮지 않은 피규어, 이 둘을 친하게 해줄 수 있는 피규어를 골라서 이야기를 만들었다. P는 자신의 얼굴과 닮았다며 키다리 인형을 골라 성격은 착하다고 하며 싫어하는 것은 친구들이 놀리는 것이라고 하였다. 자신과 닮지 않은 피규어는 눈이 하나 밖에 없는 괴물 피규어를 골라 성격은 귀여우며 싫어하는 것으로는 친구들이 놀리는 것이라고 하였다. 그리고 이 둘을 친하게 해줄 수 있는 피규어로는 마법사 피규어를 골랐고 마법사가 마법을 걸어야지만 자신과 닮은 피규어와 자신과 닮지 않은 피규어가 친해질 수 있다고 하였다. 그리고 이 두 피규어가 친구들이 놀린다는 사실을 서로 알게 되면 친해질 수 있다고 하였다.

▷ 로버트 랜디[62]는 역할 접근법에서 대비역할의 짝패를 찾아 통합의 길을 찾는

---

62 Robert J. Landy의 Tell-A-Story는 역할 이론의 기본 개념인 역할, CR(Counter Role), 가이드를 사용한다. '역할을 불러낼 수 있는 개인의 능력'을 진단하며, CR과 가이드로

심리적 투쟁을 가리켜 '역할 병존(role ambivalance)'이라고 하였다. 그리고 그 역할 병존 상태와 함께 사는 법을 익힐 때 비로소 이상적 균형에 도달한다고 하였다. P는 피규어 작업에서 자신과 닮은 것, 닮지 않은 것, 둘 다 친구들이 놀리는 것을 싫어한다고 하며 친구들 간 관계의 어려움에 대한 이슈를 표현하였다. 이 둘이 친해질 수 있는 방법으로 마법사를 택한 것으로 볼 때 현실적인 해결방안을 생각하지 못하고 있었지만, 자신과 닮은 것, 닮지 않은 것, 둘이서 친구들이 놀린다는 것을 알게 되면 친해질 수 있다는 말을 통해 대인관계 갈등에 대한 인식과 해결 방안을 찾고 있는 것으로 해석되었다.

② 치료과정 주요회기

- **4회기**

손가락인형으로 드라마 만들기 작업을 하였다. 공원에서 우연히 만난 두 사람이 이야기를 나누는 장면을 만들었다. 바다(치료자)가 친구가 없어 고민하는 이야기를 하자 미르(P)는 친해지고 싶은 아이에게 자꾸 말을 시켜야 한다고 하였다. 바다가 말을 자꾸 시켜도 친구들이 싫어한다고 하자 미르는 상대를 안 해줘도 200번 정도 말을 시켜야 한다고 하였다. 바다가 친구들이 싫어하는데 자꾸 말을 시키는 것이 자존심 상한다고 하자 미르는 자존심이 상해도 자꾸 말을 시켜야 한다고 반복적으로 말하였다. 바다가 친구들을 만나도 나를 싫어하고 괴롭혀서 차라리 집에 혼자 있는 것이 나을 것 같다고 하자 미르는 목소리를 높이며 그러면 안 된다고 하며, 집에만 있으면 점점 더 친구들이 없어지고 외로워진다고 하였다. 바다가 외로워도 친구들이 괴롭히는 것보다 낫다고 하며, 친구들이 있으면 뭐가 좋은지를 묻자 미르는 친구들이 있으면 함께 놀러 갈 수 있어서 좋으니 친구들이 필요하다고 하였다.

P는 타인과 지나치게 가까운 관계를 만들기를 원하며 자신이 원하는 만큼 가까워지지 못하는 것을 염려하는 저항애착의 특징을 표현하고 있다.

역할들 사이의 연결과 통합을 이루려 한다.

• **6회기**

P는 농구경기에서 이겨서 친구가 자신에게 선물을 하겠다고 하였고, 그 친구는 연극을 가르치는 선생님이라고 하였다. 그리고 그 선생님은 자신이 연극을 잘해서 자신만 좋아한다고 하며 다른 사람들은 연극을 못해서 연극 선생님이 싫어한다고 하였다. 치료자가 연극선생님이 연극을 잘하는 사람만 좋아하고 못하는 사람을 싫어하는 것은 차별하는 것 같다고 하자, P는 민감한 반응을 보이며 소리를 높이면서 자신이 잘하기 때문에 연극선생님이 자신만 좋아한다고 강조하였다.

▷ P가 치료자를 대하는 방식은 일상에서 자신에게 중요한 사람들과 관계 맺는 방식과 같다. P가 자신을 무가치하게 느끼는 내적작동모델은 타인들도 자신을 무가치하게 느낄 것이라고 예측하고 타인들에게서 사랑받기 위해 자신을 과장하고 거짓말하는 행동으로 타인들과의 애정관계를 유지시키려 노력하고 있다.

• **9회기**

카드로 감정을 표현하는 작업에서 P는 '자랑스럽다' 카드를 선택하여 자신은 농구, 축구, 탁구 등 모든 운동을 잘한다고 하였다. 치료자가 모든 운동을 잘한다고 하는 것이 자기 자랑을 많이 하는 것처럼 느껴진다고 하였더니, P는 자랑이 아니고 사실이라고 하였다. 이후 드라마 작업에서 치료자가 역할로 들어가 "나는 너무 잘하는 것이 많아"라고 자랑을 한 후 이에 대해 P가 어떻게 느꼈는지를 묻자, P는 치료자가 했던 드라마에서의 역할이 자랑을 심하게 하는 사람 같다고 하였다. 그래서 P에게 모든 것을 다 잘한다고 자랑하면 다른 사람들도 P에게 자랑을 많이 한다고 느낄 수 있음을 이야기하자 P는 옛날에는 더 심했는데 지금은 고쳐지고 있다고 하였다. 치료자가 심했던 때는 언제였는지를 묻자 11년 전이라고 하였는데, 그때가 언제였는지를 묻자 P는 계산을 한참 하는 시늉을 하며 방어하는 모습을 보였다. 치료자가 엄마와 떨어져 있을 때 즈음인지를 물었더니 P는 놀라는 표정을 짓다가 그렇다고 하였다. 그리고는 엄마와 다시 함께 살게 된 지 5년이 되었고 지금은 고치려고 노력하고 있지만 습관이 되어 잘 고쳐지지 않는다고 하였다. 치료자가 자랑을 하면 왜 좋은지를 묻자 P는 기분이 좋아지고 멋진 사람이 된 것 같아서 좋다고 하였다. 치료자가 다시 자랑하는 역할을 보여주고 P에게 어떤 생각이 드는지를 물었더니 너무 자기 자랑을 하는 것 같아서 싫다고 하였다. 그래서 다른 사람들에게 자랑을 많이 하면 P의 생각처럼 멋진 사람으로 보이는 것이 아니라 P가 지금 느낀 감정처럼 자기 자랑을 해서 싫은 사람으로 주변인들이 느낄 수 있음을 이야기하였다.

▷ P가 상대와 친밀감을 형성하기 위한 노력이 상대에게 어떻게 비추어지는지, 이러한 노력을 통해 상대에게 기대하는 것은 무엇인지를 탐색하였다. 그리고 P의 심리상태를 해석해주고 자신의 상황을 직면할 수 있도록 개입이 진행되었다.

• 10회기

자기 자랑을 하는 이유에 대해 이야기를 나누었다. P는 엄마와 떨어져 시설에 있을 때 다른 아이들이 너무 자랑을 심하게 해서 자신도 따라하게 되었다고 하였다. 엄마와 떨어져 있는 것이 마음이 아파 자랑을 하게 되었다고 하였는데, 치료자가 마음이 아플 때에 자랑하면 마음 아픈 것이 좀 나아지는 것 같았는지를 묻자 P는 그렇다고 하였다. 그래서 지금도 마음이 아픈지를 묻자 P는 지금 엄마와 함께 산 지 5년이 되어 괜찮다고 하였다. 이제는 자랑하는 것을 안 하려고 하는데 친구들이 자기 자랑을 많이 하여 자신도 자꾸 자랑하게 된다고 하였다. P가 마음이 아플 때 자기 자랑을 한 것처럼 친구들도 마음이 아프지 않은지를 물었더니, P는 그 친구들의 부모님들이 이혼을 하여 마음이 아픈 것 같다고 하였다.

본 회기는 P의 과거의 기억이 현재의 행동방식에 어떻게 영향을 주고 있는지를 탐색하는 과정이 되었다. 자신에게 불리한 상황을 만들면서 타인과 관계를 맺는 방식의 무의식적 근원은 무엇인지에 대해 생각해 볼 수 있었다.

• **11회기**

지난 세션 이후 자신을 과다하게 자랑하는 행동을 하지 않기로 하였던 약속을 잘 지켰는지를 P에게 물었다. P는 모르겠다고 답했다. 치료자가 "스스로 생각해보면 알 수 있는데 모르겠다는 뜻은 무엇인가?"라고 질문하자 P는 자랑한 적이 없고 모르겠다는 말은 하지 않았다는 것과 같은 뜻이라고 하였다. 그래서 치료자는 모르겠다와 하지 않았다가 다른 뜻임에 대해 이야기해 주었다. 이번 세션에서는 사실이 아닌 것에 대해 P가 말하는 습관에 대해 이야기하기로 하였는데, P는 감기에 걸려 목이 아프다며 다음 주에 이야기하고 싶다고 하였다. 치료자가 갑자기 왜 목이 아픈 것인지를 물었더니 P는 아픈 것을 참고 이야기한 것이라고 하며 회피하는 반응을 보였다. P가 자신의 문제 상황에 직면하는 것을 어려워하여 P의 건강상태에 대해 공감하고 지지하는 이야기를 나누었다.

• **12회기**

자신을 과장하여 자랑하는 일이 있었는지 점검하였는데, P는 잘 지켰고 과장하지 않았다고 하였다. 그리고 하고 싶었던 적은 있었지만 하늘나라에 간 친구를 생각하며 참았다고 하며 거짓말하는 것을 고쳐야겠다는 생각이 들었다고 하였다. 왜 그런 생각이 들었는지를 묻자 P는 사람들이 싫어하기 때문이라고 하였다. 치료자가 P는 훌륭한 점이 많고 안 좋은 습관만 고치면 좋을 것 같다고 하자, P는 자신이 모든 것을 잘한다고 이야기하던 평소와 달리 자신 없는 표정으로 자신은 훌륭하지 않다며 자신의 무엇이 훌륭한지를 물었다. 치료자가 P는 마음이 따뜻하고 그림도 훌륭하게 잘 그렸음을 칭찬하자 P는 기뻐하는 모습을 보였다.

• **13회기**

P는 현재 자신이 거짓말이나 과장된 말을 하고 있지 않고 자신이 변화되

어 기관 사람들과 관계가 좋아졌다고 이야기하였다. P에게 어떻게 거짓말을 하는 습관을 고치게 된 것 같은지를 묻자 P는 하늘나라에 간 친구를 생각하면 친구가 자신이 거짓말하는 것을 싫어하기 때문에 안 하게 된다고 하였다. 치료자가 거짓말할 때는 마음이 어땠었는지를 묻자 P는 기분이 나쁘고 불안했다고 하였다. 그래서 거짓말할 때 마음이 어떤지를 살펴보고, 사실을 말할 때는 마음이 어떤지를 탐색해보는 과정을 갖고 이 두 가지 감정에 대한 신체화 작업을 하였다.

- **15회기**

P는 중국 사람들과 축구를 했다고 사실이 아닌 것을 이야기하고 나서 손으로 얼굴을 늘리고 코를 만지며 치료자의 시선을 다른 곳으로 돌리려고 하였다. 치료자가 P가 잠실에서 축구를 하였든 하지 않았든 상관이 없는데 왜 그런 이야기를 하는지를 묻자 자신은 잠실 운동장에 가본 적이 있는데, 다른 아이들은 가본 적이 없어 자신이 갔다 왔다고 하면 다들 부러워하기 때문이라고 하였다. 그래서 사실이 아닌 것을 이야기하면 다른 사람이 부러워해도 실제로 달라지는 것은 없다는 이야기를 하였다. 그리고 P가 거짓말을 하였을 때 치료자가 알아차리듯이 다른 사람도 알 수 있을 것이라는 이야기를 하였고, P가 치료자에게 사실이 아닌 이야기를 하여 기분이 좋지 않다는 입장을 전달하였다.

- **16회기**

P는 지난주에 치료자에게 잠실운동장에서 중국 사람과 축구했다는 이야기는 실수라고 하였다. 스스로의 장점을 찾기로 하였는데, P는 다른 사람들보다 자신이 농구를 잘한다는 것을 글로 적어도 좋은지를 물었다. 치료자가 P가 농구를 잘하지만, 잘한다는 것은 상대적이기 때문에 누구보다 무엇을 잘한다는 것보다는 좋은 점을 찾아보자고 하였다. 그래도 P는 자신이 잘하는 것을 적고 싶다고 하여, 치료자가 반복하여 다시 잘하는 것과 좋은 점의 차

이를 설명하고 좋은 점을 찾아보는 작업을 하였다.

P의 담당 선생님과 P가 작업장에서 변화가 있는지에 대해 이야기를 나누었다. 담당 선생님은 거짓말이나 과장하여 이야기하는 것은 예전에 비해 많이 줄어든 것 같지만 자신을 남들에게 드러내기 위해 춤을 추는 행동들에는 변화가 없다고 이야기하였다. P는 그동안 자신의 이슈를 대면하고 고치려는 노력을 해왔다. 그러나 세션에서 치료자에게 자신도 모르게 거짓말이 튀어나왔다는 이야기를 하였었는데, 습관적으로 굳어진 행동이어서 지속적인 개입이 필요하였다.

③ 사후평가

피규어 작업으로 로버트 랜디의 Tell-A-Story기법을 변형하여 역할(role)과 카운터 역할 (counter role), 가이드 역할의 사후평가를 진행하였다. 피규어 작업으로 1. 나랑 닮은 것, 2. 나랑 닮지 않은 것, 3. 이 둘과 친해지려면 누가 필요한가에 대해 피규어를 선택하고 이야기를 나누었다.

P는 1.중세 기사를 선택하여 이름을 베스트 죤이라고 지었다. 그리고 베스트 죤은 용감하고 싸움을 하지만 다른 사람을 배려해준다고 하였다. 오토바이를 타고 한강을 가는데, 나쁜 괴물은 죽이고 착한 괴물은 죽이지 않는다고 하였다. 장점으로는 착한 남자이고 남을 배려한다고 하였다.

2. 이름을 거스 미준스라고 지었고 프로레슬러이며 싸우는 사람이라고 하였다. 이 사람은 사람을 죽이고 성격이 나쁜 남자라고 하였다.

3. 십자가를 선택하여 1과 2를 친하게 해줄 수 있는 것은 하느님이라고 하였다. 하느님은 나쁜 남자를 착하게 해줄 수 있기 때문에 이 둘이 친하게 지낼 수 있다고 하였다.

치료자가 하느님이 친하게 해주는 것 말고는 어떤 방법이 있을 것 같은지를 묻자, P는 나쁜 남자가 착해지지 않으면 모세가 지팡이로 나쁜 남자를 혼내준다고 하였다. 모세가 떠나면 이 둘은 어떻게 되는지를 묻자, 모세는 나쁜 남자를 세 번 혼내며 기회를 주고 그다음에도 나쁜 성격이 고쳐지지 않으면 뱀이 나쁜 남자를 문다고 하였다.

P는 1. 사전평가에서는 키다리 인형을 골라 자신과 닮았다며 장점을 이야기하지 않고 사람들이 놀리는 것을 싫어한다고 하였는데, 사후평가에서는 건강한 남자 기사를 골라 남을 배려하는 착한 사람이라는 장점을 이야기하여 강해진 자아를 표현하는 것으로 해석된다.

2. 사전평가에서는 애꾸눈을 선택하고 사람들에게 놀림당한다고 하였었는데, 사후평가에서는 나쁜 남자를 선택하여 자신의 내면에 나쁜 자아가 존재하고 있음을 표현하고 있는 것으로 해석된다.

3. 이 둘을 친하게 해주고 다스려줄 수 있는 역할로 하느님을 선택하여 절대적인 존재의 선함으로 나쁜 자아를 다스리려 하는 것으로 해석된다. 1과 2가 친해질 수 있는 다른 방법으로는 모세가 나쁜 자아를 혼내주는 이야기를 만들었는데, P는 모세가 세 번의 기회를 주어도 고쳐지지 않으면 뱀이 문다고 하며 나쁜 자아에 대해 징벌을 표현하였다. P가 교회를 다니고 있어 절대적인 선함을 가이드 역할로 선택하여 도움을 받으려는 것으로 해석된다.

P는 스스로 거짓말을 하지 않게 되었고 그 이유는 자신이 거짓말을 하지 않으니 주변의 사람들에게 혼나지 않고 친하게 지낼 수 있게 되었다고 하였다. P는 지난 작업에서 치료자가 P의 많은 장점들이 거짓말을 하는 습관 때문에 주변의 사람들에게 보이지 않을 수 있다고 이야기하였던 것을 다시 상기하였는데, P는 타인을 의식하여 거짓말하는 습관을 고치려 노력하는 것으로 관찰되었다.

④ 종결

P는 스스로 자신의 상태를 인식하고 고쳐나가려는 노력을 하고 있지만, 간혹 습관적으로 튀어나오는 과장된 말들을 변명으로 무마하려는 모습을 보이기도 하였다. 이에 대해 P는 앞으로는 변명하는 습관도 고치도록 노력하겠다는 약속을 하였다. 마지막 세션에서 치료 작업을 돌아보며 느낀 점을 글로 쓰는 작업을 하였는데 그 내용은 다음과 같다.

"거짓말하는 것을 고쳐서 애들을 더 많이 사귀게 되었고, 그리고 애들이랑 싸우지 않게 되었고, 동생이랑도 싸우지 않게 되었다. 그리고 가족들이랑 사이가 더 좋아졌다. 변명하는 것도 조금씩 고쳐가는 상태이다. 그리고 집에도 일찍 들어가고 있다. 그리고 할머니, 할아버지들의 무거운 짐을 내가 스스로 들어주고 있고 엄마, 아빠 심부름을 더 잘한다."

세션 종료시점에서 P는 거짓말하기를 고쳤다는 점을 강조하였는데, 마지막 세션의 자기에게 스스로 상장을 주는 작업에서 거짓말을 고치려 노력하는 중이라 하였다. 그리고 자신은 70% 정도 거짓말을 고쳤다고 생각한다고 하였는데, P의 거짓말을 고친 정도에 대해 이야기는 P가 평소 자신을 과장되게 표현하던 것과 달리 자신에 대해 객관적인 시각을 갖게 된 것으로 해석되었다.

(3) 평가 분석

내담자 P는 환경으로서의 어머니의 역할에 대한 결핍으로 타인과 지나치게 가까운 관계를 만들기 원하며, 자신이 원하는 만큼 타인과 가까워지지 못할 것을 염려하여 거짓자기를 형성하고 있었다. 때문에 P가 참자기를 형성하도록 하기 위해서는 안전기저로서 안아주는 상담환경이 특별히 필요하였다.

P는 추후에도 지속적인 치료 작업을 필요로 하였는데, 희망적이었던 것은 P가 자신은 그동안 많은 상담을 받아왔었지만 거짓말을 고치겠다고 말한 것은 이번의 연극치료가 처음이라고 하여 P가 자신의 상태를 인식하는 것에 본 치료 작업이 유효한 것으로 사료된다. P는 타인들에게 사랑받기 위해 자신을 과장하고 거짓말하는 행동이 타인들과의 관계를 더욱 어렵게 하고 있다는 것을 인식하고 있었다. 그리고 자신의 장점을 찾는 과정을 통해 타인에게 사랑받기 위한 노력을 하고 있었다. 이러한 과정은 치료자를 처음에는 자신을 과장하고 싶은 대상에서 자신의 이슈를 함께 고민하고 극복하기 위한 조력자로 인식하게 되는 변화로 나타났다. P는 지적 수준에 비해 인지능력과

치료 적응력이 뛰어나 지속적인 치료 작업이 진행된다면 더욱 긍정적인 변화가 이루어질 것으로 사료된다.

본 연구사례에서는 내담자 P가 자기와 중요한 타인에 관한 내부작동모델을 탐색하고 수정하여 통합할 수 있도록 하였다. 그리고 치료자가 내담자 P의 심리상태를 해석해주고, P가 거짓자기라는 자신의 방어적 성격의 병리적 측면을 직면할 수 있도록 진행되었다. 내담자의 방어의 출발점은 불안이다. 내담자가 그 근원을 탐색할 수 있도록 치료자는 내담자의 과거의 고통을 공감하여야 한다. 그렇기 때문에 본 연구사례에서는 치료환경으로 안전기지로서 치료사의 역할이 특히 강조되었다.

6-4. 정서지능이론 접근의 성인 중증그룹 치료 사례

1) 정서지능

1990년 메이어와 샐러베이[63]는 자신의 감정과 타인의 감정을 알아차리는 능력이 인생을 보다 풍요롭게 만드는 수단으로 중요하다고 생각하였다. 이에 정서지능이라는 용어를 사용하였는데 많은 심리학자들은 인간의 뇌 영역을 인지와 정서로 나누어 생각해왔었다. 인지영역으로는 언어, 추론, 기억, 이해와 같은 기능들이 포함되어 있는데, 이를 지능으로 정의하였다. 한편 정서영역에는 기분, 평가, 활기 등 여러 감정 상태들이 포함된다.

발달장애인들에게 정서지능 개념의 도입은 매우 중요한 지점이다. 대부분의 발달장애인들은 자신의 정서를 인식하고 표현하는 것에 어려움을 보인다. 특히 중증의 발달장애인은 정서지각의 가장 하위 범주인 자신의 정서를 인

63 뉴햄프셔대학의 존 메이어(John Mayer)박사와 예일대학의 피터 샐러베이(Peter Salovey)박사는 40년의 연구를 통해 감정을 지각하고 생각을 돕기 위해 감정을 평가하고 생성하며, 감정과 정서 지식을 이해하고, 정서적 및 지적 성장을 촉진하기 위하여 감정을 절제하는 능력을 정서지능이라고 하였다.

식하는 것에도 어려움을 갖고 있다. 때문에 중증의 발달장애인들에게는 자신의 감정을 알아차리는 개입이 우선시되어야 한다.

정서지능의 하위범주인 정서의 지각, 평가, 표현은 자신의 신체상태, 느낌이나 사고에 따라 정서를 규명할 수 있는 능력, 타인이나 예술품 등에서 언어나 소리, 몸짓, 행동으로 드러나는 정서를 규명할 수 있는 능력, 정서나 이와 관련된 욕구를 정확하게 표현할 수 있는 능력, 정확한 것과 부정확한 것, 정직한 것과 그렇지 못한 정서표현을 구분할 수 있는 능력을 말한다.

메이어와 샐러베이의 정서지능의 개념[64]은 자신뿐 아니라 타인의 정서도 살펴볼 수 있고 그 정서들을 구분할 수도 있으며, 유기체의 사고와 동기를 이끌어 내기 위하여 정서를 활용하는 능력이라 할 수 있다. 정서지능에서의 정서는 단순하게 정서상태만을 정의하는 것이 아니라 인지능력으로 처리될 수 있기 때문에 이 정보 안에는 대상과 나, 대상 간의 관계가 포함되어있다. 또한 규칙적이면서도 일반적인 사회적 특성을 포함시킨다고 할 수 있겠다. 즉, 어떤 대상에 대한 학습과 기억, 추론 및 판단, 응용 등의 인지적 처리과정을 포함하는 효율적인 조작을 뜻한다.

<표 15> 정서지능[65]

정서의 지각, 평가, 표현			
자신의 신체상태, 느낌이나 사고에 따라 정서를 규명할 수 있는 능력	타인이나 예술품 등에서 언어나 소리, 몸짓, 행동으로 드러나는 정서를 규명할 수 있는 능력	정서나 이와 관련된 욕구를 정확하게 표현할 수 있는 능력	정확한 것과 부정확한 것, 정직한 것과 그렇지 못한 정서표현을 구분할 수 있는 능력
정서를 통한 사고의 촉진			
중요한 정보에 우선적으로 주의를 집중함으로써 사고를 촉진시키는 능력	느낌과 관련된 판단이나 기억을 돕기 위해 정서를 생성할 수 있는 능력	정서적 상태에 따른 관점의 차이를 수용하고 다양한 관점을 고려할 수 있는 능력	문제해결이나 창의성을 촉진시키기 위해 정서를 활용하는 능력

64 J. D. Mayer & P. Salovey, 「Emotional Intelligence」, 『Imagination, Cognition and Personality』, Baywood Publishing, 1990, 185~211쪽 참조.
65 정옥분·정순화·임정하, 『정서발달과 정서지능』(서울: 학지사, 2008), 265쪽.

정서의 이해와 분석			
정서를 명명하고, 그것을 명명하는 단어와 정서와의 관계를 인식할 수 있는 능력	슬픔이 상실감을 동반하는 것과 같이 인과 관계에 따라 정서의 의미를 해석할 수 있는 능력	'애(愛)'와 '증(憎)'이라는 동시적 느낌이나 공포와 놀람이 연합된 경외감과 같은 복합적인 느낌을 이해할 수 있는 능력	분노에서 만족감으로 혹은 수치심으로와 같은 정서 간의 전환을 인식할 수 있는 능력
정서적·지적 성장을 위한 정서의 반영적 조절			
유쾌하거나 불쾌한 느낌들에 대해 개방성을 유지할 수 있는 능력	정보제공 가능성이나 유용성에 따라 정서에 개입하거나 초연할 수 있는 능력	자신이나 타인과 관련된 정서를 반영적으로 모니터할 수 있는 능력	부정적 정서는 완화시키고 긍정적 정서는 강화함으로써 자신과 타인의 정서를 관리할 수 있는 능력

(1) 정서의 지각, 평가와 표현

· 자신의 정서 인식하기

정서지능은 자신의 정서를 바르게 느끼고 인식하는 것이 우선된다. 정서를 인식하는 능력은 가장 기초적이며 어려서부터 발달하게 된다. 자신의 표정, 신체적 감각을 적절하게 사용하여 자신의 정서를 구별하고 통제할 수 있으며 복잡한 감정까지도 인식하고 평가할 수 있는 능력이다. 언어적인 면과 비언어적인 면 모두를 사용하여 자신의 내부 감정을 인식할 뿐 아니라 왜곡하지 않고 적절하게 표현할 수 있게 된다. 자신에 대한 정서인식이 낮으면 자신의 감정을 잘 알아차리지 못하고 자신의 정서를 무시하거나 오해한다. 정서인식이 높으면 자신의 정서에 주의를 기울이고 정확하게 파악할 수 있다. 또한 자신이 어떻게 느끼고 있는지를 보여줄 수 있다.

· 타인의 정서 이해하기

다른 사람의 얼굴표정이나 몸짓, 행동, 언어 등을 통해 타인의 정서를 이해하는 능력이다. 정확한 정서를 인식할 수 있는 것은 생존 가능성을 높여주는 적응기제가 될 수 있다. 우리는 기본적인 정서인식 외에도 다양하게 단서를 찾아 타인의 정서를 판단할 수 있다. 타인에 대한 정서인식이 낮으면 타인의 정서를 무시하거나 잘 알아차리지 못하며 다른 사람의 정서를 잘 읽어내지 못한다. 정서인식이 높으면 사람들을 관찰하여 이들의 감정을 정확하게 인식하고 상황에 대해 잘 파악할 수 있다. 이러한 능력은 더 나아가 예술직품 속에 내재되어 있는 정서적 의미를 파악할 수 있게 한다.

· 정서 및 정서와 관련된 욕구 표현하기

정서와 욕구를 언어적, 비언어적 방법을 통해 적절하게 표현할 수 있다. 또한 그것에 대한 상대의 반응을 이끌어 낼 수 있으며 타인의 표현을 보고 그의 욕구를 인식할 수 있다.

· 표현된 정서 구별하기

솔직한 정서 표현과 거짓된 정서 표현을 구별하고, 언어적 의미와 행동적 표현이 다를 때 그 차이를 알아낼 수 있다. 정서지능이 높은 사람은 정서 표현을 쉽게 알아낼 수 있기 때문에 거짓된 표현이나 조작된 반응에도 민감하다.

(2) 정서에 의한 사고촉진

· 핵심 정서에 주의 유지하여 사고의 우선순위 결정하기

성장발달 단계에서 정서는 상황에 대한 중요한 변화에 주의를 집중하고 유지시키게 함으로써 사고를 형성하고 촉진시키게 된다. 우리는 정서적 혼란 속에서도 우선순위를 정할 수 있다. 이는 출생 시부터 정서가 경보시스템 역할을 하기 때문이다.

· 정서 불러일으키기

경험을 기억하여 판단하고 이를 바탕으로 정서를 불러일으킬 수 있다. 이야기 속 주인공이 되어 그의 감정을 알아차리고 자신의 감정과 교류할 수 있는데, 이는 자신의 기분을 상황에 따라 미리 예감하고 그러한 상황이 발생하지 않도록 대처할 수 있게 도와주는 능력이기도 하다.

· 정서의 가변성을 이해하는 능력

정서의 다양한 관점을 이해하고 전환할 수 있는 능력이다. 기분의 변화에 따라 변화되는 정서의 다양한 가능성을 고려하여 긍정적인 결과로 이끌게 한다.

· 문제해결에 적절한 정서 활용하기

문제 상황에 따라 일을 해결하는 데 가장 적절한 정서를 찾아 이를 불러일으킬 수 있다. 창의적인 과제에서는 즐거운 정서를 활용하여 직관적 및 확산적으로 사고하고, 세부사항에 집중하여 문제를 해결해야 하는 과제에서는 자신의 정서 상태를 안정시킬 수 있는 정신 상태를 촉진시켜 집중력을 높이고 일을 신중하게 해결할 수 있다.

(3) 정서의 이해와 분석

· 정서 간의 관계 이해하기

정서의 인식보다 높은 수준인 정서 간의 관계를 이해하는 능력으로 다양한 정서의 강도에 따라 각기 다른 명칭이 부여된다는 것을 아는 높은 지식을 성취하게 되는 능력이다.

· 정서의 원인과 결과에 대한 인식 능력

특정한 상황에서 정서가 전달되는 의미, 타인과의 관계 속에서 느끼는 정서의 의미를 이해하는 것이다. 사회적으로 용인된 정서의 함축적 의미들은 정서적 지식이며, 이런 정서적 지식은 유아기 때부터 배우기 시작하여 평생에 걸쳐 발달한다.

· **복합적인 정서의 이해 및 활용하기**

두 가지 이상의 복합적인 정서를 인식하여 활용하는 능력을 말한다. 우리는 성장하면서 정서가 매우 복잡하며 모순적이 될 수 있는 상황들을 이해하게 된다. 이러한 복합된 감정은 사랑과 증오의 감정이 동시에 일어나는 양가감정으로 경험되기도 한다. 이를 인식하게 되면 상황에 맞는 대응을 할 수 있게 되고, 상황을 회복하기 위한 노력도 하게 된다.

· **정서의 전환 이해와 예측능력**

대인관계에서 감정이 발달해나가는 것을 사고할 수 있는 정서지능의 핵심능력이다. 상대방의 감정 진행보다 한발 앞서 이를 추론해보는 정서지능으로, 이와 같은 사고는 우리에게 적절한 정서적 대응을 결정할 수 있게 해준다. 자신으로 인해 상대방이 기분이 상할 수 있다는 것을 알아차리고 자신의 잘못을 먼저 시인하고 사과하여 자신의 마음을 한결 가볍게 만들 수 있게 하는 능력이다.

(4) 정서의 반영적 조절

· **정서를 개방적으로 수용하기**

각 상황에 따라 긍정적인 정서와 부정적인 정서를 느낄 수 있음을 수용하고 이에 대해 반응하고 조절할 수 있는 능력이다. 경험하는 정서를 내면화하여 행동으로 표출할 수 있으며 정서에 대해 조절할 수 있는 전략도 사용할 수 있게 된다.

· 정서의 유익함과 실용성을 판단하여 정서 조절하기

특정한 상황에서 정서를 차단하는 것이 자신에게 이로운 것인지, 실용적인 것인지를 숙고해서 표현하거나 차단하는 능력이다. 사회화 과정에 필요한 것으로 어떠한 상황에서 자신의 감정을 드러내야 할지 혹은 이를 통제해야 할지 판단하여 표현하는 것이다. 이를 잘 조절하는 개인은 정서지능에 의한 정서적 통제감이 있다고 말할 수 있다.

· 자신의 정서를 반영적으로 점검하기

단순하게 자신의 정서에 대해 지각을 하는 차원이 아니라 자신의 정서를 사회문화적인 기준으로 평가하여 정서에 대하여 생각하는 능력이다. 자신과 환경과의 이해를 향상시키고 정서에 대한 평가, 조절을 하여 나의 정서의 명확성, 보편성 그리고 타인에게 수용될 수 있는 것인지를 생각하는 것이다.

· 자신 및 타인정서에 대한 관리 및 조절

경험하는 정서를 있는 그대로 받아들여 조절하는 것뿐만 아니라 타인이 느끼는 감정들을 인식하여 그에 맞추어 정서 조절이 가능한 능력을 뜻한다. 정서조절 능력이 높으면 부정적인 결과를 미연에 방지하고 긍정적인 사회적 형성을 하게 된다.

2) 사회적 상호작용 기술

얄롬의 집단 치료적 요인 중 보편성의 개념은 다른 사람들도 비슷한 느낌, 걱정, 충동 그리고 비밀을 가지고 있다는 것이 밝혀졌을 때이다. 이것이 자폐 특성의 사회성 집단에는 적절치 않은 듯 보이일 수 있지만, 구성원들이 비슷한 빈도를 보이는 그룹에 참여하는 데에서 오는 안도감과 보편적인 자유가 분명히 있다. 이러한 역동 안에서 자폐특성 사람들은 자신들의 방어벽을 조금쯤 낮추고 더 넓은 범위의 상호작용을 할 수 있게 된다.

Lee R. Chasen(2011)[66]의 집단 상호작용에 대한 연구는 다음과 같다. 집단 내에서 타인들을 만나는 단순한 행위는 형이상학적으로만이 아니라 생물학적으로도 우리 자신의 존재감을 이해할 수 있게 한다. 또한 사회적 참여를 통해 모방과 자기와 타인 그리고 그 둘 사이의 상호작용적인 관계의 발전을 이해하게 된다. 웃음, 행복하고 기쁜 상호작용, 그리고 웃고 기뻐하는 소리들을 감지하게 되는 활동은 사회집단에서 화합하는 연대를 수립하는 데 필수적인 신경(neural) 메카니즘을 활성화시킨다. 그룹 구성원들이 다른 구성원의 행동에서 자신들의 모습을 감지할 때, 그들은 타인의 의도에 대한 이해뿐만 아니라 자기에 대한 더 분명한 감각을 얻을 수 있기 되는 것이다. 성공적인 사회적 상호작용을 위해 제시되는 기술(skills)의 순서는 다음과 같다. 첫 단계에서는 집단 구성원들의 이름을 사용하는 인사와 대답, 그리고 감정, 의견, 생각을 표현하는 주제로 시작한다. 그다음의 기술은 타인을 의식하게 하고, 좋아하고 관심 있는 것들을 공유하게 하며, 타인과의 공통점을 찾아 함께 놀고 협력해서 일하는 것을 지향하게 한다. 그 후에 집단은 대화 기술 및 얼굴 표정과 비언어적인 신체 신호 등, 일반적으로 사회적 상황에서 일어나는 사회 언어를 해석하고 구성하는 것을 자세히 살피게 된다.

사회적 만남과 사회 참여를 사회 학습 환경 안에 포함함으로써, 사회 기술 지시와 같은 일차원적인 접근이 아닌 과정 중심의 접근이 구축된다. 구성원들은 사회적 상호작용 기술을 함께하는 역동을 통해 타인들과 관계 맺고 상호작용하는 것의 타당성을 경험하게 된다.

3) 사례

본 연구 사례 중증 성인그룹의 내담자들은 자신의 감정 상태에 대한 인식

---

66 Lee R. Chasen ; foreword by Robert J. Landy, 『Social Skills, Emotional Growth and Drama Therapy : Inspiring connection on the autism spectrum』(London & Philadelphia: Jessica Kingsley Publishers, 2011), 115~123쪽 참조.

이 미미하고, 어떠한 질문에도 일률적으로 '좋다'라고 반복적으로 표현하는 경우가 많다. 이들에게는 신체감각에 근거하여 자신의 감정을 인식하도록 하는 개입이 우선시되었다. 또한 내담자그룹이 각자 고립되어 있고 상호작용이 이루어지지 않아 이에 대한 치료적 개입도 진행되었다. 연구과정은 다음과 같다.

차례
(1) 내담자 정보
(2) 실행 과정
(3) 평가 분석

(1) 내담자 정보

이 연구 사례는 본 연구자가 치료자로서 10개월 동안 총 34회기 진행하였던 사례이다. 내담자집단[67]은 남자 성인 5명으로 자폐 1급과 지적장애 1급의 중증장애 집단으로 내담자들은 타인에게 관심을 갖지 않고 각자 고립되어 있으며 지시에 의해 활동을 할 때에는 함께 작업을 하지만 사적인 관계형성이 거의 이루어지지 않고 있었다.

<표 16> 내담자 정보

이름	나이	장애진단	특성
A	24	지적1급	몸을 앞뒤로 흔들면서 손뼉을 치고 소리를 지르는 상동행동 있음. 기관의 전체 프로그램 참여도 낮음.
D	26	자폐1급	활동을 즐겁게 참여함. 음악에 민감하여 락 음악 등의 시끄러운 음악을 좋아함. 자해행동(손을 물고 목을 두드리는)이 있고, 세션에 집중하지 않고 화장실을 가거나 돌아다니는 행동이 빈번함.
C	25	지적1급	인지가 낮으며 프로그램 참여 어려움. 지속적인 언어지시가 없으면 고개를 계속 숙이고 있음. 중3 이후부터 현재까지 타인과 교류하지 않으려는 특성이 지속되고 있음.

67 본 연구의 내담자 5명은 작업사례를 연구에 활용하는 데 동의하였으나 개인정보보호를 위해 실명 대신 알파벳을 사용한다.

B	27	지적2급	언어장애로 발음이 부정확하여 의사전달이 어려움. 인지가 좋은 편이며 적극적으로 프로그램에 참여함. 다른 대상자들을 도와주려 과다하게 개입하는 경향이 있음.
E	27	지적1급	인지가 좋은 편이나, 지하철 노선, 음식 등의 같은 말을 반복하는 성향이 두드러짐. 산만한 행동이 많고 자주 위치 확인이 필요함.

(2) 실행 과정

본 연구의 내담자그룹은 그룹원들 간의 상호작용이 이루어지지 않고 각자 고립되어 있었다. 자폐1급의 내담자가 포함되어있어 진단 특성상 상호작용의 어려움을 갖고 있지만, 지적장애의 진단 특성을 가지고 있는 내담자들의 경우에도 상호작용이 없는 것은 마찬가지였다. 그룹원들은 지난 4년 여 동안 기관에서 함께 프로그램에 참여하고 있었기 때문에 상호작용의 부재는 더욱 독려되어야 하는 부분이었다. 내담자 집단의 상호작용이 부재한 이유 중의 하나는 중증이 내담자 그룹이기 때문에 자신의 정서를 인식하고 타인의 정서를 구별할 수 있는 능력의 발달이 이루어지지 않았기 때문으로 사료되었다.

치료세션은 주1회 34회기 동안 진행되었다. 실행 과정의 내용은 진단세션, 치료과정, 평가의 주요 변화 과정을 중심으로 기술되었다. 그 내용은 다음과 같다.

① 진단세션

진단작업에서는 각 내담자들의 자기인식 정도와 호불호 감정의 인식과 표현정도, 그룹원들 간의 상호작용 정도를 파악하였다. 진단초점은 드라마매체를 사용한 드라마 발달단계 놀이-드라마 컨티넘(P-D-Continuum)으로 진단평가를 하였다. 감각지각 단계-단순모방 단계-가장 단계-연극놀이 단계-드라마 단계의 활동으로 내담자들의 드라마 발달단계 활동 가능치를 점검하여 인지적 발달단계를 진단하였다. 그리고 치료이슈/문제파악방법, 치료자에 대한 반응 및 관계역동을 관찰하였다.

진단세션을 통해 내담자들은 단순모방 단계의 작업이 가능할 것으로 진단되었다. 감정표현 출석부 작업으로 호불호 감정의 인식과 표현 정도를 점검하는 작업에서 내담자들 대부분 자신의 감정을 표현할 때 기분이 좋다는 표현을 하였는데 호불호에 대한 인식을 갖고 있기보다는 질문에 대한 즉각 반향어로 답을 하고 있는 것으로 관찰되었다. 내담자들은 타인에 대한 관심이 없고 개인적인 관계형성이 이루어지지 않아 각자 고립되어 있는 상태의 개선이 우선시되었다. 사회적 관계를 형성하기 위해서는 자신의 감정 상태를 인식하고 표현하는 작업이 선행되어야 하며, 중증의 내담자들에게 자기표현은 자기보호의 측면에서도 중요하다. 때문에 자신의 정서를 인식하고 표현하는 정서지능의 발전과정이 내담자들에게 요구되었다. 내담자들은 자신의 감정 상태에 대해 일관적으로 '좋다'라고만 표현하였는데, 정서 상태에 대한 인식 자체가 어려운 내담자들은 단순모방 단계의 작업이 가능하므로 그룹작업에서 타인의 정서표현을 모방하여 정서인식에 변화가 생길 수 있도록 치료 계획을 하였다.

② 치료과정

세션은 정서지능의 하위범주인 자신의 신체 상태, 느낌이나 사고에 따라 정서를 규명할 수 있는 능력으로 호불호을 인식하는 작업에 중점을 두고 시작되었다. 내담자들은 처음에는 동물카드로 호불호를 묻는 치료자의 질문을 이해하지 못하고 치료자의 끝말을 따라하는 즉각 반향어를 사용하는 경우가 많았고, 질문에 대한 이해가 있는 내담자의 경우에도 '좋다'라고만 대답하는 경우가 많았다. 그러나 지속적이고 반복적인 작업을 통해 내담자들에게 점차 긍정적인 변화가 생겨 자신의 의사대로 호불호를 표현할 수 있게 되었다. 내담자들의 호불호 표현이 이루어진 후, 예를 들어주어 좋다면 어떻게 좋은

지 '귀여운지' '예쁜지' 등으로 자신이 느끼는 감정을 선택하여 구체화할 수 있도록 작업이 진행되었다.

이 작업과 병행하여 감정카드작업으로 자신이 느끼는 감정을 선택하고 얼굴표정으로 표현해 보고, 언제 그러한 감정을 느끼는지를 이야기하는 작업이 진행하였고 내담자들의 표현이 점차 확대되었다. 자신이 느꼈던 감정을 언어로 표현하는 것에 제한적인 내담자들은 자신의 감정을 그림으로 그리고 이에 대한 표현을 할 수 있도록 하였다. 내담자들은 점차 자신이 느끼는 감정을 그림으로 표현하고 설명하게 되었는데, 집과 복지관에서 힘들었던 감정의 표현들이 많아 그림 작업은 스스로 감정을 표현하고 해소하는 작업이 되었다. 또한 상대의 얼굴표정을 관찰하고 모방하는 과정을 통해 그룹원들 간의 상호작용도 증대되었다.

내담자들에게는 정서의 인식과 표현을 위한 개입과 더불어, 사회적 기술 훈련의 일환으로 다른 사람에게 관심을 가지고 또래관계를 형성하기 위한 작업이 진행되었다. 내담자들은 놀이를 통해 서로의 신체 상태를 관찰하고 접촉하였다. 자신이 느끼는 내면의 감정을 얼굴표정으로 드러내는 신체적인 표현을 해보고, 상대방의 얼굴표정을 관찰하여 타인의 기분이 어떤지를 판별해 보는 작업을 통해 내담자들은 사회적 상황에 대한 이해를 높이게 되었다. 각자 고립되어있던 그룹원들은 다른 사람들에게 관심을 보이고, 상대와 눈을 마주치고, 상대의 좋은 점을 찾는 작업을 통해 상호작용이 증대되었으며 서로에 대한 친밀감도 표현하게 되었다.

내담자들과 가장단계의 작업으로 시장놀이작업을 진행하였다. 중증의 내담자들에게 실질적인 사회기술로 사용되기에는 많은 훈련과정이 필요하지만 내담자들은 이 작업을 즐기며 선호하였고 가상의 상황이지만 스스로 물건을 사는 것에 흥미가 많은 것으로 관찰되었다. 내담자들이 현실상황에서 제한적인 부분이 많이 있지만 사회기술에 대한 단계적인 훈련이 필요하다. 중증의 내담자들의 경우 일상에서 사회기술에 대해 관대하고 용인 받는 환경에 있는 경우가 많다. 중증의 내담자들에게도 사회기술에 대한 단계적인 훈련이 시도되어야 하고, 이 훈련을 통해 사회성이 향상될 수 있는 부분이 간과되지 않아야 한다.

③ 종결

내담자들에 대한 그동안 대부분의 치료적 개입은 문제행동을 소거하거나 인지발달에 중점이 두어져 정서 상태에 대해서는 관심이 미약한 경우가 많았다. 내담자들은 자신들의 정서를 표현할 수 있는 환경이 마련되자 점차 정서의 인식과 표현이 확대되었다. 내담자 A는 세션 초반 정서에 대한 질문에 치료자의 끝말을 반복적으로 따라하던 것에서 변화되어 "아빠에게 혼나서 기분이 나쁘다" 등 스스로의 감정 상태를 인식하고 표현하는 긍정적인 변화가 관찰되었다. C는 자기몰입증상이 심하던 세션 초의 상황에서 변화되어 활동에 자발성을 갖게 되었고, 호불호 감정의 인지가 불명확하고 표현하지 못하던 것에서도 변화되어 "아빠와 버스를 타서 기쁘다, 친구 A가 좋다" 등의 감정을 표현하게 되었다.

(3) 평가 분석

본 사례는 중증장애 그룹에게 정서인식과 표현작업을 통해 집단원들 간의 상호작용적인 관계 발전을 위한 작업으로 진행되었다. 사회적 참여는 모방과 자기와 타인 그리고 그 둘 사이의 이해를 가능하게 한다.

본 연구과정을 통한 내담자들의 변화는 다음과 같다. 내담자 A는 호불호의 감정의 인식과 표현이 어렵고 진행자의 끝말을 반복적으로 따라하던 것에서 변화되어 '아빠에게 혼나서 기분이 나쁘다' 등의 스스로의 감정 상태를 인식하는 긍정적인 변화가 관찰되었다. 또한 스스로의 욕구를 표현하는 것도 원활해져 개인목표인 '자신의 호불호의 상태 표현하기'에 근접한 것으로 평가되었다.

내담자 D는 세션 초기 집중하는 시간이 짧고 세션실을 배회하는 모습이 자주 관찰되었던 것에서 변화되어 세션에 집중도가 생기고 간혹 세션실을 이탈하는 경우에도 진행자에게 사전에 양해를 구하고 행동하는 모습으로 변화되었다. 호불호의 감정과 자신의 욕구에 대해 정확하게 인지하고 표현하여 향후 자신이 원하는 욕구를 실현할 수 있도록 돕는 개입이 필요하였다. 개인목표인 '세션의 집중과 밖으로 돌아다니는 행동의 개선'이 달성되었다.

내담자 C는 자기몰입증상이 심하던 세션 초의 상황에서 변화되어 활동에 자발성을 갖게 되었고, 호불호의 감정의 인지가 불명확하고 표현하지 못하던 것에서 변화되어 아빠와 버스를 타서 '기쁘다', 친구 A가 '좋다' 등의 감정을 표현하게 되었다. 개인목표인 '고개를 숙이고 자신에게 몰입되어 있는 상태에서 벗어나 주변의 상황에 관심 갖기'에 근접되었다.

내담자 B는 다른 내담자들을 과다하게 제재하거나 폭력적으로 제재하던 모습이 개선되어 자신의 작업에 집중하는 모습이 관찰되고 세션 밖에서도 문제행동의 개선이 기관 담당자에 의해 보고되었다. 개인목표인 '타인을 과다하게 제재하는 행동의 개선'이라는 목표가 달성되었다.

내담자 E는 손바닥을 거꾸로 치는 특이한 행동의 반복과 지연 반향어를 스스로 자제하게 되는 긍정적인 변화가 있었다. 그리고 치료자에게 자신의 상태를 전달하며 자신의 감정을 인식하고 표현하는 것에도 긍정적인 변화가 있었다. 작업 시 자발성을 갖고 참여하며 다른 그룹원들을 돕는 긍정적인 모습으로 변화되어 타 그룹원들에게 호감이 상승됨이 관찰되었고, 개인목표인 '과다하게 반복적인 말과 행동의 개선'이 달성되었다.

세션을 통해 내담자 집단은 호불호에 대한 인식이 명확해졌고 집단원들간의 교류가 증대되는 긍정적인 변화가 있었다. 세션 후반기에 내담자들은 점차 자신의 감정표현에 긍정적인 변화가 생겨나 자신들의 욕구를 표현하는 작업도 진행되었는데, 내담자 B, D 등은 직업을 갖고 싶은 욕구를 지속적으로 표현하여 추후 현실적인 대안을 찾을 수 있는 개입이 요구되었다. 집단원들의 드라마 발달단계는 시장놀이를 통해 물건을 파는 사람 역할과 손님 역할을 구분하는 가장 단계의 작업이 가능하게 되어 단순모방 단계에서 가장 단계로 변화되었다. 중증집단의 내담자들은 정서 인식과 표현에 어려움이 있지만 지속적으로 소통에 대한 노력이 있다면 그에 상응하는 변화는 뒤따른다는 것이 본 사례를 통해 입증되었다.

6-5. 공격행동 아동그룹 치료 사례

1) 공격성

공격행동은 각 이론마다, 각 접근마다 개념을 달리하면서 하나의 동기 상태로, 성격적 특성으로, 좌절에 대한 반응으로, 생리적인 욕구로, 혹은 사회적으로 학습된 행동 방식으로 다양하게 설명되고 있다(Harre & Lamb, 1983).[68] 심리학에서는 인간에게는 원래 공격이나 파괴를 추구하는 내적인 충동이 있다고 가정한 본능설이 있고, 노여움 등의 불쾌한 내적 충동이 만족되지 않으면 공격적 행동이 일어난다는 동기설이 있다. 동기설에서 공격은 욕구불만을 전제로 하고 공격의 강도는 욕구불만의 양에 비례한다는 것이다.

사회 학습설은 사회 속에서 학습하고, 몸에 익히고, 유지되는 사회행동이라는 설이다. 특히 아동은 타인이나 미디어를 통하여 공격행동을 학습하고, 습득된 공격행동은 자기 과시나 사회적 보수를 통하여 강화되고 유지된다고 한다. 폭력이 문제가 되는 것은 사회적 관계 안에서 유지되고 계속 확대될 수 있다는 데 있다. 폭력 자체가 인간성을 침해하는 것이기 때문에 폭력을 당한 사람은 비인간적인 저항을 하게 되고 결국 이성으로 제어할 수 없는 폭력의 악순환이 생겨나게 되는 것이다.

공격성은 좌절경험, 목표차단에 의해서도 영향을 받는다. Dollard(1939)는

68 이규미, 『청소년의 분노와 분노처리과정에서의 공격행동에 관한 체험분석』(경기: 한국학술정보, 2006), 32쪽 재인용.

모든 공격행동이 부정적인 감정상태로부터 나오며 공격성이 대상이나 사람에게 상처를 주기 위해 고안되었다고 하였다. Kenneth Dodge(1991)는 감정적으로 유발된 공격행동을 반응적 공격성으로, 도구적으로 유발된 것을 주도적 공격성으로 정의했다.[69] 공공기물을 파손하는 등의 행동을 하고 학교에서 가해자가 되는 아동들은 주도적 공격성의 경향이 있다. 이들은 주변의 아동들을 통솔하고 군림하며 또래로부터 배척당하기도 한다. 그들은 자신의 공격적 행동에 대해 긍정적인 결과, 그리고 주변 환경에서 학습된 폭력 경험을 통해 주도적 공격성의 경향을 띤다. 반응적 공격성은 상대의 사소한 도발에도 과잉반응하며 공격적 행동을 취한다. 이들은 환경 내에서 공격적 신호에 예민하고 상대의 행동을 적대적으로 오해한다.

폭력적 행동의 원인은 매우 다양하고 종류가 많을 뿐만 아니라 사회 곳곳에서 일어나고 있다. 신체적 공격행위인 폭력 외에도 심리적 압박을 가하는 정신적 폭력이나 사회의 제도적 모순에 의한 구조적 폭력 등 폭력의 문제는 널리 퍼져 있다. 폭력은 직접적인 물리적 강제력이며, 고의로 한다는 의도성 및 피해자가 싫어할 것이라는 예측성 등의 인지적 요소가 포함된다.

공격행동이 발생하는 과정에 대해 인지적 측면의 중요성을 강조한 연구자들이 많은데, 그린(Green, 1990)은 행위자의 배경변인과 행위자를 포함한 상황변인을 중심으로 공격성 유발과정을 설명하고 있다. 공격성 유발에 관여하는 배경변인으로는 생리적 현상, 인성 및 사회문화적 기대, 폭력자극의 관찰을 들었고, 상황변인으로는 욕구좌절, 피습, 규준침해, 가정 갈등, 환경에서의 스트레스 요인, 신체적 고통을 들고 있다.[70] 상황변인의 문제 상황이 생기면 행위자는 상황에 대한 의도를 파악하고 악의가 있는 것으로 판단될 때 분노와 스트레스를 느끼고 공격여부를 결정하고 실행한다는 것이다.

---

69 Jim Larson · John E.Lochman, 김복석 · 박은진 · 박준성 · 배정훈 · 최범성 · 홍순범 공역, 『아동 · 청소년의 분노조절 사회기술훈련』(서울: 학지사, 2014), 23-26쪽.

70 이규미, 『청소년의 분노와 분노처리과정에서의 공격행동에 관한 체험분석』(경기: 한국학술정보, 2006), 32쪽 재인용.

공격적 행동 후 부정적인 결과가 뒤따르지 않는 환경의 아동들은 다른 환경에서도 공격적 행동을 선택할 수 있다. 공격적 놀이나 공격적 문제해결을 긍정적으로 여기는 환경에서 자란 아동들은 자신보다 약하거나 어린 아동들을 괴롭히고 어른들에게 반항하는 행동들을 강화하게 된다. 또한 공격적 행동이 자신에게 부정적인 결과를 가져오지 않는다는 것을 알게 될 경우 공격적 행동들은 더욱 확산될 수 있다. 사회학습이론에 따르면 인간은 예상되는 결과에 기초하여 행동을 선택하는 자기조절 능력을 가진다. 공격적 행동에 대해 긍정적 결과를 경험한 아동들은 공격적 행동이 확산될 소지가 많다. 따라서 행동적 고위험군의 아동들에게는 긍정적 행동을 지원하기 위해 필요한 정보를 수집하는 기능적 행동평가(Functional Behavioral Assessment: FBA)가 필요하다. 기능적 행동평가에서는 행동에 대한 예측요인으로 작용하는 환경적 요소를 찾는다.

O'Neill 등(1997.p.3)[71]은 기능적 행동평가의 5가지 주요 성과를 다음과 같이 정의하였다.

- 문제행동에 대한 명확한 기술
- 전체 하루 일과 중에 문제행동이 일어날 때와 일어나지 않을 때를 예측하는 사건, 시간, 상황을 밝힘.
- 문제행동을 유지시키는 결과를 밝힘
  (예: 그 행동이 그 사람에게 어떤 기능을 주는 것으로 보이는가?)
- 문제행동이 발생하는 특정행동, 특정유형의 상황, 그 상황에서 문제행동을 지속시키는 결과 강화물에 대해 기술하는 하나 이상의 요약 진술, 혹은 가설의 개발
- 개발된 요약 진술을 지지하는 직접적인 관찰 자료의 수집

---

71 Jim Larson · John E.Lochman, 앞의 책, 89쪽 재인용.

치료자는 공격적 문제행동의 수정을 위해 아동과의 면담, 그리고 부모님과 기관 담당자와의 면담을 통해 아동이 문제행동을 어떻게 개념화하고 있는지를 이해하여야 한다. 상대에 대한 반응으로 공격적 행동을 하는 아동의 경우 타인의 의도를 해석하는데 인지적 왜곡을 하고 문제의 책임을 지나치게 다른 사람의 탓으로 돌리는 경우가 많다. 치료자는 주로 어떤 상황에서 문제가 발생하는지를 확인하고 아동의 귀인편향 정도를 평가해야 한다. 치료자는 치료과정을 통해 아동이 기존에 문제를 해결하는 기술이 어떠했는지를 파악하고 새로운 문제해결 전략을 탐색하며, 다른 사람과 문제 상황을 만들지 않고 새로운 문제해결 방법을 배울 수 있도록 개입하여야 한다.

콜리에(Collier, 1985)는 분노를 좌절과 신체폭력에 대한 반응으로 보고 보통은 분노를 유발시킨 사람을 공격하고 상해를 입히고 싶은 욕망이 포함된다고 하였다. 이러한 정의는 적개심이나 공격성과 혼동되기 쉽지만 많은 경우 분노는 노골적으로 표현되기보다는 억제하거나 우회적이고 간접적인 방법으로 표현된다. 즉 분노는 공격행동으로 연결될 수는 있지만 분노가 반드시 공격적이 되도록 이끄는 정서는 아니라는 것이다. 분노는 억제, 변형, 대치 승화되기도 한다(Scott, 1958).[72] 분노는 공격충동을 일으키게 하지만 공격충동을 느낀 경우라 하더라도 직접적인 공격을 억제시키거나 변형될 수 있다. 때문에 본 연구에서는 내담자들이 자신의 정서를 인식하고 표현하는 과정을 통해 내담자의 공격성이 완화될 수 있도록 연구되었다. 내담자들이 공격성을 완화하고 긍정적인 상호작용을 할 수 있도록 이론적 배경으로는 샐러베이와 메이어의 이론과 개념에 기초하였고, 정서지능 발달단계에 의한 그 첫 단계작업으로 '자신의 정서를 인식하고 표현하기'에 초점을 맞추어 진행되었다.

내담자 그룹의 특성인 공격적·폭력적 행동의 완화를 위해서는, 이들이 공격적·폭력적 행동을 하는 무의식적인 동기의 해소를 위한 개입이 필요하다.

72 이규미, 앞의 책, 34쪽 재인용.

다수의 장애아동들은 학교의 친구들에게 장애를 갖고 있음을 이해받지 못하고 지속적으로 폭력을 당하고 있다. 또한 가정에서 충족되지 않는 양육환경은 이들에게 억압된 내적 충동을 갖게 한다. 장애아동들의 이러한 양상은 다른 대상에게 공격성으로 표출되기도 하며 주변의 대상들 중 특히 자신보다 기능이 낮은 대상에게 전이되고, 그 공격행동들은 자신에게 행해졌던 폭력의 양상들이 학습되어 그대로 복원되기도 한다. 때문에 이렇게 폭력이 악순환 되고 있는 현상에 대한 치료를 위해서는 대상아동들이 처한 환경상의 변화가 동반되어야 한다. 본 연구에서는 대상 아동그룹이 갖고 있는 공격성의 무의식적 동기를 표출하고 해소할 수 있도록 하고, 잘못 형성된 공격적 행동이 습관화되어 행동상의 변화를 하지 못하는 것을 수정하기 위한 행동주의적 관점의 개입이 시도되었다. 그리고 아동들이 환경의 영향으로 가지게 된 문제행동들에 대해 부모님들과의 상담 작업으로 문제의 대안을 찾는 작업을 진행하였다.

2) 사례

이 사례는 본 연구자가 치료자로서 12개월 동안 총 35회기 진행하였던 사례이다. 본 사례의 내담자 그룹[73]은 발달장애 아동 6명으로 남 4명, 여 2명이다. 기관에서의 의뢰 사유는 공격행동을 보이는 대상 아동들에게 분노조절 프로그램을 실시하여 문제행동을 감소하고 대인관계 회복을 도모하고자하는 것이다.

차례

(1) 내담자 정보와 의뢰 사유

(2) 실행 과정

73 본 연구의 내담자 6명은 작업사례를 연구에 활용하는 데 동의하였으나 개인정보보호를 위해 실명 대신 알파벳을 사용한다.

(3) 평가 분석
① 양적 평가 분석
② 관찰 평가 분석

(1) 내담자 정보 및 의뢰 사유

기관의 자료에 의한 개별적인 내담자 정보는 다음 <표 17>과 같다.

<표 17> 내담자 정보 및 의뢰 사유

이름	학년	장애진단	의뢰 사유
J (여)	초등6	지적1/다운	보호자의 시선을 벗어난 공격행동 수면 부족, 자해행동, 지시하기, 위협하기.
L(여)	초등5	지적2/다운	J 아동의 공격행동을 J 아동의 부재 시 따라하는 행동 및 자폐 아동에게 공격 지시하기.
M (남)	초등5	뇌병변2	과제 인지 및 집중 부족으로 수행의 어려움 과격행동 및 관심 끌기 (밀기, 때리기, 큰 소리 내기 등).
K(남)	초등4	심장1/ 지적3	외부와 가정에서의 이중적 분노행동 특정아동에 대한 과잉보호.
G(남)	초등1	자폐1	타 서비스에서 관찰된 일지에 특정인물이 아닌 다수에게 공격 및 돌발행동(물기, 바닥에 소변보기 등의 행동을 보이는 경우가 있음).
W(남)	초등5	지적1	부모의 관찰에 의해 의뢰되었으며 사춘기에 접어들면서 이전과는 다른 행동이 발견되며, 집중력이 부족한 부분이 있음.

(2) 실행 과정

실행 과정을 먼저 <표 18>과 같이 도표로 만들었다.

<표 18> 실행 과정

단계	회기	단계별 목표
준비단계	1~4회기	진단세션, 드라마매체 적응과 라포형성
발달단계	5~31회기	문제행동의 개념화/ 인지적 왜곡의 교정 기존의 문제해결 전략의 파악과 새로운 문제해결 전략의 탐색 - 자신이 느끼는 정서의 인식과 표현 - 상대에게 자신이 원하는 의사가 전달될 수 있는 표현방법을 찾고, 이를 통해 공격적 행동을 조절하고 감소할 수 있도록 한다. - 그룹원들 간의 긍정적인 상호작용과 지지 - 공격적 행동을 촉발하는 무의식적 동기의 해소 - 강화와 처벌을 통한 문제행동의 수정
마무리단계	32~35회기	사후 평가와 안전한 마무리

① 준비단계

- **1회기**

J는 그룹 전체에 대한 영향력이 과다하여 그룹원에게 문제행동을 하도록 부추기거나 지시하는 경우가 빈번하였다. 세션 시작 전 아동들의 가방, 옷 등을 정해진 위치에 두기로 하였으나 J는 자신이 원하는 위치인 의자에 두고 옮기지 않으려 하였다. 치료자가 오늘 활동에 대해 설명하며 그림그리기 작업을 하기 때문에 방해되므로 옷과 물건 등을 정해진 위치에 두도록 권유하였으나 J는 이에 따르지 않으려 하였다. L도 J의 눈치를 살피며 J의 행동을 모방하였는데, 치료자가 모두가 함께하는 작업에서 지켜야 할 규칙들에 대해 설명하자 J는 정해진 위치에 가방과 옷을 던지며 분노를 표출하였다. 그리고 담요와 물병에 집착하는 모습을 보였는데, 치료자가 그 물건들이 왜 필요한지 묻자 자신은 춥고 목이 마르기 때문에 담요와 물병이 필요하다고 하였다. 치료자가 타당한 이유가 있고 치료자에게 그것이 전달되었을 때에는 양해될 수 있지만 타당한 이유가 없고 치료자에게 이유를 설명하지 않을 때

에는 전체의 규칙을 따라야 함을 설명하자 J는 이에 대해 수긍하는 모습을 보였다.

M은 음악을 크게 틀거나 끄기도 하며 산만한 행동을 반복하였다. J의 행동에 지나치게 관여하며 비난하는 경향이 있고 J의 가방을 버리겠다는 말을 의미 없이 반복하는 모습들이 관찰되었다. 그렇기 때문에 M에게는 타인에 대한 집중보다 스스로의 작업에 집중할 수 있도록 지속적인 개입이 필요하다. 음악에 맞추어 인사를 하는 활동에서 M이 음악을 크게 틀고 끄기를 반복하여 몸으로 인사하기 활동이 진행되지 못했다.

K는 M과 함께 J에 대한 불만을 지속적으로 표현하였다. J의 행동이 과격하여 이에 대해 지속적인 스트레스를 받고 있는 것으로 관찰되지만 G가 그림을 그릴 때에 크레파스를 부러뜨린 것에 대해 예민한 반응을 보여 타인의 행동에 엄격한 시선을 갖고 있는 것으로 관찰되어 이에 대한 지속적인 관찰이 필요하였다.

G는 세션에 처음 합류하여 다른 아동들과 유대감이 없어 활동에 참여하지 못하고 고립되는 모습이 관찰되었다. 세션 시작 전에는 기관 담당선생님의 손을 잡거나 자신을 의탁하려는 모습이 자주 관찰되었고, 세션 시작 후에는 치료자의 손을 잡거나 떨어지지 않으려는 모습들이 관찰되어 새로운 환경에 두려움을 갖고 있는 것으로 관찰되었다. 언어표현을 '안녕하세요' 외에는 하지 않아 다른 환경이나 가정에서의 언어표현 정도에 대한 점검이 필요하였다.

- **2회기**

지난 일주일 동안 있었던 일을 이야기하는 작업에서 J는 할머니가 병원에 입원하셔서 보지 못하기 때문에 슬프다는 이야기를 하였는데 지난주보다 치료자에게 경계를 풀고 자신의 상태를 자세히 이야기하는 것으로 관찰되었다. 외할머니에 대한 애착과 분리에 대한 고통을 호소하고 있고 엄마와의 갈등을 표현하고 있어, J의 어머니가 외할머니의 존재를 대체할 수 있는 수용적인 환경조성이 필요할 것으로 사료되었다.

감정카드작업에서 G, W는 카드를 선택하였지만 자신의 감정 상태를 인지한 선택이 아니고 무작위로 선택하였다. 음악에 맞추어 움직임을 하는 작업에서 M은 CD플레이어에 집착하고 음악을 크게 틀거나 꺼버리는 행동을 반복하였다. 치료자가 방해가 되므로 음악 없이 진행하겠다고 하자 M은 분노를 폭발하며 책상을 옮기고 소리를 지르는 행동을 반복하였다. 움직임 작업을 중지하고 서로 느끼는 불편함에 대해 이야기를 나누자 M은 K의 팔을 만지다가 갑작스럽게 비트는 행동을 하였는데, 치료자가 M에게 제재를 하여도 받아들이지 않아 자리를 바꾸도록 하자 M은 G의 팔을 잡으려 하였다. M의 공격적인 행동이 과다하여 치료자가 선생님들에게 도움을 청하는 것이 좋겠다고 하자 M은 놀라고 긴장하며 선생님들에게 말하지 말아달라며 사정하는 태도를 보였다. 기관 선생님들의 훈육이 수용적인 환경임에도 M이 기관 선생님들에게 자신의 행동이 알려지는 것에 과다하게 반응하는 이유가 자신의 행동이 가정에 전달되는 것에 대한 두려움인지에 대한 관찰이 필요하였다.

M의 과격한 행동이 있을 때에 K, G처럼 자기방어가 미약한 아동들의 경우 위험의 요소가 잠재되어있었다. G의 경우 M이 폭력적인 행동을 할 때에 별다른 반응을 보이지 않았지만 뒤이어 화장실을 가고 싶다고 하였고 치료자에게 매달리며 의지하려는 모습이 많아졌다. W는 주변의 상황에 관심 갖지 않는 자기몰입 상태이다.

J는 그룹원 중 한 명이 자신의 지시를 따르지 않을 때에는 다른 그룹원에게 과다하게 친밀감을 표현하여 자신의 지시를 따르지 않는 그룹원을 의도적으로 따돌리려는 모습이 빈번하게 관찰되었다. 그룹원들이 치료자와의 관계탐색을 하고 있는 것으로 관찰되었고, 그룹원 각자의 상황적 이슈들이 공격행동의 원인과 밀접한 것으로 사료되어 이에 대한 접근이 필요하였다.

• **4회기**

M은 J가 쉬고 싶다는 의사를 표현하여 치료자가 쉬도록 하자 J에게 반복적으로 쉬지 말라고 소리를 질렀다. 치료자가 몸이 피곤할 때는 누구나 쉴

수 있고 M도 쉴 수 있으며 자신의 의사를 밝히면 된다는 이야기를 하였지만 이를 수긍하지 않고 J에 대한 제재의 강도가 점점 심해졌다. 이에 대해 J가 급작스럽게 M의 얼굴을 주먹으로 쳤는데 M은 안경이 떨어진 상태에만 집중하며 J에게 별다른 반응하지 않았다. 치료자가 J와 M을 교실에서 격리하여 서로의 행동에 대해 생각하고 오도록 하였는데, M은 J의 행동을 비난하면서도 서로의 입장에 대해 이해하려는 상반된 모습을 보였다. 이후 활동에 참여할 때에는 즐겁게 적극적으로 참여하였고, 나무와 바람의 활동을 할 때에는 스스로 창의적인 움직임을 만들어 내며 즐거워하는 모습들이 관찰되었다.

J는 세션 시작할 때에 이전과 달리 치료자와 하이파이브를 하였는데, 지난 주부터 치료자에게 안아달라고 하기도 하며 친밀감을 표현하고 있다. 자신의 기분 상태를 표현하는 활동에서는 외할머니가 편찮으셔서 보지 못해서 마음이 아프다는 이야기를 하였다. M을 주먹으로 때린 행동에 대해 이는 상대를 다치게 할 수 있는 위험한 행동이며 이에 대해 J가 책임이 있음을 이야기하자 놀라는 반응을 보였다. J는 치료자의 수용적인 태도(M이 자신을 힘들게 할 때에 쉬고 싶다는 의사를 밝히면 쉬어도 된다고 자신의 입장을 옹호하는 것)에 대해서는 치료자에게 호감을 갖고 있지만, 자신이 다른 그룹원들에게 과다한 영향력을 행사하고 문제행동을 부추기는 것을 제재당하는 것에 대한 미움의 감정을 교차로 표현하였다.

② 발달단계 주요회기

- **5회기**

J는 세션실에 들어올 때 기분이 좋지 않은 상태였으나, 기분상태를 표현하는 활동에서는 외할머니를 만나서 기쁘다고 하였다. 세션 활동 시 치료자가 J에게 활동에 참여하도록 독려하면 안아달라거나, 업어달라고 하기도 하며 호의적인 반응을 보였다. 그러나 치료자가 다른 그룹원들에게 관심을 보이

면 바닥에 누워서 활동 참여를 하지 않으려고 하고, 치료자가 자신을 전적으로 수용해주기를 기대하는 모습을 보였다. 치료자가 누워있는 J에게 다른 그룹원들이 움직이다가 다칠 수 있으니 일어나도록 독려하여도 움직이지 않아, 타임아웃을 하여 활동장소에서 격리하여 생각하는 의자에 앉도록 하였다. 이후 J는 옷으로 얼굴을 가리는 동작을 하다 배가 보였는데, 다른 그룹원들이 배가 보인다고 지적하자 J는 이런 반응을 즐기며 가슴까지 보이도록 옷을 들어 올리는 동작을 반복하였다.

세션이 끝난 후 J와 상담을 하려 하자 J는 치료자와 둘이 있는 것을 거부하며 스스로 얼굴을 때리는 자해행동을 하였다. 치료자가 이에 대해 스스로를 가해하는 행위임을 설명하고 이야기 나누기를 권유하자 치료자를 거부하는 반응을 보였다. 세션에서 누워있는 문제행동에 대해 이야기를 하며, 쉬고 싶으면 쉬고 싶다는 의사를 밝히면 된다고 치료자가 이야기하였는데 왜 말하지 않았는지를 묻자 잊어버렸다고 하였다. 그리고 치료자가 상기시켜주면 의사를 표현할 수 있을 것 같은지를 묻자 그렇게 하겠다는 의사를 강하게 표현하였다. J는 치료자가 자신의 상태를 수용하고 있다는 믿음이 생기자 학교에서 선생님에게 혼나서 기분이 안 좋았었다는 이야기를 하였다. J는 치료자가 자신의 문제행동을 제재하는 것에 대한 미움과 호감을 반복적으로 교차하여 표현하였다.

L은 J와 분리되고 싶어 하나, J가 L에 대한 집착이 강하여 J의 지시를 거스르지 못하고 있었다. 세션에서는 J가 L에게 영향력을 행사하지 못하도록 차단하여 J에 대한 거부 표현을 하고 있지만 세션 밖에서는 J에게 자신의 의사를 표현하지 못하고 있다, J는 L에게 영향력을 행사하지 못하는 것으로 인해 치료자에게 반감을 보이고 있다.

▷ 교육적 성격을 띤 작업에서 치료자의 통찰력은 그것이 아무리 큰 것이라고 해도 결코 결정적인 역할을 하지 못한다. 왜냐하면 치료자가 내담자에게 들려줄 수 있는 말은 내담자의 이성이 자신에게 들려줄 수 있는 말과 다른 것이 없기 때문이

다. 하지만 뭔가를 스스로 깨닫는 것과 다른 사람의 입을 통해 듣는 것 사이에는 차이가 있다. 치료자는 좀 더 능률적으로 이 다른 사람의 역할을 담당하는 사람이다. 내담자들에게 어떤 쾌락충동(Lustbefriedigung)을 잠정적으로 포기하도록 요구할 때, 다시 말해 좀 더 낳은 결과를 위해 잠시 동안의 고통을 참고 희생하도록 요구하거나 혹은 모든 사람에게 유익한 규율에 복종하도록 결심하도록 할 때 어떤 내담자들은 이러한 치료자의 요구에 저항하곤 한다.[74] J는 치료자의 관심이 자신에게서 다른 그룹원들에게로 돌려지면 저항을 하였다. J의 반항적이고 의도적인 저항을 비난과 책망으로 다루기보다는 이러한 저항의 근원을 이해하고, J의 저항행동이 '무엇에 대한 저항인가?'라는 질문이 필요하였다. 저항의 중요성은 저항과 연관된 감정, 즉 억압된 소망들이 의식으로 활성화되는 것이다. 치료자는 내담자의 이러한 소망들의 의미를 바라보고 억압된 소망들을 경험하게 해주어야 한다. 자기심리학자들의 견해는 내담자들의 저항은 자기를 보호하는 건강한 정신활동이라고 하였다. 따라서 저항에 대한 해석보다는 내담자의 요구에 공감하는 것이 필요하였다.

• 10회기

J는 정서표현 활동에서 초록색이 좋고, L의 엄마가 좋은데 이유는 L의 엄마가 L을 사랑하는 것 같아서 좋다고 하였다. 그리고 J는 자신의 엄마는 자신을 사랑하지 않는다고 하며 할머니가 오셔서 기분이 좋다고 하였다.

G가 정서표현 활동에서 기분이 나쁘다고 하여 학교, 집, 복지관, 어디에서 느끼는 감정인지를 예시하여 묻자 복지관이라고 하였고, 친구들, 선생님 등 누구 때문인지를 예시하자 선생님이라고 표현하였다. 그리고 친구들이 싫다며 자신의 의사를 강하게 표현하였는데, G는 상황에 대해 예시를 하면 선택하여 표현하는 것이 점차 발전되고 있다. 세션 초기에는 눈 마주침이 어려웠었지만 치료자와 눈을 마주치고 이야기하는 것이 자연스러워졌다.

74 Sigmund Freud, 『Sigmund Freud Gesammelte Werke』, 정장진 역, 『예술, 문학, 정신분석』(서울: 열린책들, 2003), 347~348쪽.

W는 오늘의 정서를 표현하는 활동에서 학교, 집, 복지관에서의 감정을 예시하자 복지관에서는 기분이 좋다고 하고 집에서는 나쁘다고 하여 무엇 때문에 나쁜지를 묻고 가족관계를 예시하자 동생과 싸웠다고 하였다. W는 정서 인식과 표현에 긍정적인 변화가 관찰되고 움직임 활동을 즐기며 세션에 참여하고 있다.

참여 아동들이 당면해있는 상황적, 환경적 요소에 기인한 문제 행동들의 대안을 찾기 위해 부모상담과 교육을 진행하였고 그 내용은 다음과 같다.

<표 19> 부모님 상담기록

1. K의 어머니
■ 상담내용 K의 어머니는 K가 다른 프로그램에서 특정한 친구를 지나치게 챙겨서 이를 당사자인 친구가 불편해한다고 하였다. 그리고 K가 또래 아이들보다 몸집이 작아 다른 아이들과의 관계형성이 어려움을 이야기하였다. 치료자가 이에 대해 세션 내에서도 K가 지나치게 다른 아이들의 행동에 집중하여 스스로 스트레스를 받는 경우가 많고, J가 자신을 놀리는 데에도 J와 친하게 지내고 싶다고 하며, 친구들 모두와 함께 친하게 지내고 싶다는 표현을 자주한다는 것을 전달하였다. 또한 친구들이 K를 놀릴 때 자신이 느끼는 정서보다는 친구들에 대한 소유욕과 친하게 지내야 한다는 것을 지나치게 염려하는 것에 대해 이야기하였다. 치료자가 K가 자신이 느끼는 정서를 표현할 때에 상황과 맞지 않는 긍정적인 표현할 때가 많다고 하였더니, K의 어머니는 가정에서 K가 부모님을 피곤하게 하는 상황일 때에도 K에게는 주로 긍정적인 피드백을 한다고 하였다. 치료자가 이에 상황과 피드백이 다를 때에는 K가 오히려 정서적 혼돈을 가질 수 있으므로, K가 상황에 대해 자신의 정서를 인식하고 정확하게 표현할 수 있으려면 가정에서도 K가 부적절한 행동을 할 때에 무조건적인 긍정적인 피드백이 아니라, 부모님의 상태를 설명하고 이해시킬 수 있도록 하는 것이 K가 자신의 정서를 바르게 인식할 수 있게 하는 방향이 될 것이라고 하였다. K의 어머니는 본인이 부정적인 상황에서도 상대의 긍정적인 면을 생각하며 참는 경우가 많다고 하며 이러한 어머니의 성향이 K에게도 영향을 주는 것 같다고 하였다. 그리고 현재는 많이 극복되었지만 K를 양육하며 겪었던 어려움을 호소하며 발달장애 자녀를 둔 부모들을 위한 치유프로그램이 필요하다고 하였다.
■ 향후 가정에서의 개입방향 논의 K가 학년이 올라가며 왜소한 신체적인 조건 때문에 다른 아이들과의 관계에서 부정적

인 상황을 갖게 되었을 때, 자신의 정서를 정확하게 인지하고 적절하게 표현할 수 있도록 지도가 필요하다. 따라서 가정에서도 K에게 무조건적인 긍정적 피드백보다는 K가 상황을 인지할 수 있도록 지도하는 것이 좋겠다는 논의를 하였다.

2. M의 어머니

■ 상담내용

M이 세션 내에서 물건을 반복적으로 움직인다든가, 다른 아동들에게 위험을 줄 수 있는 과잉행동에 대해 이야기를 나누었다. M의 어머니는 M이 자신이 수용 받는다고 느끼면 상동행동이 사라지고 불안할 때에 과잉행동이 많아진다고 하였고, 다른 치료 프로그램에서도 처음 시작할 때에는 과잉행동이 많았지만 자신이 수용 받는다고 느끼면서 점차 과잉행동이 사라지고 프로그램에 적응했다고 하였다. 이에 대해 M이 참여한 프로그램이 개인치료인지 집단치료인지를 물었더니 개인치료 프로그램이라고 하여, 개인치료에서는 치료자와의 관계가 형성되면 원만하게 자기표현을 하게 되지단 집단치료 프로그램에서는 다른 아동들에게 위험요소가 있기 때문에 무조건적인 수용이 어렵다는 것을 전달하였다. 그리고 앞으로 다른 새로운 그룹을 만나게 될 때에도 M의 과잉행동이 감소될 수 있는 방안을 찾아야 하고, 새로운 그룹마다 M의 상황이 이해될 수는 없음에 대해 이야기하였다.

활동 시 M이 자신감이 없고 스스로 작업을 하는 것에 어려움이 있으며, 다른 사람의 도움을 받아야 활동에 참여하는 것에 대해 논의하였다. 어머님께서는 이에 대해 M이 여자아이들을 만지는 행동을 하여 다른 아이들에게 피해를 즈게 되는 경우가 생길까 봐 M을 엄하게 양육하고 있다고 하였다.

■ 향후 가정에서의 개입방향 논의

M의 자존감이 향상되려면 통제적이고 강압적이지 않은 환경이 마련되어야 함에 대해 논의하였다. M이 지나치게 다른 아동들의 행동을 간섭하려는 모습이 관찰되고 있어 통제적인 상황에서 자신이 받는 정서를 다른 아동들에게서 해소하려는 행동으로 사료되어, 다른 아동들과의 마찰을 줄이기 위해서라도 M에게 좀 더 수용적인 환경이 마련되었으면 좋겠다는 치료자의 의견을 전달하였다.

3. J의 어머니

■ 상담내용

J의 어머니는 J가 근래 가정에서 편안한 상태를 유지하고 있고 동생들과 잘 지내며 특별한 문제행동이 없다고 함. 어머니는 J가 유치원 때부터 다른 아이들을 괴롭히는 문제행동을 하였는데, 생후 6개월 이후 1년 반 동안 J를 양육해 주시던 아주머님께서 J의 발바닥을 때리고 엄격하게 양육하였던 것이 J의 문제행동의 근원이 되었다고 생각함. J는 동생들이 태어났을 때부터 두 명 동생의 눈을 찌르거나 때리며 괴롭히는 행동이 많았다고

하였고 현재는 많이 좋아지고 있다고 하였다.

치료자가 J가 외할머니에게 지나치게 의존하고 싶어 하고 세션에서 할머니가 오시기를 기다린다는 말과 L의 어머니가 자신의 엄마였으면 좋겠고, 엄마가 싫다는 이야기를 자주 하고 있는데 이것에 대해 어떻게 생각하시는지를 물었다. 어머니는 J와 동생 2명, 3명의 자녀를 양육하다 보니 각각의 아이들에게 사랑을 줘도 아이들 각자는 어머니의 사랑이 부족하다고 느끼는 것 같다고 했다. 그리고 J의 동생들에게는 소홀해도 J에게는 신경을 많이 쓰고 있으며 오히려 J의 남동생이 어머님의 사랑이 부족하다고 느끼고 있다고 하였다. 또한 J의 외할머니가 J에게 모든 것을 허용하는 상호작용을 하고 계시고, L의 어머니는 사랑한다는 표현을 아이들에게 자주해서 J가 상대적으로 어머니에 대한 반감을 갖고 있을 것이라고 하였다. 그리고 어머니의 양육방식은 J가 독립적인 아이로 성장하길 바라기 때문에 자신이 할 수 있는 일들은 스스로 할 수 있도록 지도하고 있다고 하였다. 그러나 J의 어머니는 J의 외할머니가 자신을 독립적으로 양육하시고 필요한 도움을 주지 않으셔서 본인도 서운하였다는 이야기를 하였다. 치료자가 어머니가 외할머니에게서 받고 싶었던 것과 같은 부분을 J도 받고 싶은 것이 아닐까라고 물었더니, J의 어머니는 눈물을 흘리시며 현재 가정일로 너무 힘들고 가장 행복했던 순간은 얼마 전 잠깐 운동을 할 수 있었던 한 달 정도였다며 가사일의 어려움을 호소했다. 어머니는 오전 중에 해야 할 가사 일이 너무 많고 일이 없을 때에도 콩을 벗긴다든가 하는 하지 않아도 되는 일을 만들어 가사 일에 몰두하고 있다고 하였다. 치료자가 가사 일에 몰두하는 이유에 대해 생각해본 적이 있는지를 묻자 어머니는 눈물을 흘리며 현재 어머니의 힘든 상태를 호소했다.

■ **향후 가정에서의 개입방향 논의**

J의 문제 행동의 근원에 가정에 대한 불만이 많고, 사랑받지 못하고 있다는 불신을 다른 이들에게서 사랑받는 것으로 대체하고 싶어 하며, 해소되지 못한 정서를 다른 아이들에게 공격적 행동으로 나타내고 있으므로 이에 대해 가정에서 선결되어야 하는 부분에 대해 논의하였다. J의 어머니는 J가 어머니에게서 충분히 사랑받지 못하고 있다고 느끼는 것에 동감하였고, 본인 스스로도 아이들을 안고 있어도 의무적으로 안고 있는 느낌이지 정말 사랑하고 있다는 감정을 느끼지 못하고 있다고 말씀하였다. 이에 대해 치료자가 먼저 어머니 스스로를 돌보는 것이 필요하다고 하였다. 그러기 위해서는 어머니가 가사 일에만 전념하지 않고 2일에 한 번 정도 청소를 하고 스스로를 돌보는 시간이 가지는 게 좋겠다는 제안을 하였다. 그리고 J가 L의 어머니와 J의 어머니를 비교하는 일이 많아 프로그램들 외에는 J가 L의 집에서 보내는 시간을 줄이고 어머니와 함께 시간을 보낼 수 있도록 하기로 하였다. J가 사춘기에 접어들면 어머님과의 관계회복이 점점 더 어려워질 수 있기 때문에 되도록 빠르게 어머니와의 관계회복을 위한 노력이 필요하였는데, J의 어머니는 스스로 바뀔 수 있을지에 대해 자신 없어 하는 모습을 보였고 상담을 받고 나면 의욕이 생겼다가 점차 수그러든다고 하여 지속적인 부모 상담이 필요할 것으로 사료된다.

4. L의 어머니

■ 상담내용

L의 어머니는 L의 오빠들이 L에게 사랑을 많이 주고 있는데, L이 이를 거부하는 반응을 보이는 것에 대해 염려하였고, 세션에서 L의 생각을 물어봐 주기를 원했다. J가 L의 어머니를 정도 이상으로 좋아하고 자신의 어머님과 비교하는 것에 대해 치료자가 지난번 부모상담 때에 전달을 하였지만, L의 어머니는 크게 염려하지 않았다. 치료자가 L의 어머니의 성향과 J의 어머니의 성향이 다른데 J가 사랑이 많이 필요한 아이이기 때문에 L의 어머니와 밀착되는 것이 염려된다고 하였다. 그러자 L의 어머니는 J의 어머니가 어린 동생들 양육으로 많이 힘들어하고, L이 친구가 없어 혼자 노는 것보다는 J와 함께 노는 것이 좋다고 하였다. 이에 대해 J가 L에게 지배적인 행동을 하려 하고, L은 이런 J의 행동을 싫어하면서도 J에게 의존적인 행동을 보이고 있다는 것과, L이 J의 공격적인 행동과 호의적인 행동이 반복되는 상태를 지속적으로 받아들이다 보면 스스로 자존감이 낮아지고 다른 관계에서도 유사한 상호작용에 대해 둔감해질 수 있다는 우려를 이야기하였다. 어머니는 J와 L의 상호작용이 서로 평등한 친구 관계로 개선되어야 한다는 입장에 대해 수긍하였다.

■ 향후 가정에서의 개입방향 논의

L의 어머니가 L이 언어표현이 부족한 것에 대해 염려하여, 세션에서 호불호를 인식하고 표현하는 개입방향에 대해 전달했다. 어머니는 근래 L의 언어표현이 많이 좋아지고 있다고 하였다. 치료자가 언어표현에 발전이 있으려면 본인이 언어표현의 필요를 느껴야 하므로, L이 원하는 상태를 어머니가 알고 있더라도 미리 대처해주지 말고 스스로 표현할 수 있도록 해야 함을 이야기하였다. 어머니는 그동안에는 L이 원하는 표현을 하기 전에 미리 해주시는 경향이 있었다고 하였고 L이 자신이 원하는 바를 표현할 수 있도록 실천하겠다고 하였다. 또한 L과 대화를 할 때에, L이 단답식으로 이야기하더라도 어머니가 L과 이야기를 이어나갈 수 있도록 다양한 질문을 하도록 하였다.

5. W의 어머니

■ 상담내용

W의 어머니는 W가 연극치료 세션에 대한 호감이 높다고 하였다. 근래 정서적인 안정을 갖고 상승곡선을 타고 있으며 학교에서도 긍정적인 변화가 있다고 선생님들에게서 이야기를 듣고 있다고 하였다. W가 이전에 어린이집에 다닐 때에 다른 아이에게 급작스럽게 폭력을 당하고 그 후 불안감이 많아졌으며, 새로운 공간에서 불안감을 느끼며 학년이 바뀔 때에 오줌소태 증상이 나타난다고 하였다. W는 그동안 불안감 증상 완화를 위한 약을 복용하였었는데 근래 정서적으로 안정되어 약 복용을 중간할지에 대해 의사선생님과 상의를 하고 있다고 하였다.

언어표현이 한정되어 발전되기를 희망하여 세션에서 호불호 인식과 표현을 위한 작업을 하고 있고, W가 자발적인 언어표현이 어렵기 때문에 치료자가 상황을 예시하고 선택할 수 있도록 개입하고 있다고 하였다. W는 근래 세션에서 치료자가 단어를 제시하고 선택하도록 하였을 때 스스로 선택하고, 자발적인 단어 선택을 하는 경우도 빈번하여 언어표현이 증대되는 긍정적인 변화가 있다고 전달하였다. W의 어머님께서는 W가 다른 아이들에게 관심을 갖고 조금씩 상호작용을 하는 것을 크게 기뻐하였다.

■ 향후 가정에서의 개입방향 논의

W가 간혹 짜증을 내는 경우가 있는데 그런 경우 가슴을 치거나 발을 구르는 등의 행동을 한다고 하였다. 최근 아침 등교 시간에 횡단보도에서 급작스럽게 짜증을 냈었는데 어머니가 이유를 몰라 W를 달래서 학교로 보냈다고 하였다. 치료자가 W가 학교에 가고 싶지 않다면 이유가 있을 것인데 W가 언어표현이 한정되어 어머님에게 전달하지 못하기 때문에 짜증이 더 날 수 있다는 것을 이야기하였다. 세션에서 개입하고 있는 대로 학교에 가기 전 짜증을 낸다면 누구 때문인지에 대한 예시를 하고 선택할 수 있도록 훈련을 한다면 언어표현이 점차 확대될 수 있게 될 것이라는 이야기를 하였다. 그리고 평소 W와 대화를 이어나갈 수 있도록 어머니가 질문하고, 예시하고 W가 스스로 선택할 수 있도록 가정에서도 지도하시도록 하였고 어머니는 이를 실천하겠다고 하였다.

6. G의 어머님

상담일정을 잡고 전일 기관 선생님이 어머님과 약속 일정을 확인하였으나 당일 오전 상담에 오지 않았다. 전화 통화를 하였는데 어머니는 혼자서 G를 양육하고 있고 경제활동을 하고 있어 친척분이 G를 케어하고 있다고 하였다. 그리고 어머니의 직업 특성상 G가 잠든 후에 퇴근하시는 경우가 많고 함께하는 시간이 많지 않다고 하였다. G의 어머니는 G의 상태에 대해 논의하는 것에 소극적이고, G의 변화 가능성에 대한 기대가 적으신 것으로 사료되었다.

- **15회기**

K가 M과 대화할 때에 M이 하는 말의 뒷말을 따라 하자, M은 자신의 말을 따라하지 말라며 언성이 높였다. 치료자가 K에게 상대가 싫어하는 행동은 안 하는 것이 좋지 않은지를 묻자 그러겠다고 하였다. K가 M과 대립하다 책상에 다리가 부딪쳐 아픈 상황인데도 웃고 있어서, K에게 다리의 상태를 묻자 아프다고 하였다. 그래서 아픈데 왜 웃고 있는지를 묻자 모르겠다고 하였다. K는 근래에 들어 행동에 적극성이 생기며 M과 마찰이 잦았다. M이 하는 말을 따라하고 M에게 힘으로 대항하려 하고 있다. 치료자가 이에 대해

개입하면 만족스런 표정을 지으며 자신이 강한 상대와 대립하는 상태를 즐기고 있는 것으로 관찰된다. 왜소한 체격의 K가 힘으로 대항하지 않고 자기보호를 할 수 있도록 하고, 자신의 상태에 대해 정서인식을 할 수 있도록 지속적인 개입이 필요하였다.

J는 정서표현활동에서 "좋아요", "L의 엄마랑 같이 놀았다.", "L의 엄마가 귀엽고 너무 좋다."라고 하였다. J가 자신의 발바닥을 간질이는 행동을 지속하여 치료자가 그룹원들과 함께 만든 규칙을 지키지 않을 때에는 타임아웃으로 옆방에 가기로 한 것을 상기시키자 양말은 신었으나 바닥에 침을 뱉었다. 다시 단호하게 그룹원들이 모두 싫어하는 행동을 하였을 때에는 옆방으로 가기로 했던 규칙을 이야기하자 위축된 행동을 보였다. 치료자가 이에 대해 놀이를 함께하도록 권유하고 J의 마음을 읽어주자 울음을 터트렸다. 그리고 J가 친구들이 싫어하는 행동을 하지 않고 규칙 지키기를 잘하면 모두들 J를 좋아하고, J가 손톱 뜯는 습관을 고친 것처럼 친구들을 놀리는 행동도 고칠 수 있다고 이야기하자 수긍하며 활동에 적극적으로 참여하였다.

L은 정서표현활동에서 출석부 작업을 할 때에 W가 테이프 붙이는 것을 도와줘서 좋았다고 하였다. 그리고 J가 L의 엄마가 좋다고 하며 L이 없었으면 좋겠다는 말에 기분 나쁘다는 의사를 표현하였다.

드라마 작업에서 셔틀버스를 타고 학교에 가서 학교에서 생활하는 모습을 드라마로 만들었다. J가 선생님 역할을 하며 종이접기, 체육, 음악시간을 진행하였다. 드라마 작업 후 서로 칭찬해주기 작업에서 그룹원 모두 J를 칭찬하였는데, M, K는 J가 선생님 역할을 잘했다고 하였고, W는 J가 연극을 잘했다고 하였고, L은 J가 친구들과 사이좋게 놀았다며 칭찬을 하였다. J는 L이 드라마에서 자신이 선생님 역할을 하였을 때 자신의 말을 잘 들었다고 칭찬하였다.

치료자가 J에게 그동안에는 J가 규칙을 지키지 않아서 친구들이 싫다고 할 때가 많았는데, 오늘은 모두들 J를 칭찬하였는데 기분이 어떤지를 묻자, J는 친구들이 자신을 칭찬해주어서 고맙다고 하였다. J는 감정 기복이 심한 성향도 있지만 이슈의 근원인 자신이 사랑받지 못한다고 느끼는 것에 대한 선결이 필요할 것으로 사료된다.

- **16회기**

J는 정서표현 활동에서 "엄마랑 텃밭에서 토끼를 봤다.", "엄마는 토마토를 심으셨고 닭이 무서웠다."라고 하였다. 엄마와 함께 있어서 기분이 어떠했는지를 묻자 자신은 기분이 좋았고 엄마는 일을 했다고 하였다. J의 어머니와의 상담 후 어머니가 J와 함께 시간을 보내려 하지만 J가 만족할 만큼의 상호작용은 되지 않고 있는 것으로 관찰되었다. J가 어제 학교에서 담임선생님에게 문제행동을 하고 토했다는 기관담당선생님의 보고가 있었는데, J에게 오늘 왜 학교에 가지 않았는지를 묻자 학교 담임선생님에게 '메롱'을 해서 혼났다고 하였다. J가 L을 놀리기 위해 K와 안는 행동을 하여 K의 정서를 묻는 개입을 하고, 친구를 놀리는 행동의 부당함에 대해 이야기를 하였지만 J는 이를 지속하였다. J가 치료자의 관심을 끌기위해 창문을 보며 할머니가 보고 싶다며 우는 시늉을 하여, 이에 대해 치료자가 눈물이 나지 않는데 왜 우는 시늉을 하는지를 묻자 실제로 눈물을 흘리다가 웃기도 하며 감정 기복이 심한 상태를 보였다. J는 자신의 행동이 치료자에게 수용되지 않는다고 느끼자 치료자에게 저항하는 방식으로 코를 흘리거나 바닥에 침을 뱉는 행동을 하였는데, J는 세션에서 자신이 전폭적으로 수용되지 못하고 있다고 느끼는 상황에서는 문제행동을 반복하고 있어 자신이 지켜야 할 규칙바운더리와 J에 대한 치료자의 정서적인 수용은 분리된 것임에 대한 지속적인 개입이 필요하였다.

L의 어머니에게 L이 J가 자신을 놀리는 행동과 놀아주지 않는 것에 대해 세션에서 지속적으로 호소하고 있는 상태를 전달했다. J가 L의 어머니가 좋아서 L이 없었으면 좋겠다는 이야기도 지속적으로 하고 있어 이 둘의 정서적인 분리가 필요함에 대해 다시 이야기하였다. 이에 대해 어머니는 L이 친

구가 없어서 지난 상담 이후에도 실행되지 않고 있다고 하여, L이 지속적으로 자신의 힘든 정서를 표현하는 것을 간과하지 않고 주목하여야 한다는 치료자의 의견을 어머니께 전달하였다.

• **18회기**

L이 기관을 홍보하는 촬영을 하고 세션에 늦게 합류하자 J는 L이 좋다며 L에게 집중적으로 애정표현을 하였다. 이를 보고 M도 J에게 관심을 받고 싶어 하며 함께 놀자고 하고, K도 놀자고 하였으나 J, M, L이 한패가 되어 K를 따돌리며 같이 놀지 않겠다고 하였다. 이에 대해 서르 느끼는 감정이 어떤지에 대해 표현하는 시간을 가졌다. K는 친구들이 함께 놀지 않겠다고 하여 속상하다는 이야기를 하였는데, 그룹원들과 친구들이 함께 놀아주지 않았을 때 경험과 느끼는 정서가 어떠했었는지에 대해 이야기를 나누자 모두 K의 기분에 공감하며 친하게 지내겠다는 약속을 하였다. 그리고 이러한 상황이 다시 반복되지 않도록 이야기를 나누었고 서로에게 사과하며 세션을 마무리하였다.

세션 전에 J와 상담을 진행하였다. 학교와 복지관에서 선생님들에게 반항하거나 친구들을 놀리는 행동을 해서 J가 다른 사람들과 긍정적인 관계를 갖지 못하는 것에 대해 이야기를 나누었다. 이에 대해 J는 스스로 커서 착한 사람이 되고 싶다는 이야기를 하였고 부정적인 습관을 고치겠다고 이야기하였다. 치료자와 함께 친구들을 놀리거나 싫어하는 행동을 하지 않도록 노력하기로 약속하였고, 세션 전 지속적으로 상담 진행하기로 약속하였다. J와 합의한 규칙은 다음과 같다.

1. 친구들을 따돌리지 않기
2. 친구들에게 이유 없이 싫다고 말하지 않기
3. 특정한 친구만 좋다고 반복적으로 말하여 다른 친구들을 상처 주지 않기

세션 외의 복지관 프로그램을 진행할 때에도 J에 대한 개입을 동일하게 하기로 기관 담당선생님과 논의하였다. J가 문제행동을 할 때에 어떠한 행동이 문제시되는 부분임을 설명해주고, 그리고 J의 습관화된 문제행동을 선생님들과 함께 고치기 위해 노력하는 것임을 설명하기로 하였다. 그리고 규칙이 지켜지지 않았을 때에 어떤 처벌을 받을 것인지를 서로 합의하여 결정한 후 이를 지속적으로 실행하기로 하였다.

J는 기분표현 활동에서 "L이 오늘 사진을 함께 찍자고 해서 기분이 좋았다. 아빠가 TV를 보거나 신문을 보고 함께 놀아주지 않아서 싫다. 아빠가 자신을 재워 줬으면 좋겠다."라고 이야기하였다. 이에 치료자와 J가 아빠와 함께 놀고 싶을 때 J가 아빠에게 이야기해 보는 방법을 의논하였다. J가 근래에는 엄마가 싫다는 이야기를 하지 않아 엄마와의 관계를 물어보니 엄마와는 사이가 좋아졌다고 이야기하였는데, J는 엄마와의 관계가 호전되면서 문제 대상이 아빠에게로 옮겨진 것으로 관찰된다.

- **19회기**

J와 세션 전 상담에서 일주일 동안 있었던 일에 대해 이야기를 나누었는데, 엄마와 사이가 좋아졌고 학교에서도 별다른 일이 없었다고 하였다. 그리고 학교에서 자신을 놀리던 친구가 있었는데 지금은 놀리지 않는다고 하였다. 지난주 상담내용에 대해 다시 이야기를 하여 친구를 놀리거나 특정한 친구만 좋다고 하는 행동은 하지 않기로 약속하였고, J의 문제행동을 고치기 위해서 치료자와 함께 노력해야 하므로 약속을 지키지 않았을 때에는 세션실 밖에 있기로 하였던 내용을 확인하였다. J가 프로그램실에서 L을 때렸었다는 기관담당선생님의 보고가 있었는데 J는 이에 대해서는 이야기하지 않았고 급작스럽게 눈물을 흘리며 M이 친구를 괴롭혀서 나쁘다고 하였다. J는 근래 급작스럽게 눈물을 흘리거나 과잉적 감정표현을 하고 있는데, 스스로 느끼는 정서를 표현한다기보다는 치료자의 관심을 자신에게 집중시키기 위

한 행동으로 관찰되었다.

M은 기관담당 선생님과 상담 후 세션에 늦게 합류하였다. 세션 합류 후 급작스럽게 K의 손목을 자르고 싶다고 하였는데, 이에 대해 치료자가 K에게 사과를 하도록 하였으나 M은 건성으로 사과하고 K에게 몸을 밀착하려하거나 발로 큰 소리를 내는 위협적인 행동을 지속하였다. 친구를 괴롭히는 문제행동을 하였을 때 옆방의 프로그램실로 가기로 했던 규칙을 이야기하자 M은 마지못해 수긍하며 K에게 사과하였다. 세션이 끝난 후 M과의 상담에서 자신보다 약한 친구를 괴롭히거나 위협하는 행동에 대해 이야기를 하고 반복적인 기계조작을 하는 행동(M의 규칙)을 고쳐나가도록 약속하였다.

K는 M이 자신의 손목을 비트는 것에 대해 저항하지 못하였다. 자신이 피해당하는 상황을 정서적으로 표현하지 못하고 M이 하는 말의 뒷말을 반복적으로 따라하는 것으로 대항하려 하였으나, M은 이에 대해 자신의 말을 따라하지 말라며 더욱 위협적인 행동을 하였다. K가 자신의 피해상황을 정서적으로 표현하고 대처할 수 있도록, 문제 상황에서 표현하고 싶었던 말을 찾아 M이 사과할 수 있도록 하였다.

J는 M이 K에게 하는 행동을 보고 있다가 시간이 지난 후에 급작스럽게 M이 친구를 괴롭혀서 싫다며 눈물을 흘리고 치료자가 휴지를 가지러 간 사이 세션실 밖으로 나갔다가 들어왔다. J에게 어디에 갔었는지를 묻자 속상해서 걸어 다녔었다고 하였다. 하지만 그림 작업에서는 감옥에 치료자와 K가 갇힌 그림을 그리고 둘이 갇혀있었으면 좋겠다는 상반된 감정표현을 하였다. 기관 선생님의 보고에서도 근래 J는 자신의 행동에 대해 잘못했다는 반성을 하지만 의례적인 반성을 하고 행동상에는 변화가 없었다고 한다. J는 선생님들이 문제행동에 대해 지적하는 것을 모면하려 하고 있는 것으로 관찰되고, 오랫동안 타인에게 공격적인 행동을 하였던 것이 습관화되어 스스로도 문제행동을 수정하는 것에 혼란을 겪고 있는 것으로 관찰된다.

L은 J가 예쁘다는 말을 하면 좋아하는 표현을 하지만 치료자가 이에 대해 어떤 정서를 느끼는지를 물으면 J가 싫다고 하였다. L은 J와 오랫동안 수동

적으로 형성된 관계를 자신보다 기능이 낮은 다른 아동들에게 유사한 공격적 행동을 하는 것으로 해소하고 있는 것으로 관찰되고 있다. L과 J 사이의 긍정적인 관계역동으로의 변화가 그룹전체의 역동에도 영향을 줄 수 있을 것으로 사료된다.

G와 W는 세션 참여가 소극적이지만 문제 상황을 어떻게 느끼고 있는지 질문을 하면 전체 상황에 대해 파악하고 자신이 의견을 이야기하였다.

그룹원들이 자신보다 기능이 낮은 대상에게 자신의 불만족한 감정을 공격적으로 해소하는 그룹 전체의 역동을 변화하기 위해 더욱 적극적인 개입이 요구되었다.

- **21회기**

세션 시작 전 L의 어머님께서 L과 J가 여름방학 동안 분리가 많이 되었고, 둘의 분리에 의한 관계 변화에 대해 궁금해 하셨다. 이에 둘의 분리가 필요했던 것은 J가 L의 어머니에 대한 호감 때문에 L을 쓰레기통에 버리고 싶다든가 본인의 엄마에 대한 불만을 많이 표현하기 때문이며, J와 엄마의 관계 개선과 L에 대한 질투의 감정을 조절하기 위해 필요한 것임을 전달하였다. 또한 L과 J가 대등한 친구 관계가 되기 위한 노력이 필요하고 이 둘 사이에 형성된 관계가 다른 그룹원들의 관계에도 영향을 미치기 때문에 L이 힘을 키우고 자신이 느끼는 정서를 표현하여야 함에 대해 논의하였다. 그리고 이에 대해 세션에서 개입을 하고 있지만 가정에서의 노력도 함께 진행되어야 함에 대해 전달하였다.

방학 동안 있었던 기억나는 일을 이야기하고 드라마 만들기 작업 진행하였다. J가 가족들과 동물원에 갔었던 이야기를 드라마로 만들었는데, 버스를 타고 동물원을 지날 때에 그룹원들이 코끼리, 사자, 돌고래 등의 동물이 되어 버스에 타고 있는 사람들과 인사를 나누는 드라마 작업을 진행하였다.

M과는 방학 전 약속하였던 약한 친구를 괴롭히거나 위협하는 행동, 반복

적인 기계조작을 하는 행동을 수정해나가기로 하였던 규칙에 대해 이야기하였다.

J와도 방학 전 합의한 규칙에 대해 이야기하고 고쳐나가도록 약속하였다. W는 점차 언어표현이 다양해지고 있다. 드라마 만들기 작업에서 돌고래 역할을 하도록 K가 권유하자 치료자를 따라 역할을 수행하였고, 놀이에 대한 인식이 점차 확대되고 있는 것으로 관찰된다.

- **23회기**

J의 문제행동과 가정에서의 상황에 대해 이야기를 나누었다. J는 "아빠를 좋아한다. 그런데 아빠가 나를 째려봤다. 엄마랑 사이가 좋아졌지만 여전히 L의 엄마가 좋다. 커서 L엄마가 되고 싶다."라고 하였다.

K는 점차 언어표현이 다양해지고 있고 상황에 대해 인지하고 표현하는 것에 발전적인 모습을 보인다.

- **25회기**

G는 세션실에 올 때 감기로 열이 나고 피곤한 상태였으나 치료자가 G의 정서에 대한 공감을 표현하자 세션에 적극성을 보였다. G는 그동안의 그림 그리기 작업에서와 같이 반복적으로 빨간색으로 칠하였다. 그러나 평소 언어표현을 하지 않는 것에서 변화되어 명확한 언어적 표현을 하였는데, "선생님 도와주세요.", "같이해주세요." 등의 표현을 하였고, J에게 색연필을 같이 쓰자고 했을 때 J가 주지 않자 "누나 같이 쓰자.", "고마워."라고도 표현하였다. K는 G가 이야기하는 모습을 보고 놀라며 G가 앞으로 이야기를 더 잘할 수 있을 것 같다고 하였는데, 이 말을 들은 G는 "형 고마워."라고도 하였다. 또한 L과 M이 마찰이 있을 때에도 "누나 울지마."라는 말도 하였는데, G는 상황에 맞는 말을 할 수 있도록 지도하자 스스로 말하는 것에 흥미를 보였고 세션 시작 이후 언어표현이 가장 많아졌다.

• **28회기**

장애아동을 위한 참여연극 <안 놀아>를 본 공연소감에 대해 이야기를 나누었다. K는 “주인공 샛별이가 학교에서 친구들이 괴롭혀서 불쌍하다.”, “L은 주인공 샛별이가 복지관에서 친구들을 괴롭히는 것이 J 같다.”라고 하였다. J는 연극 내용에 대해 이야기하지 않으려 하였고 학교에서 친구들이 괴롭힐 때 주인공 샛별이처럼 자신도 친구들에게 침을 뱉은 적이 있다고 하였다. 그리고 친구들이 괴롭힐 때에는 샛별이처럼 친구들에게 침을 뱉고 선생님을 밀치는 것이 아니라, 친구들에게 싫다고 이야기하고 선생님에게 도움을 청해야 한다고 스스로 이야기하였다. 발달장애 아동들의 상황이 공연화된 참여연극 <안 놀아>를 보고, 공연 내용에 대해 관객들이 느끼는 생각들을 토론하는 <안 놀아>의 관람은, 그룹원들에게 가상 상황을 통해 자신들의 모습을 객관적으로 볼 수 있도록 하는 작업이 되었다.

K가 학교에서 친구를 때렸다는 어머님의 말씀이 있어 K에게 이유를 묻자 친구가 자신을 발로 차서 자신도 발로 찼다고 하였다. 친구가 자신을 때리는 상황에서 똑같이 때리는 것이 좋을지에 대해 이야기를 나누었는데, K는 자신은 나쁜 사람이 되고 싶지 않다며 친구가 자신을 괴롭히는 상황이 생기면 선생님에게 도움을 청하겠다고 하였다. 소극적이며 자기보호가 미약하였던 K는 세션에서 적극적으로 자신을 표현하며 의사표현도 분명해졌다. 그러나 근래에는 자신에게 폭력적인 행동을 하는 상대에게 똑같이 폭력적으로 대항하려는 모습을 보이고 있어, 폭력적이지 않은 방법으로 자신을 보호할 수 있는 방법을 찾을 수 있도록 개입하였다.

J의 문제행동이 다소 완화되기는 하였지만 행동상 변화해야 할 지점이 많아 이에 대해 J와 이야기를 나누었다. J는 친구들을 놀리고 기분 나쁘게 하는 행동이 자신도 모르게 스스로 제어되지가 않고 고쳐지지가 않는다고 이야기하였다. J의 긍정적 행동이 칭찬나무 작업을 통해 강화될 수 있도록 이야기를 나누었다.

• 30회기

J는 칭찬나무 작업에 집중하여 칭찬받고 싶은 마음을 크게 표현하며 문제 행동을 하지 않으려 조심하는 모습을 보였다.

M은 손톱을 입으로 뜯는 행동으로 인해 집에서 열 손가락 모두를 테이프로 감고 세션에 참여하였다. 학교에서도 계속 테이프를 감고 있었다고 하였는데 손가락을 감은 테이프에 지속적으로 반응하며 신경질적인 태도로 일관하였다. 통제적인 양육환경이 M의 정서에 많은 영향을 주고 있어 이에 대해 이야기를 나누었다.

G는 언어표현이 많아지고 다양해졌다. 1~20까지 숫자를 세기도 하고 기분이 좋은 상태에서는 언어표현이 더 많아졌다.

• 31회기

J는 세션 시작 전 프로그램실에서 엄마가 데리러 올 수 없는 상황이라 아빠가 복지관으로 데리러 오는 상황이 싫다며 30분 동안 울었다는 보고가 있었다. J는 그림그리기 활동에서 빨간색으로 여러 개의 동그라미를 그리고 이모할머니의 무덤이라고 하였는데, 나머지 무덤은 누구 것이냐고 묻자 TV드라마에서 주인공의 아빠가 돌아가셨을 때 묻힌 무덤이라고 하였다. 그리고 나머지 무덤은 자신을 괴롭히는 사람들의 무덤이라고 하였는데, 치료자가 TV 드라마에서처럼 아빠가 실제로 돌아가시면 어떨 것 같은지를 묻자 J는 너무 좋을 것 같다고 하였다. 이유는 자신의 엄마랑 L의 엄마랑 함께 살 수 있을 것 같아서, 라고 하였다. J는 엄마와의 관계가 호전된 이후 아빠와 원만하지 않은 관계를 세션에서 지속적으로 호소하고 있어, 아빠와의 관계를 개선할 수 있는 방안에 대해 이야기를 나누었다.

▷ **이야기를 사용한다는 것은 아동들에게 일상적인 언어로 감정을 이야기하는 것이 갖고 있는 한계를 인정하는 것이다. 이야기는 문자 그대로인 일상 언어보다 훨씬 더 깊고 직접적인 수준에서 아동들과 의사소통을 할 수 있게 한다. 일상 언어로**

감정에 대해 말하는 것은 원 안에서 맴도는 것과 같다. 왜냐하면 언어는 사고의 언어이기 때문이다. 반면에 이야기를 할 때에 인형, 찰흙, 그림, 그리고 모래상자를 갖고 놀 때 사용되는 언어는 상상의 언어인데 이것이 바로 아동의 자연스러운 언어이다.[75] 은유적인 이미지는 자신의 감정과 정서를 안전한 거리를 두고 바라볼 수 있게 한다. 일상 언어만 사용하는 경우 치료자와 내담자 사이의 의사소통은 제한적이기 쉽다. 내담자들은 그림, 인형 등의 작업 과정을 통해 자신이 느끼고 있는 정서를 표현하고 치료자는 이를 통해 내담자의 상상 속의 경험을 확인할 수 있다. J는 일상적인 대화로는 표현하지 못하는 자신의 정서를 은유적인 그림 작업을 통해 표현하였다. 은유적으로 표현된 정서를 통해 J는 자신의 삶에서의 문제를 해결할 수 있는 방안을 모색하게 되었다.

③ 마무리단계 주요회기

• 32회기

세션에서의 규칙을 프로그램실에서도 적용하고 있다. 세션의 보조진행 선생님이 그룹원들의 일주일 동안의 생활에 대해 이야기를 듣고 긍정적인 행동에 대해 칭찬스티커를 부여하고 있다. 보조진행 선생님은 J가 프로그램실에서 다른 친구들이 욕하는 행동을 할 때에 그런 말을 사용하면 안 된다고 말하는 긍정적인 새로운 변화가 있었다고 하였다. J의 이러한 행동을 칭찬해주고 칭찬스티커를 수여하였다.

• 35회기

칭찬나무의 칭찬스티커를 확인하고 스티커를 가장 많이 받은 K를 격려하고 모두 함께 축하하였다. 그리고 자기상장 작업을 통해 각자 세션에서의 긍정적인 행동을 발견하여 칭찬하고 상장을 주는 작업을 진행하였다.

---

75 Margot Sunderland, 『Using storytelling as a therapeutic with children』(London: Speechmark, 2000) 편집부 역, 『스토리텔링을 통한 어린이 심리 치료』(서울: 한국심리치료연구소, 2007), 18쪽.

(3) 평가 분석

평가도구는 K-CBCL 유아용 공격성 검사지와 유아용 정서지능 평가도구 대집단 활동/ 갈등상황을 선정하여 기관담당자가 사전·사후 하였다. 평가 결과와 내담자 각 개인에 대한 분석과 종합적인 분석 내용은 다음과 같다.

① 양적 평가 분석

- K-CBCL 유아용 공격성 검사지 (기관담당자 관찰평가)

<표 20> K-CBCL 유아용 공격성 검사지

내담자	사전평가 점수	사후평가 점수
J	82	55
L	70	56
M	79	62
K	59	35
G	64	58
W	58	40
집단 평점	68.6	51

<그림 3> K-CBCL 유아용 공격성 검사지

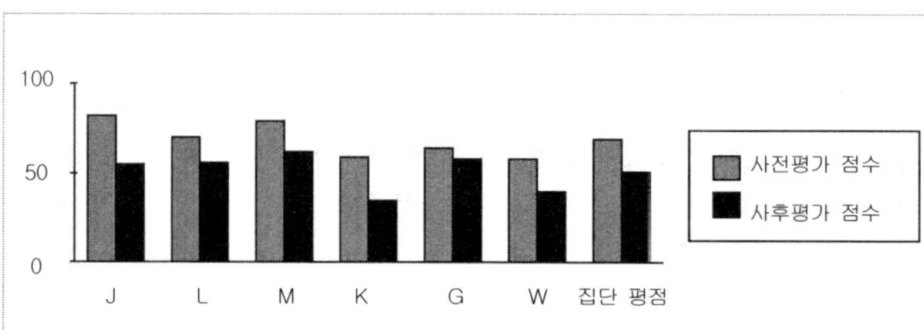

K-CBCL 유아용 공격성 검사지의 사전·사후 평가결과 내담자 전원의 공격

성이 완화된 것으로 평가되었다. 그룹원들의 공격성에 대한 평가가 긍정적인 변화가 있었으나 문제행동이 소멸되었다기보다는 완화된 수준에 머물러 있으므로 그룹원들의 공격행동을 변화하기 위한 개입은 지속적으로 이루어져야 한다.

- **유아용 정서지능 평가도구 (기관담당자 관찰평가)**

◦ 대집단 활동

<표 21> 유아용 정서지능 평가도구 대집단 활동

내담자	사전평가 점수 대집단 활동	사후평가 점수 대집단 활동
J	20	32
L	24	32
M	26	26
K	25	33
G	14	15
W	19	30
집단 평점	21.3	28

<그림 4> 유아용 정서지능 평가도구 대집단 활동

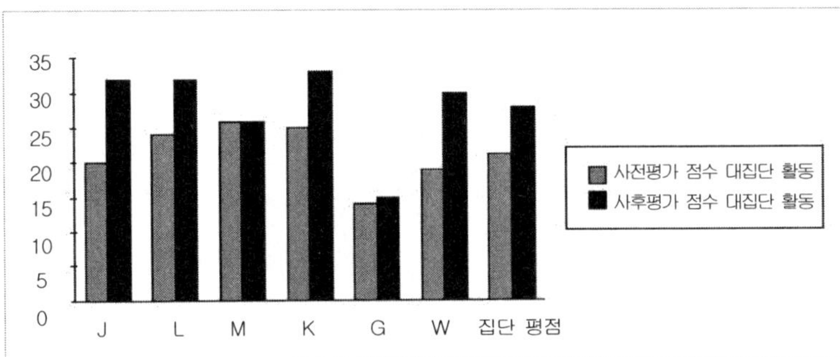

◦ 갈등 상황

<표 22> 유아용 정서지능 평가도구 갈등상황

내담자	사전평가점수 갈등상황	사후평가 점수 갈등상황
J	40	43
L	40	53
M	41	52
K	44	54
G	28	27
W	28	41
집단 평점	36.8	45

<그림 5> 유아용 정서지능 평가도구 갈등상황

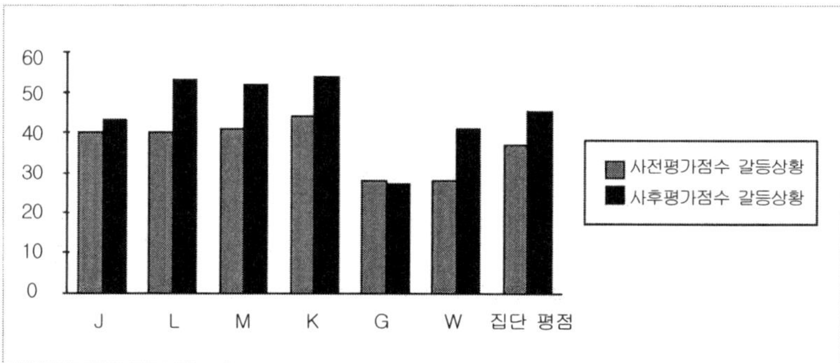

유아용 정서지능 평가도구의 사전·사후 평가 결과 내담자들의 정서지능 평가에 긍정적인 변화가 있었다. 정서지능의 평가는 그룹 내에서의 공격성을 완화하기 위한 개입으로 대집단 활동과 갈등상황에 대한 정서인식과 표현을 중심으로 평가되었는데, 이에 대해 긍정적인 변화가 있는 것으로 평가되었다.

② 관찰 평가 분석(평가주체: 세션 치료자)

<표 23> 관찰 평가 분석

J	세션 초기 그룹원 전체에게 지시적이고 복종시키려 하는 모습들이 관찰되어 이를 해체시키고 다른 그룹원들과 동등한 관계형성을 위한 작업을 진행함. 이에 대해 치료자에 대한 반감을 표현하고 저항하며 자해행동을 하기도 함. 점차 라포 형성이 되어가며 자신이 가정에서 겪고 있는 어려움을 토로하고 세션에서 위로받고 싶어 하는 모습이 관찰됨. 엄지손가락 주변을 뜯어 주변에 상처가 많았는데, 이에 대한 체크로 소멸됨. 세션에서 그룹전체를 의식하지 않고 자신이 원하는 대로 행동하려는 모습들이 빈번하여 정당한 이유를 갖고 상대에게 자신이 원하는 행동에 대해 설명하고 전달하여 이해시킬 수 있는 개입을 지속적으로 함. 세션 초반 가족과 엄마에 대한 반감을 드러내고 할머니에게 정서적으로 의존하는 것이 많았으나, 엄마와의 관계가 호전되고 할머니에 대한 의존도가 적어졌으나 점차 아빠에 대한 반감을 표현함. L의 엄마에 대한 호감을 지속적으로 표현하고 있고 L에 대한 공격성의 대부분이 L의 엄마에 대한 호감과 관련되어 있어 이에 대한 관계개선이 필요함.
L	J를 모방하고 의존하려는 경향이 있어 스스로 독립적인 사고와 행동을 할 수 있도록 개입함. 언어표현이 늘어나고 다양해졌으며 언어표현에 긍정적인 변화가 있었음. 어머니는 이에 대한 인식을 하고 있고, 앞으로의 작업을 통해 더욱 발전될 수 있도록 기대감을 표현하였다. J가 자신을 공격하는 것에 대한 불만을 갖고 있으나 의존하는 경향이 있음. 세션 내의 상황에서는 J가 자신에게 공격적인 행동을 하였을 때 자신의 의사를 표현하고 있지만 세션 외의 다른 환경에 있을 때는 J에게 자신의 의사를 표현하지 못하고 있는 것으로 관찰되어 가정과 기관의 연계된 개입이 필요함.
M	음악을 크게 틀거나 끄기도 하며 과잉적인 산만한 행동을 반복하고, J의 행동에 지나치게 관여하며 비난하는 경향으로 J와 충돌이 잦아 이에 대해 개입함. 타인에게 지시적인 성향을 보이나 자신이 활동할 때에는 소극적이며 자신감이 부족함. 스스로 활동에 어려움을 갖는 상태를 주변에 관심을 두는 것으로 해소하려는 것으로 관찰됨. 이에 스스로의 작업에 집중하고 타인과의 긍정적인 관계형성, 과잉행동 조절을 위한 작업을 진행함. 세션 내에서 반복적인 과잉행동은 줄어드는 긍정적인 변화가 있었고, K를 괴롭히고 책상 등의 물건을 폭력적으로 다루는 행동은 개선됨. M의 통제적인 환경에 대한 정서적인 개입과 전반적인 문제행동에 대해 스스로 인식할 수 있도록 지속적인 개입이 요구되고 있음.

K	J의 과격한 행동에 대해 지속적인 스트레스를 받고 있는 것으로 관찰되지만 다른 그룹원들의 행동에도 예민한 반응을 보여 타인의 행동에 엄격한 시선을 갖고 있는 것으로 관찰됨. 이에 반해 호불호의 표현에서는 긍정적인 정서를 표현하는 경우가 많고 정서 상태와 언어표현이 불일치하는 적이 많아, 자신의 정서를 정확하게 인식하고 표현할 수 있도록 개입함. 이후 M과 J에게 힘으로 대항하려는 모습과 이러한 행동 후 만족스럽게 웃는 모습들이 자주 관찰되어, 힘으로 대항하는 것이 아니라 적절하게 자신의 의사를 상대에게 표현할 수 있도록 개입함. 세션 초반 소극적이고 자신의 의사를 표현하지 못하던 것에서 변화되어 적극적으로 자신의 의사를 표현하는 긍정적인 변화가 있었음.
G	기관에서 지속적으로 다른 프로그램에 함께 참여하던 다른 그룹원들과 달리 세션에 처음 합류함. 다른 아동들과 유대감이 없어 세션 초반 활동에 참여하지 못하고 고립되어 있는 모습이 자주 관찰됨. 치료자의 손을 잡거나 치료자에게서 떨어지지 않으려는 모습들이 관찰되어 새로운 환경에 두려움을 갖고 있는 것으로 관찰되었으나 점차 세션을 참여도가 많아짐. 세션 초반에는 언어표현을 "안녕하세요" 외에는 하지 않았으나 점차 언어표현에 긍정적인 변화가 있었는데, 간혹 정확하게 자신이 원하는 바를 언어로 표현하기도 하여 언어표현 정도는 평가치보다 훨씬 상위의 표현능력을 갖고 있을 것으로 관찰됨. 정서상태가 안정적이지 않을 때에는 공격적이고 폭력적인 행동으로 표출하는 경향이 많음. 이에 대한 주변의 반응이 허용적인 경우가 많은 것으로 관찰되어 문제행동이 반복되지 않도록 폭력적 행동에 대한 일관적인 제재가 필요함.
W	세션 참여를 즐거워하고 움직임을 선호함. 세션 초반 주변의 상황에 별다른 반응을 보이지 않았으나 점차 L에게 관심을 보이고 상호작용하려는 긍정적인 변화가 있었음. 정서를 인식하고 표현할 수 있도록 지속적으로 개입하였고 이에 따라 언어표현도 점차 긍정적인 변화를 보임. 그룹원들과의 상호작용과 정서적 교류를 위한 개입, 그리고 호불호의 언어표현을 위한 개입이 지속적으로 필요함. 치료자가 단어를 제시하고 선택하게 하였을 때에는 스스로 선택하고, 자발적으로 단어 선택을 하는 경우도 빈번하여 언어표현에 대해 좀 더 적극적인 개입이 있을 시 긍정적인 변화가 있을 것으로 사료됨.

인간에게 환경은 공격적 행동을 일으키는 데 결정적인 역할을 한다. 또 공격적 행동이 나오는 경우 그 표출형태를 결정하는 데에도 큰 역할을 한다. 그에 대해 반두라(Albert Bandura)가 제시한 사례는 다음과 같다.

> 타이티에서는 어린아이가 공격적 행동을 보일 때 부모나 친구로부터 아무런 보상을 받지 못하고 오히려 처벌을 받는다. 타이티 사람은 좀처럼 화를 내지 않고 상대방에 대한 나쁜 감정을 쉽게 없애며, 복수라든가 적대적인 공격성을 거의 가지고 있지 않은 사람으로 알려져 있다. 또한 그들은 분노를 일으키게 하는 상황을 거의 만들지도 않고, 설사 공격성을 보이더라도 신체적인 수단보다는 언어적 수단으로 그것을 표출한다.[76]

본 프로그램은 내담자들이 자신의 문제행동을 어떻게 개념화하고 있는지를 탐색하고 상대의 행동에 대한 인지적 왜곡과 귀인편향을 수정하고 새로운 문제해결 전략을 탐색하는 작업으로 진행하였다.

치료 과정에서 기존에 형성된 그룹 역동으로 인해 그룹원 전체가 J에게 저항하지 못하고, 각자 자신보다 기능이 낮은 그룹원에게 공격적이었던 역동을 해체하였다. 또한 문제행동에 대해 인식하고 규칙 바운더리를 만들어 다른 사람들과 문제 상황을 만들지 않도록 하며, 긍정적 행동이 강화될 수 있는 개입을 통해 문제 행동이 완화될 수 있도록 하였다.

본 연구는 참여아동들의 공격성을 완화하기 위해 자신들의 문제행동을 인식하고 새로운 문제해결 전략을 탐색할 수 있도록 진행되었다. 내담자들에게 자신이 느끼는 정서를 인식하고 상대에게 자신이 원하는 의사가 전달될 수 있도록 표현하게 하여, 이를 통해 공격적 행동으로 자신의 의사를 표현하는 것에서 변화되어 공격성을 조절하고 감소할 수 있도록 하였다. 이에 대한 개입으로 정서지능이론의 하위범주인 자신의 정서를 인식하고 표현할 수 있도록 작업이 진행되었다. 이를 통해 본 연구의 내담자들은 정서인식과 공격성이 감소되는 긍정적인 변화를 갖게 되었다. 또한 내담자들마다의 상황적 환경에 의한 무의식적 동기가 해소될 수 있도록 작업이 진행되었는데 그룹원들은 작업 과정을 통해 행동상에 긍정적인 변화가 있었다.

공격적 행동에 관한 대부분의 연구는 공격적 행동의 한 측면인 신체적인

---

76 오세진·김용희·김청송·김형일·신맹식·양계민·양돈규·이요행·이장한·이재일·정태연·현주석, 『인간행동과 심리학』(서울: 학지사, 2010), 185쪽 재인용.

측면에만 관심을 두어왔다. 그러나 공격행동이 발생하는 상황의 선행조건이라 할 수 있는 공격자의 심리적인 의도가 고려되어야 한다. 최근 들어 연구자들은 공격성을 외현적 공격성과 관계적 공격성으로 구분한다. 외현적 공격성은 타인을 신체적·심리적으로 손상시키기 위해 해를 가하는 것으로 밀기, 치기, 때리기와 같은 신체적으로 타인에게 해를 주거나 모욕, 험담과 같은 언어적으로 타인을 위협하는 것을 의미한다. 대인관계 공격성은 관계를 손상시킴으로써 타인에게 해를 가하는 것으로 간접적인 형태의 관계적 공격성이다.[77]

본 연구의 참여아동들은 외현적, 관계적 공격성의 양상이 동반되어 나타나고 있고, 각자의 상황적 환경에 의한 무의식적인 동기를 갖고 있었다. 지나치게 통제적이거나 충족되지 않은 양육환경으로 인해 표출되고 있는 참여아동들의 공격성은 서로 모방되고 학습되고 있다는 데에 더 큰 문제가 있다. 자신들이 처한 상황적 환경에 의해 표출되는 공격성은 학습되어 그룹원들 사이에서 자신보다 기능이 낮은 대상들에게 전이되고 반복되기 때문이다. 이러한 문제적 상황의 개선을 위해 참여아동들이 갖고 있는 무의식적인 동기의 해소를 위한 작업을 진행하였고, 이에 대해 부모님들과의 상담을 통해 개선방향에 대한 논의를 진행하였다. 그러나 양육환경이 전면적으로 변화되었다기보다는 내담자에 따라 변화 과정에 차이가 있기 때문에, 참여 아동들의 공격행동에 대한 심리적인 의도는 지속적으로 보살핌을 받아야 할 것이다. 그러나 공격행동은 내담자들의 심리적인 의도 이외에도 잘못 형성된 공격적 행동이 습관화되어 문제행동을 변화하고자 하는 의지를 갖고 있으나 행동상의 변화를 하지 못하고 있기도 하다. 이에 대해 본 연구에서는 행동주의적 관점의 강화와 처벌을 통해 지속적으로 변화 과정을 가질 수 있도록 개입하였다. 그리고 문제행동에 대한 강화와 처벌이 가정과 기관에서 연계되어 일관성을 갖고 유효해질 수 있도록 개입되었다.

---

77 박지현, 「유아의 자기조절능력 증진 프로그램 개발 및 적용 효과: 자기조절능력 증진과 공격성 감소효과 연구」, 성균관대학교 박사학위논문, 2010.

7. 부모 상담과 교육

발달장애인의 치료를 위해서는 가족, 학교, 또래 집단 등의 환경적 요인이 고려되어야한다. 주변 환경의 역기능적 요인이 제거되지 않은 상태에서 이상행동이 변화될 수 없기 때문이다.

본고의 심리사회적 접근 사례에서는 내담자들의 발달이행에 일차적 역할을 하는 부모의 교육과 협력이 강조된 바 있다. 또한 공격행동 그룹 사례에서도 참여 아동들의 환경에 기인한 문제행동들에 대해 부모와의 상담을 통해 문제의 대안을 찾는 작업을 진행하였다. 부모-자녀 사이의 상호작용을 변화시켜 부모와 아동이 더욱 효과적으로 상호작용 할 수 있도록 연극치료에서 부모 상담과 교육은 필수적이어야 한다.

치료자가 부모 상담과 교육을 하기 위해서는 가족의 특성, 가족의 상호작용, 가족의 기능 등에 대한 이해가 있어야 하고, 그 차이에 따라 적응 수준이 달라질 수 있다는 것을 이해하고 있어야 한다. 가족의 한 구성원이 장애를 가진 것으로 판단되면 가족 전체에 영향을 미치게 된다. 그 영향은 부모, 형제 등의 가족 내 역할에 따라 달라지고 가정에 따라 장애를 받아들이는 가족들의 입장이 다르다.

부모가 자녀의 장애를 받아들이는 반응 단계에는 공통된 단계가 있다. 첫째 단계는 충격과 부인의 단계이다. 부모는 전문가들에게 자신의 자녀가 장애아라는 판정을 받기 이전에 이미 자녀가 장애를 가지고 있음을 알고 있었더라도 커다란 충격을 받는다. 그다음에는 부인, 부정을 하게 된다. 이러한 반응은 부모가 고통스러운 현실을 피하려는 충동에서 나오는 자연스러운 것이다. 이때에 어떤 부모들은 자녀의 장애판정을 수용하지 못하고 여러 다른 전문가들을 찾아다니며, 증명되지 않는 치료방법을 찾아다니느라 자녀가 조기에 받을 수 있는 치료 기회를 놓치게 되기도 한다. 부인, 부정 뒤에 종종 나타나는 반응은 죄의식이다. 부모들은 자신이 어떤 잘못을 하여 벌을 받는 것이라 생각하여 죄의식을 갖는다. 부모가 충격을 받고 부인을 하면서 두려움, 죄의식을 느끼면 이때에 치료자는 부모가 느끼는 감정이 정상적이라는 것을 부모에게 이해시켜야 한다. 치료자는 부모의 이야기에 귀를 기울어야 하고 부모와 치료자가 함께 장애 자녀를 위해 노력할 수 있는 방법을 찾아야 한다. 이 단계에서 치료자가 부모의 한계를 직면하게 하면 부모는 오히려 치료자에게 자신을 방어하게 된다.

둘째 단계는 화와 원망의 단계이다. 부모가 자녀의 장애를 부정할 수 없게 되면 부모들은 화가 나고 분노를 느끼며 원망을 하게 되며 다른 사람들을 부러워하게 된다. 이 단계에서 치료자는 자녀들이 수행할 수 있는 과제를 주어 그들이 발전할 수 있다는 것을 부모가 알 수 있게 한다.

셋째 단계는 흥정의 단계이다. 이 단계에서 부모는 자신의 운명을 지적으로나 정서적으로 받아들이는 것을 미루려 하고 장애 자녀를 위한 노력을 기울인다. 그러나 기대한 바대로 자녀에게서 변화가 일어나지 않으면 부모들은 좌절과 낙담의 단계로 넘어가게 된다. 이 단계에서 치료자는 부모의 감정을 수용하고 공감해주어야 하며 부모의 감정이 자연스러운 것임을 깨닫게 한다.

넷째는 좌절과 낙담의 단계이다. 지속되는 노력에도 자녀에게 변화가 보이지 않으면 부모들은 희망이 없다고 생각하고 무기력감을 느끼게 된다. 부모가 계속 깊은 좌절감을 느끼고 있으면 전문가와의 상담이 필요하고 부모들의 모임이 도움이 되기도 한다. 이 시점에서 부모 자신이 바라던 자녀의 상이 사라지는 애도의 감정이 나타나게 되며 이러한 애도의 감정은 자녀를 있는 그대로 수용하기 시작하게 하며 자녀의 문제를 보다 생산적인 방법으로 해결할 수 있도록 한다. 위의 이러한 단계를 거쳐 부모는 수용 단계에 도달하게 된다. 이 단계에서 부모들은 자녀가 장애를 가졌음을 인정하며 더 이상 죄의식을 가지거나 사회를 원망하지 않는다. 이때에 부모들은 자녀를 위해 새로운 지식을 배우고 이를 자녀에게 적용하고자 한다.[1]

장애 자녀를 둔 부모가 그들의 자녀가 장애임을 수용하는 단계는 어떤 부모들은 빨리, 어떤 부모들은 보다 느리게 부모들마다 다르게 나타난다. 치료자는 부모들이 자녀를 수용할 수 있는 단계가 될 때까지 그들을 격려해 주어야 한다. 그리고 자녀들을 변화시키기 위한 부모의 노력이 자녀들의 진전에 도움이 되고 있음을 인식하게 해주고 이를 강화시킬 수 있도록 하며, 부모가 자녀의 변화에 결정적인 기여자가 될 수 있도록 한다.

치료자가 부모들에게 도움을 주기 위해서는 기본적 자질과 능력이 필요하고 이들과 효율적인 관계를 형성할 수 있어야 한다. 부모들과 효율적인 관계를 맺기 위해서는 치료자는 먼저 부모와의 신뢰를 쌓고 이들과 친밀감을 형성하여야 한다. 친밀감이 형성되지 않고는 치료자가 내담자인 자녀들에게 어떤 치료적 개입이 필요한지에 대해 부모에게 효과적으로 전달할 수 없다.

장애아 부모들과의 담화 시에는 적극적인 청취가 필요하다. 장애아 부모의 요구를 적극적으로 듣는 것은 부모들이 갖고 있는 욕구를 가장 잘 알아낼 수 있게 한다. 청취는 언어적 정보뿐 아니라 비언어적 정보인 신체언어, 호흡, 억양 등에도 주의를 기울이는 것이다. 치료자는 상대방에게 진솔하고 최대한의 관심을 가지고 상대방이 표현하는 것을 반영해 주어야 한다. 이러한 적극적 청취는 상대방, 즉 부모가 자신의 문제, 신념, 가치체계를 알아내고 명료화하는 데 도움을 준다.

치료자와 부모가 협동적인 계획과 갈등해결을 공유하기 위해서는 서로의

---

1 유효순, 『장애아동의 이해와 교육』(서울: 한국방송통신대학교 종합교육연수원, 2010), 360~362쪽 참조.

위치와 가치를 존중하며, 부모와 자녀들의 가치체계와 치료자 자신의 가치체계의 상이함에 대해서도 이해하여야 한다. 그리고 장애아동이 가족체계에 미친 구체적인 영향과 가족의 역동성에 대해서도 이해하는 것이 필요하다.

치료자가 부모와 효율적으로 대화하고 협동하기 위해서는 협동을 저해하는 요인을 파악하여야 한다. 치료자의 태도가 부모와의 바람직한 관계를 저해하기도 하는데, 치료자가 부모를 치료의 동반자로 생각하지 않고 도움이 필요한 무기력한 사람으로 대하거나, 부모에게 지나치게 전문가적인 태도를 취하는 것, 부모가 상담이 필요한 사람으로 간주하는 것, 비합리적 부모와의 경험으로 부모를 반대하는 사람으로 인식하는 등의 태도는 제거되어야 한다.

치료자와 부모는 협동해야 한다. 부모교육을 통해 부모는 자녀를 대하던 태도를 변화하여 자녀를 긍정적으로 변화하게 한다. 자녀를 올바르게 양육하는 것에는 여러 가지 기술이 필요하다. 일반아동의 부모와 마찬가지로 장애아 부모들의 대부분도 자녀와의 상호작용과 지도를 어떻게 하는 것이 좋을지에 대한 고민을 갖고 있다. 치료자는 부모의 참여를 통해 부모의 행동이 자녀에게 어떻게 영향을 주고 있는지, 자녀를 어떻게 지도하여야 하는지, 그리고 올바른 상호작용 방법은 무엇인지에 대한 정보와 상담을 제공하여야 한다.

부모가 치료 작업에 참여하게 되면 아동, 부모, 치료자 모두 많은 도움을 얻을 수 있다. 부모에게 효과적인 상호작용과 지도에 대한 교육을 하게 되었을 때 아동은 이를 통해 행동상의 긍정적인 변화를 갖게 된다. 부모의 교육 참여는 부모의 윤리적 의무를 충족시켜주며 이를 통해 부모 자신의 가치감과 자아만족을 향상시키게 된다. 부모는 자녀의 장애 진전 등의 자녀와 관련된 정보를 갖게 되고, 자녀의 장·단점에 대한 정확한 인식을 할 수 있게 된다. 또한 학교나 기관에서의 교수방법의 공유를 통한 행동지도로 체계적인 변화를 가질 수 있게 된다. 그리고 치료자는 부모의 참여를 통해 장애아동이 갖고 있는 환경에 대한 정보를 알게 되고 장애 아동이 갖고 있는 문제를 이해하는 데에 도움을 받게 된다. 부모의 참여는 가정과 연계된 일관된 지도로 장애아동들에게 보다 효과적으로 행동지도를 할 수 있게 한다.

행동적 접근의 부모관리훈련(PATENT MANAGMENT TRAINING; PMT)[2] 프로그램은 Patterson (Forgatch & Patterson, 1998)에 의해 개발되었다. 사회학습원리에 기초한 그의 모델은 부적응적인 부모-자녀 관계를 행동장애의 원인으로 본 부모훈련 프로그램으로 그 효용성이 입증되었다. PMT는 부모와 아동이 더욱 효과적으로 상호작용하고 친사회적 행동이 강화될 수 있도록 한다. 이 프로그램은 아동이 문제행동을 보이는 가정에 일차적으로 사용되는 프로그램이며 그 내용은 다음과 같다.

첫 번째, 부모는 아동 양육문제에 대해 행동적 측면에서 생각하는 법을 배운다. 부모들은 자녀의 문제행동이 일어나게 되는 원인과 결과 그리고 이에 대해 정의 내리고 관찰하도록 훈련 받는다. 이러한 훈련방법을 통해 자녀가 잘못된 행동을 하는 데에 자신이 일조하는 역할을 하고 있다는 것을 깨닫게 된다. 이를 통해 부모로서 자신의 역할수행을 평가절하하거나 자녀의 문제행동이 개선될 수 없다는 부정적인 생각을 버리게 된다.

두 번째, 부모는 정적강화의 사용을 포함하여 행동수정 기술을 배우게 된다. 강압적으로 상호작용하는 것이 반복되는 부모는 자녀에게 긍정적인 피드백을 제공하지 않으며 자녀와 함께 즐거운 시간을 보내지 않는 경우가 많다. 행동수정의 근본적인 목표는 문제행동을 줄이는 것 뿐 아니라 자녀의 친사회적인 행동이 늘어나도록 독려하는 것이다. 부모는 자녀가 친사회적인 행동이 늘어날 수 있도록 긍정적인 행동을 보일 경우 칭찬과 토큰 사용법과 같은 바람직한 행동에 대한 강화물을 배우게 된다. 긍정적인 행동에 대한 강화물이 증가되면 부모는 미약한 처벌의 사용법을 배우게 된다. 부모가 자녀의 문제를 악화시키는 소리 지르기, 때리기 등의 행동을 대신하여 부모는 강화물로부터 타임아웃을 하거나 자녀의 특권을 빼앗는 처벌을 시행하게 한다.

2 Charles Wenar & Patricia Kerig, 『Developmental Psychopathology: From Infancy through Adolescence, Fifth』(New-York: McGraw-Hill,1999), 이춘재 외 공역, 『발달정신병리학 - 영아기부터 청소년까지-』(서울: 박학사, 2011), 686~687쪽 참조.

이러한 기술들은 쉽게 관찰될 수 있는 행동에서 시작하여 부모가 숙련될수록 더 어려운 행동으로 초점이 옮겨가게 된다. 이 과정을 통해 자녀의 문제행동이 개선되면 부모는 협상, 부모-자녀의 공동문제 해결과 같은 더 높은 단계로 접근하게 된다. 이러한 방법을 통해 가족은 아동이 행동을 잘 통제할 수 있도록 지지해주어 가족관계는 더욱 긍정적이고 협조적이 된다.

PMT의 효과는 광범위한 것으로 알려져 있다. 문제행동을 보이는 아동뿐만 아니라 형제들의 문제행동도 개선되고 엄마의 우울감이 감소되었다고 보고되고 있다. PMT 프로그램을 통해 가족관계에 전반적으로 긍정적인 변화와 역기능적인 면들이 수정되고 있으나 부모가 심각한 정신병이 있거나 위기에 처해있는 경우에는 프로그램의 한계를 보인다.

참고문헌

1. 국내문헌

1) 단행본

<한국서>

국립특수교육원 편, 『특수교육학용어사전』(서울; 도서출판 하우, 2009).

권석만, 『현대이상심리학』(서울: 학지사, 2013).

김규수 류태보 편저, 『교류분석치료』(서울: 형설출판사, 2001).

김동성, 『발달장애아 임상지도(장애의 이해와 치료교육)』(서울: 홍익재, 1992).

김정권 외, 『정신지체아교육과 지도의 실제』(서울: 양서원, 1998).

김진숙, 『샤머니즘과 예술치료』(서울: 학지사, 2011).

김춘경, 『아동상담: 이론과 실제』(서울: 학지사, 2004).

김태련 외, 『발달장애 심리학』 (서울: 학지사, 2003).

김태훈, 『스따니슬랍스끼의 연기학 전문 용어』(서울: 예니, 2013).

노안영, 『성격심리학』(서울: 학지사, 2003).

노안영, 강영신, 『인간 이해 및 성장을 위한 성격심리학』(서울: 학지사, 2003).

민성길, 『최신정신의학』(서울: 일조각, 2006).

박미리, 『발달장애와 연극치료』(서울: 학지사, 2009).

박미리, 『감정 모델 연극치료』(서울: 학지사, 2013).

석동일, 『의사소통장애아동 부모교육과 참여』(경산: 대구대학교 출판부, 2006).

송명자, 『발달 심리학』(서울: 학지사, 1995).

안동현 외, 『주의력 결핍 장애아동의 사회기술훈련』(서울: 학지사, 2004).

안이환, 『사회성 측정』(고양: 서현사, 2007).

오세진 외 공저, 『인간행동과 심리학』(서울: 학지사, 2010).

유효순, 『장애아동의 이해와 교육』(서울: 한국방송통신대학교 종합교육연수원, 2010).

이규미, 『청소년의 분노와 분노처리과정에서의 공격행동에 관한 체험분석』(경기: 한국학술정보, 2006).

이무석, 『정신분석에로의 초대』(서울: 도서출판 이유, 2006).

이부영, 『그림자』(서울: 한길사, 1999).

_____, 『분석심리학 : C.G. Jung의 인간심성론』(서울: 일조각, 2006)

이영자·이종숙·신은수·양승희·안경숙·유윤영·연선영 공저, 『유아의 정서지능 향상을 위한 프로그램』(서울: 창지사, 2002).

이유경, 『원형과 신화』(서울: 분석심리학연구소, 2004).

이은진, 최애나, 임용자, 『예술심리치료의 이해』(서울: 창지사, 2008).

이철수, 『사회복지학 사전』(고양: 혜민북스, 2013).

이효원, 『연극치료와 함께 걷다』(서울: 울력, 2008).

정대영·한경임, 『발달장애 아동의 사회적 기술훈련』(경기도: 양서원, 2008).

정옥분·정순화·임정하 공저, 『정서발달과 정서지능』(서울; 학지사, 2007).

조성희 외, 『사회극 원리와 적용』(서울: 학지사, 2012).

주리애, 『미술 치료학』(서울: 학지사, 2010).

최경숙, 『아동발달심리학』(서울: 교문사, 2006).

최중옥·박희찬·김진희, 『정신지체아 교육』(서울: 양서원, 2002).

최중옥 외, 『특수아동의 이해와 교육』(서울: 교육과학사, 2000).

최헌진, 『사이코드라마이론과 실제』(서울: 학지사, 2003).

한국미술치료학회 편, 『미술치료의 이론과 실제』(대구: 동아문화사, 1996).

한국방송통신대학교, 『장애아동의 이해와 교육』, (서울: 한국방송통신대학교 종합교육연수원, 2009).

홍이화, 『하인즈 코헛의 자기심리학 이야기』(서울: 한국심리치료연구소, 2011).

<번역서>

American Psychiatric Association, 『Diagnostic and Statistical Manual of Mental Disorders』, 이근후 외 역, 『정신장애의 진단 및 통계편람 제4판, DSM-IV』(서울: 하나의학사, 1995).

Ammann, Ruth, 『Sandspiel: der Schöpferische Weg der Persönlichkeitsentwicklung』, 이유경 역, 『융 심리학적 모래놀이치료』(서울: 분석심리학연구소, 2009).

Andersen-Warren, Madeline & Grainger, Roger, 『Practical Approaches to Dramatherapy: The Shield of Perseus』, 이효원 역, 『연극치료 접근법의 실제』(서울: 시그마프레스, 2009).

Bandura, A., 『Social Learning Theory』, 변창진, 김경린 공역, 『사회적 학습이론』(고양: 한국학술정보, 2002).

Blatner, Adam, 『Foundations of Psychodrama : history, theory, and practice』, 박희석 외 역, 『심리극으로의 초대』(서울: 시그마프레스, 2007).

Blatner, Howard A., 『Psychodrama』, 이근후·임계원 공역, 『싸이코 드라마』, 서울: 하나의학사, 1988.

Boal, Augusto, 『Games for Actors and Non-actors』, 이효원 역, 『배우와 일반인을 위한 연기훈련』(서울: 울력, 2003).

Boden, Margaret, 『Piaget』, 서창렬 역, 『피아제 Piaget』(서울: 시공사, 1999).

Boxill Edith Hillman & Chase Kristen M., 『Music Therapy for Developmental Disabilities』,김태련 외 공역, 『발달장애인을 위한 음악치료』(서울: 이화여자대학교출판부, 1998).

Coddington, R. Dean & Wallick, Molie M., 『Child Psychiatry: a primer for those who work closely with children』, 진혜경·이경숙·박영숙 공역, 『소아정신의학』(서울: 학지사, 2002).

Corey, Gerald, 『Theory and Practice of Counseling and Psychotherapy 8/E』, 조현춘 외 공역. 『심리상담과 치료의 이론과 실제』(서울: Cengage learning, 2012).

Corey, Marianne Schneider 외, 『Groups: Process and Practice, 8/E』, 김진숙 외 공역, 『집단상담의 과정과 실제』(서울: 센게이지러닝코리아, 2012).

Corsini, Raymond J., & Wedding, Danny, 『Current Psychotherapies』, 김정희 역, 『현대심리치료』(서울: 학지사, 2004).

Courtney, Richard, 『Dramatic Curriculum』, 황정현 역, 『교육연극 교육과정론』, 서울: 도서출판 박이정, 2010.

David, Madeleine 외, 『Boundary and Space』, 이재훈 역, 『울타리와 공간』(서울: 한국심리

치료연구소, 1997).

Diamond Nicola and Mario Marrone, 『Attachment and Interaction』, 이민희 역, 『애착이론과 심리치료』(서울: 시그마프레스, 2005).

Djurić, Zoran & Veljković, Jasna 외, 『Psychodrama: a beginner's guide』, 최윤미 역, 『사이코드라마 가이드』(서울: 시그마프레스, 2007).

Eric, J. M. & David, A. W., 『Abnormal Child Psychology』, 송영혜 김귀남 역, 『아동이상심리학』(서울: 센게이지러닝, 2009).

Eric, J. M. & Russell, A. B., 『Child Psychopathology』, 이현진 외 공역, 『아동정신병리』(서울: 시그마프레스, 2002).

Foster, George M. & Anderson, Barbara Gallatin, 『Medical Anthropology』, 구본인 역, 『의료인류학』(서울: 한울, 1994).

Frances, Allen, 『Essentials of Psychiatric Diagnosis: Responding to the Challenge of DSM-5 (Rev. ed.)』, 박원명 외 역, 『정신의학적 진단의 핵심: DSM-5의 변화와 쟁점에 대한 대응』(서울: 시그마프레스, 2014).

Freud, Sigmund, 『Sigmund Freud Gesammelte Werke』, 정장진 역, 『예술, 문학, 정신분석』(서울: 열린책들, 2003).

__________, 『정신분석 입문』, 최석진 역, (서울: 돋을새김, 2009).

Gabbard, Glen O., 『Psychodynamic Psychiatry in Clinical Practice(4th ed.)』, 이정태 역, 『역동정신의학』(서울: 하나의학사, 2008).

Garfield, Sol L., 『The Practice of Brief Psychotherapy』, 권석만 역, 『단기심리치료』(서울: 학지사, 2002).

Gomez, Lavinia, 『Introduction to Object Relations』, 김창대 외 역, 『대상관계이론 입문』(서울 : 학지사, 2008).

Holmes, Jeremy, 『John Bowlby & Attachment Theory』, 이경숙 역, 『존 보울비와 애착이론』(서울: 학지사, 2005).

Hughes, Fergus P., 『Children, Play and Development』, 김광웅 외 공역, 『놀이와 아동발달』(서울: 시그마프레스, 2003).

Yalom Irvin D. & Leszcz Molyn, 『The Theory and Practice of Group Psychotherapy 5th Ed.』, 최해림, 장성숙 공역, 『집단정신치료의 이론과 실제』(서울: 하나의학사,

2008).

Jackson, Tony, 『Learning through Theatre』, 장혜전 역, 『연극으로 배우기』, 서울: 소명출판, 2004.

Jennings, Sue, 외, 『Handbook of Dramatherapy』, 이효원 역, 『연극치료핸드북』(서울: 울력, 2010).

Jennings, Sue, 『Creative Drama in Groupwork』, 이귀연 외 역(2007), 『크리에이티브 드라마』(서울: 울력, 2007).

__________, 『Introduction to Dramatherapy : Theatre and Healing』, 이효원 역, 『수제닝스의 연극치료 이야기』(서울: 울력, 2003).

__________, 『Remedial Drama』, 한명희 역, 『연극치료』(서울: 학지사, 2002).

Johnson, David Read & Emunah, Renee, (Eds.), 『Current Approaches in Drama Therapy(2nd ed)』, 김세준 외 역, 『현대 드라마치료의 세계-제2판』(서울: 시그마프레스, 2011).

Johnson, David Read & Pendzik, Susana & Snow, Stephen, 『Assessment in Drama Therapy』, 박미리·김숙현 공역, 『연극치료의 진단 평가』(서울: 학지사, 2013).

Jones, Phil, 『Drama as Therapy: Theatre as Living』, 이효원 역, 『드라마와 치료』(서울: 도서출판 울력, 2005).

Jung, Carl Gustav, 『Man and His Symbols』, 이부영 역, 『인간과 무의식의 상징』(서울: 집문당, 1993).

Jung, Carl Gustav, 『Grundwerk C. G. Jung Archetyp und Unbewubtes』, 융 저작번역위원회 역, 『원형과 무의식』(서울: 솔출판사, 2002).

Landy, Robert J. 『The Couch and the Stage: Integrating Words and Action in Psychotherapy』, 이효원 역, 『카우치와 무대』(서울: 도서출판 울력, 2012).

______________, 『Persona and Performance』, 이효원 역, 『페르소나와 퍼포먼스』(서울: 학지사, 2010).

______________, 『Drama therapy: Concepts, Theories and Practices』, 이효원 역, 『억압받는 사람을 위한 연극치료』(서울: 도서출판 울력, 2002).

Larson Jim·John E. Lochman, 『Helping Schoolchildren Cope with Anger』, 김복석·박은진·박준성·배정훈·최범성·홍순범 공역, 『아동 · 청소년의 분노조절 사회기술훈련』 (서울:

학지사, 2014).

Manolson, Ayala, 이화여자대학교 언어청각임상센터 편역, 『언어장애 아동의 의사소통 지도』(서울: 이화여자대학교출판부, 1992).

Marrone, Mario, 『Attachment and Interaction』, 이민희 역, 『애착이론과 심리치료』(서울: 시그마프레스, 2005).

Mitchell, Stephen A. & Black, Margaret J., 『Freud and Beyond: a history of modern psychoanalytic thought』, 이재훈·이해리 공역, 『프로이트 이후』(서울: 한국심리치료연구소, 2000).

Rogers Carl R., 『On Becoming A Person』, 주은선 역, 『칼 로저스 상담의 원리와 실제: 진정한 사람 되기』(서울: 학지사, 2009).

Schacter, Daniel L, Gilbert, Daniel T., Wegner, Daniel M., 『Psychology』, 민경환 외 공역, 『심리학 개론』(서울: 시그마프레스, 2011).

Segal, Hanna, 『Melanie Klein』, 이재훈 역, 『멜라니 클라인』(서울: 한국심리치료연구소, 1999).

Segal, Julia, 『Melanie Klein』, 김정욱 역, 『멜라니 클라인: 정신분석의 거장』(서울: 학지사, 2009).

Seligman, Linda, 『Theories of Counseling and Psychotherapy: Systems, Strategies, and Skills』, 김영혜 외 공역, 『상담 및 심리치료의 이론』(서울: 시그마프레스, 2011).

Sternberg, Patricia & Garcia, Antonina, 『Sociodrama : Who's in your shoes? 2/E』, 조성희·김광운 역, 『사회극: 원리와 적용』(서울: 학지사, 2012).

Stewart, Ian, 『Transactional Analysis in Action』, 우재현 역, 『교류분석(TA) 개인상담』(대구: 정암서원, 2000).

Summers, Frank, 『Object Relations Theories and Psychopathology: a comprehensive text』, 이재훈 역, 『대상관계이론과 정신병리학』, 서울: 한국심리치료연구소, 2004.

Sunderland, Margot & Armstrong, Nicky, 『Helping Children with Low Self-esteem』, 편집부 역, 『자존감이 낮은 아동을 도우려면』(서울 : 한국심리치료연구소, 2007)

______________, 『Helping Children with Loss』, 편집부 역, 『상실을 경험한 아동을 도우려면』(서울 : 한국심리치료연구소, 2007).

______________, 『Helping Children with Fear』, 편집부 역, 『두려움이 많은 아동을 도우

려면』(서울: 한국심리치료연구소, 2007).

______________, 『Helping children pursue their hopes and dreams』, 편집부 역, 『꿈과 희망을 잃은 아동을 도우려면』(서울: 한국심리치료 연구소, 2007).

______________, 『Using storytelling as a therapeutic with children』(London: Speechmark, 2000) 편집부 역, 『스토리텔링을 통한 어린이 심리 치료』(서울: 한국심리치료연구소, 2007).

Thorne, Brian, 『CARL ROGERS-2e-』 ,이영희 외 공역. 『칼 로저스』(서울: 학지사, 2007).

Turner, Victor, 『Ritual Process: structure and anti-structure』, 박근원 역, 『의례의 과정』(서울: 한국심리치료연구소, 2005).

___________, 『From Ritual To Theatre』, 이기우 외 역, 『제의에서 연극으로』(서울: 현대미학사, 1996).

Valery, Paul, 『Aesthetics of Body』, 심우성 편역, 『신체의 미학』(서울: 현대미학사, 1997).

Wenar, Charles & Kerig, Patricia(1999), 『Developmental Psychopathology, 4/e From Infancy through Adolescence』, 이춘재 외 공역, 『발달정신병리학 -영아기부터 청소년까지-』(서울: 박학사, 2006).

Winkley, Linda, 『Emotional Problems in Children and Young People』, 신현순 역, 『아동과 청소년의 정서장애』(서울: 이화여자대학교 출판부, 2000).

Winnicott, D. W., 『Object Relations in Psychoanalytic Theories』, 이재훈 역, 『성숙과정과 촉진적 환경: 정서발달 이론에 대한 연구』(서울: 한국심리치료연구소, 2000).

Yalom, Irvin D. & Leszcz, Molyn, 『Theory and practice of group Psychotheray』, 최혜림, 장성숙 역, 『집단정신치료의 이론과 실제』(서울: 하나의학사, 2008).

2) 학술논문

권석만 · 김지영, 「자기 및 타인 표상과 대인관계 문제의 관계」, 한국심리학회지: 임상, 21(4), 2002.

김정현, 「무의식과 꿈의 문제: 니체와 프로이트, 융의 해석을 중심으로」, 한국니체학회, 2008.

김희자, 「통합학급에서의 사회기술훈련 프로그램은 통한 발달장애아동의 친사회적 행동 변화에 관한 연구」, 현장특수교육연구보고서(개인), 2002.
나경아, 「무용예술의 상징체계 」, 대한무용예술학회, 2000.
이근매, 임희정, 「언어치료와 미술치료를 병행한 프로그램이 언어 발달지체 유아의 언어발달 및 문제행동 개선에 미치는 효과」, 미술치료연구, 2003.
장정은, 「멜라니 클라인의 대상관계이론의 관점에서 본 놀이치료 임상사례연구」, 목회와 상담, 2015.
장은정, 권도하, 「난화를 이용한 자극제시 방법이 정신지체아의 어휘력 증가에 미치는 효과」, 한국 언어치료 학회 언어치료 연구 6(1), 1997.
장휘숙, 「애착과 사랑양식 및 관련 변인들의 관계」, 한국 심리학회지. 15권 4호, 1997.
정상훈, 「분과 심포지움 2. 임상 : 새로운 진단체계 DSM-5」, 한국심리학회지, 2013.
정여주, 「장애아동을 위한 미술치료교육의 의미와 역할」, 한국정서·행동장애아교육학회지 22, 2003.
조선미, 『2013년 한국임상심리학회 연수회 및 수련생 공동교육 자료집』, 2013.

3) 학위논문

김형택, 「좋은 자기표상 형성을 위한 관계성 연구」, 한세대학교 박사학위논문, 2009.
박지현, 「유아의 자기조절능력 증진 프로그램 개발 및 적용 효과: 자기조절능력 증진과 공격성 감소효과 연구」, 성균관대학교 박사학위논문, 2010.
박행자, 『아동의 모래놀이치료과정에서 나타나는 카오스, 죽음, 재탄생』 명지대학교 박사학위 논문, 2012.
성현영, 「음악치료활동을 통한 특수아동의 도덕성 발달 실증 연구: ADHD, 정신지체, 자폐성 장애아동을 중심으로」, 경상대학교 대학원 박사학위논문, 2012.
장석진, 「애착이론에 근거한 대인관계 증진 집단상담 프로그램 개발과 효과 연구」, 연세대학교 교육대학원 박사학위논문, 2007.

4) 기타자료

네이버 두산백과

2. 국외문헌

1) 단행본

Berger, J. & Cicchetti, D. & Beeghly, M., 「Interaction between Parents and Their Infants with Down Syndrome」, 『Children with Down Syndrome: A Developmental Perspective』, Cambridge: Cambridge University Press, 1991.

Chasen, Lee R.: foreword by Robert J. Landy, 『Social Skills, Emotional Growth and Drama Therapy : Inspiring Connection on the Autism Spectrum』, London & Philadelphia: Jessica Kingsley Publishers, 2011.

Cicchetti, D. & Beeghly, M., 「An Organizational Approach to the Study of Down Syndrome: Contributions to an Integrative Theory of Development」, 『Children with Down syndrome: A Developmental Perspective』, Cambridge: Cambridge University Press, 1991.

Crimmens, Paula, 『Drama Therapy and Storymaking in Special Education』, London: JKP, 2006.

Dryden, W., 「Rational Emotive Behaviour Therapy」, 『Handbook of Individual Therapy(4th ed)』, London: Sage, 2002.

Grainger, Roger, 『Researching the Arts Therapies: A Dramatherapist's Perspective』, London: Jessica Kingsley Publishers, 2008.

Karkou, Vicky (Ed.), 『Arts Therapies in Schools: Research and Practice』, London: Jessica Kingsley Publishers, 2010.

Langley, Dorothy, 『An Introduction to Dramatherapy』, London: SAGE Publications Ltd, 2006.

Leigh, Lauraine & Gersch, Irvine & Dix, Ann & Haythorne, Deborah (Eds.), 『Dramatherapy with Children, Young People and Schools』, London: Routledge, 2012.

Lewis, Penny & Johnson, David Read (Eds.), 『Current Approaches In Drama Therapy』, NY: Charles C. Thomas Publisher Ltd., 2007.

McFarlane, Penny, 『Dramatherapy : Developing Emotional Stability』, London: David Fulton Publishers, 2005.

Naumbug, M., 『An Introduction to Art Therapy Studies of the Free Art Expression of Behavior Problem Children and Adolescents as a means of Diagnosis and Therapy』, New York: Teachers college Press, Columbia Univ, 1973.

Paul, R. Cohen, D. J., Donnellan, A. M. & Paul, R., 「Natural History」, 『Handbook of Autism and Pervasive Developmental Disorders』, New York: Wiley, 1987.

Rutter & Garmenzy, N. & Mussen, P. H. (Eds.), 「Developmental psychopathology」, 『Handbook of Child Psychology (Vol. 4)』, New York: Wiley, 1983.

Shames, George H. & Wiig, Elisabeth H. & Secord, Wayne (Eds.), 『Human Communication Disorders: An Introduction(4th ed)』, NY: MacMillan College Publishing Company, 1994.

Skinner, B. F., 『Science and Human Behavior』, New York: Macmillan, 1953.

Turner, Victor W., 『The Ritual Process』, Chicago: Aldine Publishing Company, 1969.

Upper, D. & Ross, S. M., (Eds.), 『Behavioral Group Therapy』, Champaign, IL: Research Press, 1981.

Weber, Anna Marie & Haen, Craig (Eds.), 『Clinical Applications Of Drama Therapy In Child And Adolescent Treatment』, Chasen, Lee R., 「Spectacle and Ensemble in Group Drama Therapy Treatment for Children with ADHD and Related Neurological Syndromes」, London & New York: Brunner-Routledge, 2005,

2) 학술논문

Alaine, E., 「History of Music Therapy Treatment Interventions for Children with Autism」, 『Journal of Music Therapy』 148(2), American Music Therapy Association, 2011.

Andersen-Warren, Madeline, 「Dramatherapy with Children and Young People Who Have Autistic Spectrum Disorders: an examination of dramatherapists' practices」, 『Dramatherapy』, London: Routledge, 2013.

Aronson, M. & Fällström, K., 「Immediate and Long-term Effects of Developmental Training in Children with Down's Syndrome」, 『Developmental Medicine & Child Neurology』 19(4), 1977.

Corbett, Blythe A, Gunther, Joan R, Comins, Dan, Price, Jenifer, Ryan, Niles, Simon, David, Schupp, Clayton W., Rios, Taylor, 「Brief Report: Theatre as Therapy for Children with Autism Spectrum Disorder」, 『Journal of Autism and Developmental Disorders』, Springerlink.com., 2010.

Einfeld, S. L. & Tonge, B. J., 「Population Prevalence of Psychopathology in Children and Adolescents with Intellectual Disability: Ⅱ. Epidemiological Findings」, 『Journal of Intellectual Disability Research』 40, 1996.

Epstein, M. A., 「Characteristics of Emotional Disturbance of Elementary School Student s.」, 『Behavioral Disorders』 28(2), 2003.

Gersch, Irvine S., 「DRAMATHERAPY IN EDUCATION: OPPORTUNITIES FOR THE FUTURE: a view from outside」, 『Dramatherapy』, London: Routledge, 2011.

Gillberg, C., 「Outcome in Autism and Autistic-like Conditions」, 『Journal of the American Academy of Child and Adolescent Psychiatry』 30, 1991.

Godfrey, Emma & Haythorne, Deborah, 「Benefits of dramatherapy for Autism Spectrum Disorder: a qualitative analysis of feedback from parents and teachers of clients attending Roundabout dramatherapy sessions in schools」, 『Dramatherapy』, London: Routledge, 2013.

Heber, R., 「A manual on terminology and classification in mental retardation」, 『American Journal of Mental Deficiency』, 1959.

Hougham, Richard, 「'Rehearsing The Unrehearsed': reflections on the concept of presence in dramatherapy and performance training」, 『Dramatherapy』, London: Routledge, 2013.

Hundert, J. & Hougton, A., 「Promoting Social Interaction of Children with Disabilities in Integrated Preschools」, 『 Exceptional Children』 4, 1992.

Jones, Phil, 「Approaches to the futures of research (Based on the conference keynote, British Association of Dramatherapists Conference 2011, Measure for measures, researching, re-viewing and re-framing dramatherapy in practice」, 『Dramatherapy』, London: Routledge, 2012.

Kaplan, R. S., 「Analysis of music therapy program goals and out comes for clients with diagnoses on the autism spectrum」, 『Journal of Music Therapy, 42(1)』, American Music Therapy Association, 2005.

Lewis, Jeannie & Banerjee, Sube, 「An investigation of the therapeutic potential of stories in dramatherapy with young people with autistic spectrum disorder」, 『Dramatherapy』, London: Routledge, 2013.

Lister, Suzanne PhD. ATR, Tanguay, Denise MA. ATR, Snow, Stephen PhD. & D'amico, Miranda PhD., 「Development of a Creative Arts Therapies Center for People With Developmental Disabilities」, 『Art Therapy: Journal of the American Art Therapy Association』, London: Routledge, 2011.

Maslow, Abraham H., 「A Theory of Human Motivation」, 『Psychological Review』 50(4), 1943.

Mayer, J. D. & Salovey, P., 「Emotional Intelligence」, 『Imagination, Cognition and Personality』 9, Baywood Publishing, 1990.

Miller, Caroline, 「DEVELOPING FRIENDSHIP SKILLS WITH CHILDREN WITH PERVASIVE DEVELOPMENTAL DISORDERS: a case study」, 『Dramatherapy』, London: Routledge, 2011.

Miller, N. E, 「Studies of fear as an acquirable drive. I. Fear as motivation and fear reduction as reinforcement in the learning of new responses」, 『Journal of Experimental Psychology』 38, 1948.

Nihira, K., 「Factional Dimensions of Adaptive Behavior in Adult Retardation」, 『American Journal of Mental Deficiency』, 1969.

Simmon, E. W. & Woodruff-Park, D.S.C., 「Fragile-X and Down syndrome: Are there syndrome-specific cognitive profiles at low IQ levels?」, 『Journal of Intellectual Disability Research』 39, 1995.

Walker, H. M., et al., 「The walker social skills curriculum: The ACCEPTS program. TA: Pro-Ed」, 1988.

Widdows, Joy, 「Drama as an Agent for Change: drama, behaviour and students with emotional and behavioural difficulties」, 『Research in Drama Education: The Journal of Applied Theatre and Performance』, London: Routledge, 2006.

발달장애인을 위한

심리학적 접근의 연극치료

초판 1쇄 인쇄 2017년 9월 1일
초판 1쇄 발행 2017년 9월 6일

지은이 김영미
펴낸이 박성복
펴낸곳 도서출판 연극과인간
서울시 강북구 노해로25길 61(수유2동 252-9)
등록 제6-0480호 / 등록일 2000년 2월 7일
대표전화 (02) 912-5000 / 팩스 (02) 900-5036
http://www.worin.net

ISBN 978-89-5786-617-7 93180

값은 뒤표지에 있습니다.